区域创新、创业、创投指数构建及评价

李 垣　李春燕　杨蒙莺　著

国家自然科学基金创新研究群体科学基金项目资助（G01-71421002）
同济大学"国家创新发展"学科领域一流学科建设专项经费支持
同济大学"创东方发展基金"专项经费支持

科 学 出 版 社
北 京

内 容 简 介

创新、创业、创投（"三创"）已经成为推动我国经济转型升级的重要战略活动。同济大学创新创业创投研究中心通过广泛深入调查，综合考量我国各省级区域（不含港澳台）经济发展现状，确定通过外部环境、科教等资源投入、"三创"的主体能力和效率效益等四大方面要素，来反映我国"三创"活动的现状。本书分为三篇：导引篇、指数排名篇和能力报告篇。导引篇阐述了"三创"指数的背景、意义和特点，并建立了"三创"评估指标体系；指数排名篇利用"三创"评估指标得到全国 31 个省级行政区域的"三创"综合指数，并对其进行分析和排名；能力报告篇则为每个省级区域的"三创"能力提供了详细的分析，并为各区域"三创"能力提升提供了针对性的建议。

本书内容适用于广大创业者、企业管理者、创投机构从业者和有关决策部门以及各类创新创业培训班学员。

图书在版编目（CIP）数据

区域创新、创业、创投指数构建及评价 / 李垣，李春燕，杨蒙莺著. —北京：科学出版社，2019.6
ISBN 978-7-03-059085-5

Ⅰ.①区… Ⅱ.①李… ②李… ③杨… Ⅲ.①区域经济发展-研究-中国 Ⅳ.①F127

中国版本图书馆 CIP 数据核字（2018）第 233088 号

责任编辑：魏如萍 / 责任校对：贾娜娜
责任印制：徐晓晨 / 封面设计：无极书装

科 学 出 版 社 出版
北京东黄城根北街 16 号
邮政编码：100717
http://www.sciencep.com

北京虎彩文化传播有限公司 印刷
科学出版社发行 各地新华书店经销
*

2019 年 6 月第 一 版 　开本：720×1000　B5
2019 年 11 月第二次印刷 　印张：13 3/4
字数：266 000

定价：125.00 元
（如有印装质量问题，我社负责调换）

著 者 名 单

李　垣　李春燕　杨蒙莺

肖水龙　程国萍　张天辉

赵亚普　郑雅琴　鲍俊杰

前　言

2018年4月16日，美国政府对中兴通讯的一纸"封杀令"将自主创新再一次推到了大众舆论的风口浪尖。创新不仅牵动着社会和企业的神经，更受到国家的空前重视。在党的十九大报告中，"创新"出现多达50余次，习近平总书记也多次强调"创新是引领发展的第一动力"[1]，从国家战略的高度和发展全局的角度，明确把科技创新定位为提高社会生产力和综合国力的战略支撑，创新必须摆在国家发展全局的核心位置。因此，坚持走中国特色自主创新道路、实施创新驱动发展战略成为"新常态"下我国经济转型发展的"一剂良药"，对于全国各省市的发展来说亦是如此。

然而，创新不仅仅是科学研究和技术的突破，更是一个系统工程，是从技术创新转化为创新成果的过程，涉及很多不同的方面，如如何让创新落地（创业），如何平衡创新的先进性和可行性，政府如何引导社会资金投向创新领域（创投）等问题。其中任何一个环节的失误都会影响到创新成果的转化效率，甚至导致创新的失败。因此，要衡量一个国家或地区的创新水平，只考虑其创新水平是不够的，还需要综合考虑创新、创业、创投三个要素，这不仅有利于我们比较不同省份和地区的创新水平，而且能够引导政府政策的方向、大众创业的行业选择、企业创新的领域和投资资金的流向，系统性地促进城市和地区创新水平的提高。因此，构建"三创"指数体系对于政府、创投机构、创业者、企业和学校都有重要的参考价值。

目前，国内外典型的创新创业指数都有一定的局限性，难以综合衡量整个社会的创新水平。例如，国内外比较有代表性的两个指数：全球创新指数（global information infrastructure，GII）和中国城市创业指数。前者全面评估创新对国家竞争力和经济增长的影响，但从整体上来说，其仅评估了经济体的经济创新能力，而忽略了创业和创投的作用；后者则侧重于深入分析创业的类型（将创业分

---

[1] 习近平. 决胜全面建成小康社会　夺取新时代中国特色社会主义伟大胜利——在中国共产党第十九次全国代表大会上的报告[N]. 人民日报，2017-10-28.

为创新型创业和产业型创业），但仅评估了城市创业者的环境及活动情况，没有考虑创投的影响。因此，只有将创新、创业、创投三者的情况进行综合的考虑和分析，才能真正反映创新的基本情况。

作为国内首个跨省份对比的"三创"指数，其反映了整个社会创新、创业和创投情况的综合情况，试图通过对三者投入、产出、转换效率及波动性等的计算，探求其相互间的作用关系及演变规律。该指数体系不仅更加全面地考虑到创新、创业和创投三个方面，而且将现代信息技术融合到"三创"环境、活动及结果的评估和规律的探求中，建立有关创新、创业和创投相关的大数据中心，并进一步运用数据挖掘、人工智能等信息技术进行包括非结构化数据等各类数据的广泛搜集及深度推衍，从而建立多层次、多行业和多种类的动态指标体系，最终能够更加准确地评估不同城市和地区的创新水平。

本书主要分为三个部分，具体按照以下的内容来展开：①"三创"指数及评估指标体系。我们将从"三创"指数产生的时代背景、内涵、意义和特点等方面展开论述，并详细阐述"三创"评估指标体系建立的理论依据、"三创"指标的选取原则和整个指标体系。②2018年全国"三创"指数综合评价及分析。在这个部分，我们首先对全国范围内省级行政区域和7个大区域的"三创"指数进行综合排名及分析；其次，我们将"三创"指数中的各分类指标（外部环境、资源投入、主体能力、"三创"效益和各二级指标）进行排名及分析；再次，基于胡焕庸线的定义，我们进一步对"三创"指数及其各级指标进行空间探索分析和统计分析，并对31个省级行政区域的"三创"综合指数及4个一级指标进行聚类分析，从而深入直观地呈现各行政区域之间在指标上的差异；最后，基于以上的分析，得出主要的结论及对策。③2018年各省级行政区域"三创"指数报告。该部分除了对省级区域"三创"能力进行评估，还对31个省级行政区域在"三创"能力上的各具体指标根据实际情况进行打分，并按照分值进行排名。

目 录

导引篇 "三创"指数及评估指标体系

第1章 "三创"指数 ··· 3
1.1 "三创"指数产生的时代背景 ··· 3
1.2 "三创"指数的内涵 ·· 5
1.3 "三创"指数的意义 ·· 14
1.4 "三创"指数的特点 ·· 17

第2章 "三创"评估指标体系的建立 ·· 19
2.1 "三创"评估的理论依据 ·· 19
2.2 "三创"评估指标选取原则 ·· 29
2.3 "三创"指标体系 ··· 33

指数排名篇 2018年全国"三创"指数综合评价及分析

第3章 全国"三创"指数排名及分析 ·· 37
3.1 省级行政区域的"三创"综合指数排名及分析 ··························· 37
3.2 7个大区域的"三创"综合指数排名及分析 ······························· 39

第4章 分类指标排名及分析 ··· 42
4.1 外部环境和各二级指标排名及分析 ··· 43
4.2 资源投入和各二级指标排名及分析 ··· 48
4.3 主体能力和各二级指标排名及分析 ··· 53
4.4 "三创"效益和各二级指标排名及分析 ···································· 56

第 5 章 "三创"指数及其各级指标的空间分析 ····· 62
5.1 "三创"指数及其各级指标的空间探索分析 ····· 62
5.2 "三创"综合指数的空间统计分析 ····· 63
5.3 31 个省级行政区域的"三创"综合指数及 4 个一级指标的聚类分析 ····· 65

第 6 章 "三创"指数分析结论及对策建议 ····· 68
6.1 主要结论 ····· 68
6.2 对策建议 ····· 70

能力报告篇 2018 年各省级行政区域"三创"指数报告

第 7 章 31 个省级区域"三创"能力报告 ····· 75
7.1 北京市 ····· 75
7.2 天津市 ····· 79
7.3 河北省 ····· 83
7.4 山西省 ····· 87
7.5 内蒙古自治区 ····· 91
7.6 辽宁省 ····· 95
7.7 吉林省 ····· 99
7.8 黑龙江省 ····· 103
7.9 上海市 ····· 107
7.10 江苏省 ····· 111
7.11 浙江省 ····· 115
7.12 安徽省 ····· 119
7.13 福建省 ····· 123
7.14 江西省 ····· 127
7.15 山东省 ····· 131
7.16 河南省 ····· 135
7.17 湖北省 ····· 139
7.18 湖南省 ····· 143
7.19 广东省 ····· 147
7.20 广西壮族自治区 ····· 151
7.21 海南省 ····· 155
7.22 重庆市 ····· 159

7.23 四川省 163
7.24 贵州省 167
7.25 云南省 171
7.26 西藏自治区 175
7.27 陕西省 179
7.28 甘肃省 183
7.29 青海省 187
7.30 宁夏回族自治区 191
7.31 新疆维吾尔自治区 195

参考文献 199

附录 203

导引篇

"三创"指数及评估指标体系

第 1 章 "三创"指数

在提出创新驱动发展战略之后,国家和各个地区都制定了大量的扶持政策。但是,当前我国创新战略的实施过程并不顺利,其中重要原因是缺乏明确的目标体系,无法对创新活动进行科学和全面的测评。此外,随着创新驱动战略的推进,创业和创投活动日益活跃,成为创新战略实施的重要推动因素。因此,创新、创业、创投之间密切关联,并已经发展成为一个密不可分的生态系统。因此,要想有效推进创新驱动战略,就必须建立一个系统、全面的指标体系,准确评估创新、创业、创投活动,才能为创新战略的实施提供指导和方向。为此,本书在梳理已有研究的基础上,结合当前我国创新、创业、创投的实践,构建了中国省级区域"三创"能力评估指标体系,以指导我国的创新实践。

1.1 "三创"指数产生的时代背景

2016 年国内生产总值(gross domestic product,GDP)为 74.4 万亿元,增幅为 6.7%,创 26 年新低[1]。2017 年我国国内生产总值 82.7 万亿元,比上年增长 6.9%[2],实现了 2011 年以来的首次回升,印证了我国经济开始逐渐回暖的趋势。2017 年,随着供给侧改革的深入,其红利已在创新驱动上开始发挥作用。数据显示,全年高新技术制造业和装备制造业投资分别增长 17.0%和 8.6%,增速较上年提高 2.8%和 4.2%。2018 年的宏观政策进一步引导增长重心从需求侧转向供给侧,从要素驱动转向创新驱动。这意味着对于技术创新的投资直接影响到了国民经济的发展速度和趋势,在国民经济中发挥了越来越重要的作用。

---

[1] 国家统计局. 2016 年年度数据. http://data.stats.gov.cn/search.htm?s=2016GDP. 2016.
[2] 国家统计局. 2017 年年度数据. http://data.stats.gov.cn/search.htm?s=2017GDP. 2017.

1.1.1 国家和社会对创新的高度重视

创新的重要性受到了整个国家和社会的广泛关注。从党的十八大开始，创新就上升到了国家战略的层面。到党的十九大，创新的重要性被提高到了空前的高度。党的十九大提出，为加快建设创新型国家的战略部署，要"强化基础研究、实用前瞻性基础研究、引领性原创成果重大突破。加强应用基础研究，拓展实施国家重大科技项目……加强国家创新体系建设，强化战略科技力量。深化科技体制改革，建立以企业为主体、市场为导向、产学研深度融合的技术创新体系，加强对中小企业创新的支持，促进科技成果转化。倡导创新文化，强化知识产权创造、保护、运用。培养造就一大批具有国际水平的战略科技人才、科技领军人才、青年科技人才和高水平创新团队"[1]。创新是引领发展的第一动力，是建设现代化经济体系的战略支撑。早在2014年9月，在天津举行的达沃斯论坛上，李克强总理提出"大众创业、万众创新"的理念。推动大众创业、万众创新，既可以扩大就业、增加居民收入，又有利于调动全民创业的积极性，提高科研成果转化的机率和创新的成功率[2]。除了国家层面的高度关注，创新同样也受到了全社会的普遍重视。近几年，全国掀起了"大众创业、万众创新"的热潮，出现了所谓"井喷式"增长，带来了千万人以上的就业。全社会热火朝天投入创业的热浪中，让创业创新成为时代潮流，充分调动了民营经济的活力。人们对"大众创业、万众创新"的追捧也体现了创业和创新的重要作用得到了全社会的认可。

1.1.2 网络时代的创新

"大众创业、万众创新"受到的热捧意味着现在社会的创新主体开始发生变化，不再是传统的以企业为中心的创新，而是大众参与的创新形式。这一转变也意味着网络时代的创新主体和创新形式与工业经济时代的创新出现差异。

对于创新，不同学者、不同学科对其概念有着不同的界定。一百年以前的工业经济时代，美籍奥地利经济学家约瑟夫·熊彼特在其创新理论中提出了"创新"的概念，认为创新就是生产要素的重新组合，可以提高物质资源的生产率[3]。可见最初的创新多基于经济学知识的考量。后来，美国经济学家华尔特·罗斯托将创新理解为狭义的"技术创新"。而在信息化和知识经济时代的今天，中国著

---

[1] 习近平. 决胜全面建成小康社会 夺取新时代中国特色社会主义伟大胜利——在中国共产党第十九次全国代表大会上的报告[N]. 人民日报, 2017-10-28.
[2] 李克强. 2014夏季达沃斯论坛开幕式致辞. 2014.
[3] 熊彼特 JA. 经济发展理论：对于利润、资本、信贷、利息和经济周期的考察[M]. 北京：商务印书馆, 2009.

名经济学家厉以宁提出，创新不再是生产要素的重新组合，而是信息量的重新组合，取决于信息掌握到什么程度。他认为，今天的创新是由"创意、创新和创业"三者组合而成，企业家不再是先有创意的人，创意来自于大量有知识的年轻人；企业也不再是先筹资、融资再进行组织，在网络时代，一旦有了新的创意，就会有投资主动找上门来。因此，创新不再是企业一个主体可以独立完成的项目，而需要整个社会不同主体的合作，政府、企业、创业者和创投机构等密切配合，才能从整体上提升整个社会的创新水平。

1.2 "三创"指数的内涵

目前，国内外关于创新创业的指数很多。通过整体回顾相关的指数，我们发现，目前的指数大多要么强调创新，要么强调创业，也有将创新创业两者作为指数的重要内容。然而，很少有指数将创新、创业和创投三者都纳入指数体系中，用于综合评估城市和地区的创新水平。因此，我们首先回顾目前国外和国内主流的关于创新水平的指数，并对这些指数的基本情况和所包含的指标做简单的介绍，再详细阐述"三创"指数的具体内涵和包含的指标。

1.2.1 国外和国内主要相关指数

1. 国外国家层面创新指数

在全世界范围内，目前衡量国家层面的创新创业指数较多，比较有代表性的是欧盟创新记分牌（European innovation scoreboard，EIS）、全球创新指数（global innovation index，GII）、全球竞争力报告（global competitiveness report，GCR）、世界竞争力年度报告（world competitiveness rankings，WCR）、全球创业观察（global entrepreneurship monitor，GEM）、考夫曼创业活动指数（Kauffman index）、全球创业生态系统指数（global startup ecosystem ranking，GSER）、硅谷指数等（表1-1），它们均由不同的主体发布，在评价上各有侧重。

表1-1 全世界有代表性的国家层面创新指数

指数	发布主体
欧盟创新记分牌	欧盟
全球创新指数	世界知识产权组织等
全球竞争力报告	世界经济论坛

续表

指数	发布主体
世界竞争力年度报告	瑞士洛桑国际管理学院
全球创业观察	伦敦商学院和百森学院共同发起
考夫曼创业活动指数	考夫曼基金创立
全球创业生态系统指数	COMPASS 公司
硅谷指数	硅谷

1）全球主要经济体创业指数

在全球范围内，全球创业发展研究所（the Global Entrepreneurship and Development Institute，GEDI）每年发布全世界各国创业指数，依据创业态度、创业能力和创业愿望等三大指标，其中创业态度包括机会感知、风险接受、创业技能、人际关系和文化支撑等 5 项子指标，创业能力包括机会型创业、技术吸收、人力资本和竞争等 4 项子指标，创业愿望包括产品创新、流程创新、高增长、国际化和风险资本等 5 项子指标。对 137 个国家和地区的创业环境进行分析和评估，并按创业指数进行排序。

在 2017 年和 2018 年两年的创业指数排名中（表 1-2），美国名列前茅，瑞士和加拿大紧随其后，分别排在第二和第三。作为世界上最大的两个发展中国家，中国和印度在创业环境方面表现欠佳，其中，中国在该指数中 2017 年排在第 48 位，2018 年略有上升，排在第 43 位；印度 2017 年排在第 69 位，2018 年排在第 68 位。根据这一指数，可以看到每个国家或地区在培养和发展实干家、创新者和制造商方面的能力。该指数还预测，如果创业环境在当前基础上提升 10%，那么全球 GDP 规模将会增加 22 万亿美元。

表 1-2 2017 年和 2018 年世界主要经济体创业指数排行（前 20 名，附中国）

2017 年			2018 年		
名次	国家或地区	综合得分	名次	国家或地区	综合得分
1	美国	83.4	1	美国	83.6
2	瑞士	78	2	瑞士	80.4
3	加拿大	75.6	3	加拿大	79.2
4	瑞典	75.5	4	英国	77.8
5	丹麦	74.1	5	澳大利亚	75.5
6	冰岛	73.5	6	丹麦	74.3
7	澳大利亚	72.5	7	冰岛	74.2
8	英国	71.3	8	爱尔兰	73.7

续表

2017 年			2018 年		
名次	国家或地区	综合得分	名次	国家或地区	综合得分
9	爱尔兰	71	9	瑞典	73.1
10	荷兰	67.8	10	法国	68.5
11	芬兰	66.9	11	荷兰	68.1
12	德国	64.9	12	芬兰	67.9
13	法国	64.1	13	中国香港	67.3
14	奥地利	63.5	14	奥地利	66
15	比利时	63	15	德国	65.9
16	中国台湾	60.7	16	以色列	65.4
17	以色列	59.1	17	比利时	63.7
18	智利	58.8	18	中国台湾	59.5
19	阿拉伯	58.8	19	智利	58.5
20	卢森堡	58.1	20	卢森堡	58.2
48	中国	36.1	43	中国	41.1

该指数全面且深入地反映了创业的不同方面，包括创业态度、创业能力和创业愿望，但是没有涉及创新和创投的部分，难以客观全面地反映全球各个国家和地区的创新水平。

2）全球创新指数

全球创新指数由康奈尔大学、欧洲工商管理学院和世界知识产权组织等三方合作完成。该指数从创新的政策环境与制度、知识创造、知识产权、创新驱动、企业创新、技术应用以及人力技能等多个方面综合评价一个国家的创新能力，便于政府与企业全面了解本国创新的现状和不足，并进一步探究未来发展的方向。

2017 年全球创新指数于 2017 年 6 月 15 日发布（表 1-3），为各国创新政策的制定提供了参考和建议。2017 年，全球创新指数最高排名仍然相对稳定，瑞士再度位列第一，其已经连续 7 年位居排行榜榜首，之后是瑞典、荷兰、美国和英国。与 2016 年相比，排名前十位的国家虽然名次上有变化，但都保持在前十。这说明这些国家仍然在引领全球创新，是世界上最有创新力的国家。排名前 25 位的全球经济体中有 15 个在欧洲。欧洲在人力资本和研究、基础设施、商业成熟度方面的优势尤其突出。而中国、日本和韩国等亚洲经济体，包括印度尼西亚、马来西亚、新加坡、泰国、菲律宾和越南等都在大力改进各自的创新生态系统，在教育、研发、生产率增长、高科技出口等方面名列前茅。

表1-3 2016年和2017年世界主要经济体创新指数排行（前20名，附中国）

2016年			2017年		
名次	国家或地区	综合得分	名次	国家或地区	综合得分
1	瑞士	66.28	1	瑞士	67.69
2	瑞典	63.57	2	瑞典	63.82
3	英国	61.93	3	荷兰	63.36
4	美国	61.4	4	美国	61.40
5	芬兰	59.9	5	英国	60.89
6	新加坡	59.16	6	丹麦	58.70
7	爱尔兰	59.03	7	新加坡	58.69
8	丹麦	58.45	8	芬兰	58.49
9	荷兰	58.29	9	德国	58.39
10	德国	57.94	10	爱尔兰	58.13
11	韩国	57.15	11	韩国	57.70
12	卢森堡	57.11	12	卢森堡	56.40
13	冰岛	55.99	13	冰岛	55.76
14	中国香港	55.69	14	日本	54.72
15	加拿大	54.71	15	法国	54.18
16	日本	54.52	16	中国香港	53.88
17	新西兰	54.23	17	以色列	53.88
18	法国	54.04	18	加拿大	53.65
19	澳大利亚	53.07	19	挪威	53.14
20	奥地利	52.65	20	奥地利	53.10
25	中国	50.57	22	中国	52.54

与2016年相比，2017年中国全球创新指数排名第22位，上升3位，成为进入前25名唯一的中等收入经济体。中国创新效率排名第3位，上升4位。中国全球创新创新指数排名的提升得益于创新投入和产出两个方面的指标均表现良好。2017年中国创新投入亚指标排名第31位，虽然较上年度下降了2个位次，但得分54.22分，高于2016年（53.12分）1.10分。创新产出亚指标排名第11位，较

上年度提升了4个位次，得分50.87分，高于2016年（48.02分）2.85分。

2017年全球创新指数对4个衡量项目进行了计算：全球创新指数总得分、创新投入和产出次级指数以及创新效率比。

第一，全球创新指数总得分是投入和产出级次指数的简单平均数。

第二，创新投入次级指数由五个投入支柱构成，它们反映了国家/地区经济中影响创新的要素：制度、人力资本和研究、基础设施状况、市场成熟度、商业成熟度。

第三，创新产出次级指数提供了有关创新活动在经济中所产生产出的信息。它有两个产出支柱：知识和技术产出、创意产出。

第四，创新效率比是产出次级指数得分与投入次级指数得分之比。在一定程度上反映了某一国家/地区创新方面的投入所获得的产出。

其中，上述每个项目被分为三个分支柱，每个分支柱由不同的指标组成，共有82项指标。

全球创新指数主要聚焦于创新的各个方面，包括创新的制度与政策环境、创新驱动、知识创造、企业创新、技术应用、知识产权以及人力技能等方面，但是却忽略了创新转化的重要推动者——创业者的关键作用，也没有考虑到创新商业化过程中的筹资和融资的问题，即创投机构的作用，因此难以全面地评估世界范围内不同国家和地区的创新水平。

3）欧洲创新记分牌

欧洲创新记分牌是欧盟委员会监测、评估、比较欧盟成员国、欧盟与世界主要国家的创新绩效，持续提升欧盟区创新能力和创新水平的重要分析工具。2017年6月，欧盟委员会发布了《2017年欧洲创新记分牌》（European Innovation Scoreboard 2017），这是欧盟委员会自2001年起连续第17次发布欧洲创新记分牌年度报告。《2017年欧洲创新记分牌》对欧盟28个成员国，以及欧盟与中国、美国、日本、韩国等国的创新绩效进行了测量比较，其测量方法和有关结论对我国的创新体系建设和创新绩效评估都具有一定的参考价值。

欧盟从2000年开始颁布欧盟创新政策年度报告，报告旨在对欧盟各成员国的创新政策进行定性分析。欧盟从2001年开始正式发布欧盟国家创新指数报告，以美国和日本为标准，依据综合性的创新指标，多方面比较欧盟各成员国的创新能力和水平，指出欧盟各国在创新方面的优势和劣势。2001年10月，欧盟委员会推出了《欧盟创新指数报告2001》，该报告采用17个指标，分别从整体的人力资源水平、知识生产情况、知识传播与应用状况和创新产出状况等方面，对统计数据进行了分析。自2002年，欧盟创新指数报告被不断修正，其中创新活动被分为创新投入和创新产出两个方面，指标体系不断被完善，另外报告中被评估的国家从2001年的17个扩大到2007年的32个，覆盖范围不断扩大。随着时代的变化，创新过程也随之发生了变化。为了更准确地了解不同创新过程的差异性，并保持研究延续性，欧盟创新指标体系的维度一直在进行必要的修订。创新指数体系所涵盖的指标从2005年的5个类别26个具体指标发展到在2017年的4个类别27个指标，欧盟每年都会根据具体情况的变化，增减和完善一部分指标，以更好地指导和评估欧盟各国的创新水平。

2017年指标体系与2016年相比亦有部分修订。《2017年欧洲创新记分牌》采用两套指标体系，分别测量比较欧盟28个成员国、欧盟与世界主要国家的创新绩效。《2017年欧洲创新记分牌》测量比较欧盟成员国创新绩效的指标体系由三个层级组成，第一层级包括框架条件、投资、创新活动和影响4个组群；第二层级包括人力资源、有吸引力的研究系统、创新友好型环境、金融支持、企业投资、创新者、联系、知识资产、就业影响和销售影响10个维度；第三层级包括新博士毕业生、25~34岁年龄段受过高等教育人口、终身学习等27个指标。

在《2017年欧洲创新记分牌》中，按照国家创新绩效综合指数分值高低，将欧盟28个成员国划分为四个组别，分别是：领先创新国家、强大创新国家、中等创新国家和一般创新国家。瑞典、丹麦、芬兰位列前三，我国被列为中等创新国家。在创新绩效总体评价方面，2016年我国国家创新绩效综合指数低于韩国、加拿大、澳大利亚、日本和美国，也低于欧盟28国平均值，但远远领先于其他金砖国家。在创新绩效综合指数变化方面，我国在所有参比国家中高居第一，创新绩效综合指数增速远远高于其他国家。自2010年以来，我国国家创新绩效综合指数逐年快速提高。在研发经费支出、商标和设计申请等评价指标及其增幅方面，表现尤为突出。

这一指数包括三个层级的测量指标体系，包含内容更加丰富，既囊括了创新的内容，也包括了投资的部分，但是却并没有清晰地把创新水平划分为三个方面的内容，在指标的选取上也没有准确的反映。

综合以上关于创新创业指数对于全球不同国家和地区的排名，我们可以得出中国创新创业在世界上的位置，尤其是与创新创业走在前列的国家和地区存在的差距。

在2016年的创新创业指数排名中，美国排名第一，成为世界上最有利于创业者创办新企业和发展新业务的经济体，加拿大和澳大利亚分列第二、三名。中国在创业态度和创业能力上表现较差，排名第60位。全球主要经济体2015年和2016年创业创新指数排名分布见图1-1。

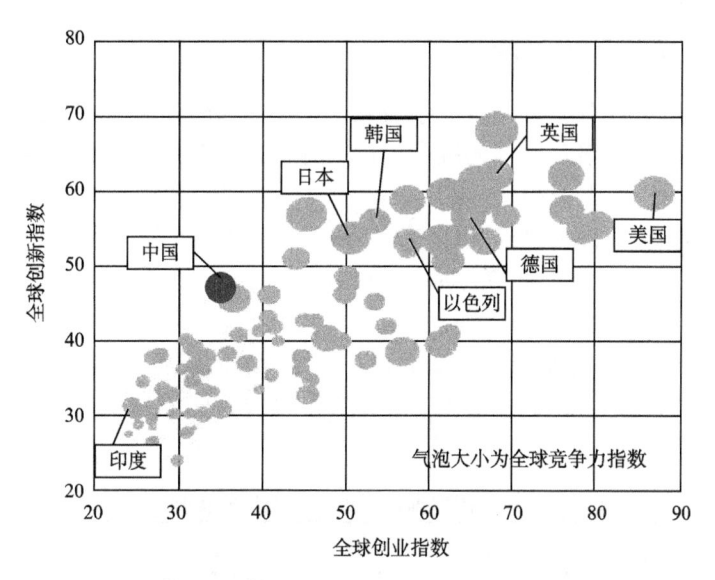

图 1-1　全球主要经济体 2015 年和 2016 年创业创新指数排名分布

资料来源：GEDI. Global Entrepreneurship Index 2016；
Comell/INSEAD/WIPO. The Global Innovation Index 2015；
World Economic Forum. The Global Competitiveness Report 2015-2016

在最新（2017 年创新指数和 2018 年创业指数）排名中（全球主要经济体分布见图 1-2），中国的创新创业排名都有了一定的提高，瑞士第一，瑞士、荷兰、美国分别为第二、三、四名。我们可以看到，中国的创新创业能力排名第 22 名，与排名前十的国家还存在一定差距。

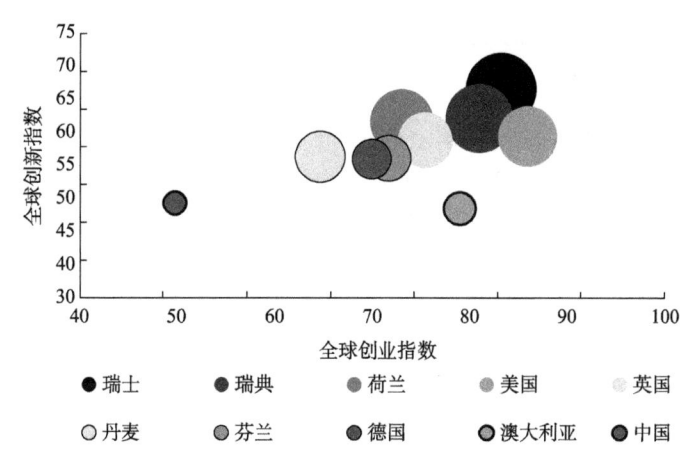

图 1-2　全球主要经济体 2017 年和 2018 年创业创新指数排名分布

资料来源：GEDI. Global Entrepreneurship Index 2018；
Cornel/INSEAD/WIPO. The Global Innovation Index 2017

2. 国内国家层面创新指数

自 20 世纪 90 年代开始，我国学者开始将注意力转向国家创新的问题。1992 年，《技术进步与经济理论》的翻译，首次将国家创新系统（national innovation system，NIS）理论引入中国。此后，多名学者从理论和实证的角度出发，对国家创新体系展开了相关研究。近年来，多所研究机构，如中国科协发展研究中心、中国科学院创新发展研究中心、中国科学技术发展战略研究院等相继发布关于创新能力测量和排名等方面的报告。从具体的报告和相关指数来看，我国目前发布的国家层面创新报告主要有国家创新指数报告、全球创业观察中国报告、中关村指数、上海科技创新中心指数、张江创新指数、杭州创新指数等（表 1-4）。

表 1-4　国内国家层面有代表性的指数

指数	发布主体
国家创新指数报告	中国科学技术发展战略研究院
全球创业观察中国报告	清华大学
中国创业创新指数	中国科学院大学大数据挖掘与知识管理重点实验室、清华大学技术创新研究中心
中关村指数	北京市统计局
上海科技创新中心指数	上海市科学学研究所
张江创新指数	中国科学院中国高新区研究中心
杭州创新指数	杭州市人民政府

1）国家创新指数

国家创新指数主要反映的是国家综合创新能力。自 2011 年初次发布以来，国家创新指数报告每年发布一次，分别从企业创新、知识创造、创新资源、创新环境和创新绩效等五个方面构建了国家创新指数体系的指标，并选取了研发（R&D）经费投入占全球总投入 95% 以上的 40 个创新活动活跃的国家进行研究。

2017 年报告显示，当前美国、日本及欧洲引领全球创新的格局基本稳定。基于国家创新指数的排名，可以将目前主流的 40 个创新国家划分为三个层次，第一层次主要是排名前 15 的欧美发达国家，分别是美国、日本、瑞士、韩国、丹麦、瑞典、德国、荷兰、新加坡、英国、芬兰、法国、以色列、奥地利和挪威。创新指数排名第二层次的是第 16~30 位，主要是一些发达国家和少数新兴经济体，中国目前已处于这一层次，并居领先地位。第三层次多为发展中国家。

国家创新指数是我国全面评价世界范围内各国创新水平的重要工具，对于我国制定和完善创新政策具有重要作用。该指数侧重于创新的部分，包括企业创新、知识创造、创新资源、创新环境和创新绩效等五个方面，并没有考虑到创业和创投的部分，不能全面反映各个城市和地区的创新水平。

2）中国城市创业指数

中国城市创业指数（2015年）对中国的4个直辖市、15个副省级城市、1个经济特区和1个长三角城市，共计21个城市进行研究和调查，参照国际创新创业指数和创新创业理论，结合中国创新创业国情，采用政府部门统计数据、创业者调查数据、创业政策分析数据等复合数据源建立了具有中国特色的中国城市创业指数体系。该指数主要包括政府政策支持、市场环境、文化环境和创业者活动四个维度和三级指标体系，并将创业分为创新型创业和产业型创业。然而，该指数仅评估了城市创业者的环境及活动情况，并没有涉及创投资本的方面，存在一定的局限性。

综合以上分析，目前国内外主流的关于创新创业的指数在评估不同国家、城市和地区的创新水平时存在一定的局限性，尤其是在对创投机构的关注上缺乏足够的重视。因此，基于以上的分析，我们提出了"三创"指数，试图能尽可能全面准确地反映不同省份和地区的创新水平。

1.2.2 "三创"指数的内涵

基于对创新、创业、创投三者概念的理解和深入分析，结合以往的相关指数指标体系，我们将"三创"指数体系定义为反映整个社会创新、创业、创投情况的综合指标体系。具体来说，通过对三者投入、产出、转换效率及波动性等的计算，以探求其相互间的作用关系及演变规律。第一，我们会通过大数据和人工智能严密监测"三创"的环境、活动和结果，以及时发现相关数据指标的变化；第二，研究"三创"的行为逻辑，深入挖掘"三创"指数整体的行为逻辑和不同构成部分的行为逻辑；第三，发现新兴产业与"三创"的内在逻辑，新兴产业与创新息息相关，任何创新都可能引起新兴产业的巨变，因此，理清新兴产业与"三创"之间的内在逻辑，对于"三创"指数准确和客观地反映新兴产业的变化具有重要的作用；第四，给予产业"三创"的优化策略，通过对创新、创业和创投投入、产出、转换效率和波动性的计算，能够为产业提供优化创新水平的建议和策略。

我们将分步骤构建多级地域和多行业的"三创"指标（图1-3），具体如下：首先，基于大数据中心，我们将收集和保存大量相关的信息和知识，将其归纳和总结为经济元素、创新元素、科技元素和人文元素等；其次，在这些细分知识和信息的基础上，构建可扩展的能力中心，如经济基础、政府支持、股权市场和人力资源等；最后，依托于这些系统性的知识，按需组合可度量的指标，包括创新投入指标、创业投入指标和创投产出指标，并结合不同地域和不同行业具体情况构建各类"三创"指标体系。

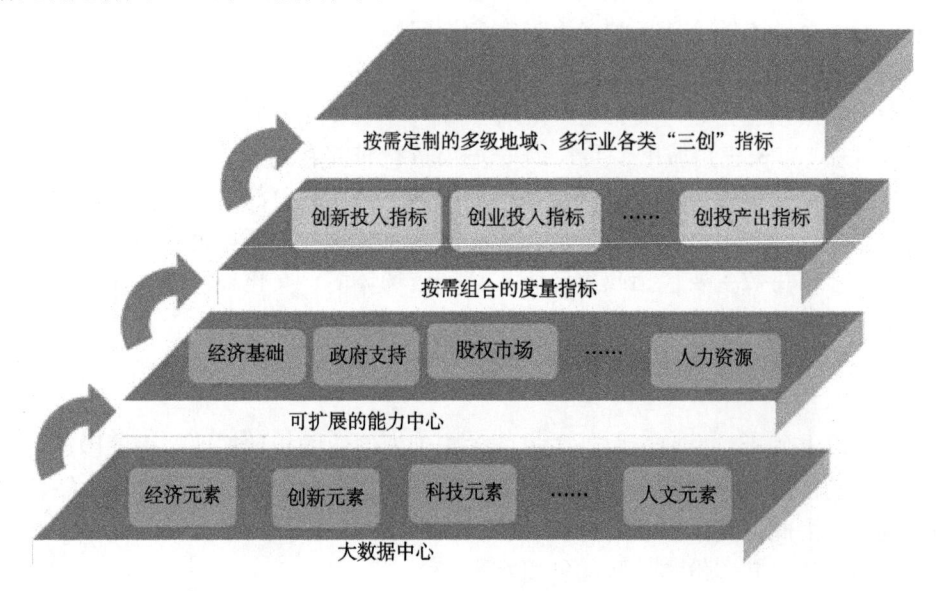

图 1-3 按需定制的多级地域、多行业各类"三创"指标

1.3 "三创"指数的意义

1.3.1 对于政府的意义

党的十九大把创新提高到了国家发展核心位置的高度，充分指明了创新在未来我国经济社会发展中的重要作用。在国家创新发展过程中，政府起到了重要作用。一方面，政府作为创新的主体，必须不断进行变革，才能适应经济社会发展要求；另一方面，作为政策制定主体，政府也为社会和企业层面的创新提供了制度上的保障。

创新是一项复杂的系统性工作，涉及相关的技术、人才、资金等要素的有效组合，需要不同主体、层级与部门之间的密切配合，再加上不同制度的协调对接。在这一复杂工程中，政府通过设计各种制度安排，促进创新要素的自由流动与有机整合，进而提高创新资源的配置效率。同时，政府也有责任和义务通过完善外部环境，如提供完备的法制体系、持续的研发经费投入、宽松的社会环境和畅通的信息平台等，来充分激发人的创造潜能。因此，对于政府来说，如何组合各种创新要素，如何协调和调动不同主体的积极性，如何协调不同的制度安排，成为摆在政府前面的难题。因此，"三创"指数能够帮助政府了解本省本地区创新创业的优势和劣势、所具备的创新要素的组合情况、相关制度的完备和协调情况，从而引导投资基金流向创新创业的弱势方面，为当地创新创业的发展提供有效的支持和指导。

因此，"三创"指数在政府制定政策，且有的放矢地投入引导基金，从而用杠杆效应带动创投资金的投入方面，有重要的引导作用。

1.3.2 对于创投机构的意义

"千里马常有，而伯乐不常有"，优秀的创业创新项目层出不穷，能够慧眼识珠的投资者却寥寥无几。传统投资机构一般只对成熟业态"锦上添花"，而不能为新兴产业"雪中送炭"，90%以上的公司因此倒在创业初期。知识经济时代，企业发展模式演变为"创新+创业+创投"，创业投资补齐了创新创业链上的关键一环。然而，创投业的发展各地都不够完善和成熟。目前的环境下，需要营造良好的环境，实现创业投资与创新创业同步发展。同时，通过政府基金的引导，让资本流向最急需的"种子期"项目，从而通过完全市场化的投资行为，促进创投行业良性循环。

十九大报告也提出，要构建创新型社会，全面提升创新水平，必须"着力加快建设实体经济、科技创新、现代金融、人力资源协同发展的产业体系"[①]。因此，资本配置的转型对经济的转型非常关键。

所以，对于创投机构来说，"三创"指数不仅能帮助创投机构发现不同行业、不同地域的投资机会，也可同时用于判断不同行业、不同地域的投资热度，从而规避可能的泡沫风险。对于创新创业活动与创投的协同发展，"三创"指数具有重要的意义和指向性作用。

1.3.3 对于创业者的意义

地域和行业选择是创业者在决定创业之后要面临的第一个问题。要回答这一问题，我们需要弄清楚以下几点：首先，区域文化、不同区域的人们个性不同，对于创业的态度存在差异，再加上历史的原因，不同区域的优势行业也不同，这些隐形的知识对创业和创新有重要的影响。例如，北京市中关村是互联网的聚集

---

① 习近平. 决胜全面建成小康社会 夺取新时代中国特色社会主义伟大胜利——在中国共产党第十九次全国代表大会上的报告[N]. 人民日报，2017-10-28.

地,这里不仅有相关配套的基础设施和相关的优惠政策,而且还有大量的隐形知识,"空气中都是互联网的味道",这些都会直接影响到创业的成功与否。其次,该区域是否存在相关行业的产业集群效应,产业集群对于行业的发展至关重要。产业集群带来上下游厂商的支持,再加上相关的成熟配套企业,对于初创企业的发展起到了重要的推动作用。每个区域有不同的产业集聚和产业知识积累,由此带来不同的产业技术优势,如长三角已是传感器、软件开发与系统集成企业的集聚区和项目应用的先导区。不同城市的产业集聚类型,都是创业者需要考虑的。最后,需要衡量各个地域当地政府对不同行业的支持力度。由于发展路径的差异,每个地区地方政府支持的重点不同,政策的侧重点也存在偏差,因此,选择对自己创业和创新行业有支持政策的政府会为创业成功提供很多便利的条件。

因此,有了"三创"指数的排名和参考,有了详细的关于各大城市"三创"环境的介绍和分析,尤其是各大城市和地区产业集群的分布、当地政府对某些行业的优惠政策,有助于为创业者在创业地域、行业的选择方面提供参考,尽量减少盲目或错判的成本。

1.3.4 对于企业的意义

当今社会,基础研究和应用基础研究是创新的根基和源头,原创性、前沿性的研究成果关系到产品开发、产业升级的先发优势和发展后劲,决定着企业竞争乃至国际竞争的成败。目前,我国基础研究整体上相对薄弱,原创性和颠覆性的技术相对不足,在不少领域,关键核心技术还受制于外国企业。从研究经费投入上来看,我国基础研究经费占比 5%左右,而欧美发达国家在这方面的占比达到 15%~20%。与国外差距大的主要原因是目前我国的基础研究经费主要依靠中央财政投入,缺少其他社会资金的支持和补充。因此,需要构筑多元化的基础研究资金投入体系。一方面,中央财政应该继续稳定地支持基础研究;另一方面,通过税收等财税手段引导行业领先企业以及央企去投入基础研究,提高它们对基础研究的重视程度。对于一般的还没达到那个发展阶段和需求的企业,可以鼓励其开展应用研究。

近年来,中国的企业创新排名已经从 2000 年的第 25 位上升到 2015 年的第 11 位,企业研发投入强度稳步提升,虽然上升较慢,但仍然表明中国整体的创新投入力度在加强。企业作为创业创新的主要承担者和执行者,对全社会创新创业水平的提高具有重要的作用。

然而,企业作为一个微观的主体,尤其是中小企业,很难从整体上看到创新的"全貌",也不能很快找出一个行业关键的创新是什么,除此之外,中小企业对于创投机构也不熟悉,不清楚它们的投资偏好等,这些都对企业创新构成了阻碍。

"三创"指数能够为企业指明哪些领域是未来创新的方向，哪些领域需要什么类型的资源，目前比较紧缺的核心技术是什么，每个城市提供的优惠政策偏向于哪些行业，创投机构在一定时期内更倾向于将资金投向哪个行业。因此，"三创"指数可以为企业的创新领域的探索和挖掘提供指导，为企业的投资、研发方向提供指导。

1.3.5 对于高校的意义

在科技创新引领社会发展的今天，建设创新型国家必须要有一批高水平创新型大学作为支撑。高校采取完善和落实促进科技成果转化应用的政策措施，结合自身学科优势与特色，充分挖掘高等教育作为科技与人才重要结合点的作用，促进教育、科技与经济的紧密结合，加快科技体制机制改革的步伐，在支撑我国自主创新、服务创新型国家的过程中发挥着重要的作用。

大学在科技创新中，不仅要立足科技前沿，注重原始创新，更要面向国家战略需求和区域经济发展，开展关键技术集成创新研究，从而实现科技与经济的紧密结合。提高大学自主创新能力，促进科技与经济社会发展紧密结合，充分发挥大学科技在转变经济发展方式和调整经济结构中的重要作用。

目前，大学在基础创新和应用创新的专业设置和课程设计方面都存在一些疑问和困惑，如何与企业的需要接轨，如何缩短企业需要的知识与高校专业知识之间的差距，使得学生进入企业后能尽快开展工作，适应企业和社会的需要等都是高校亟待解决的问题。"三创"指数能够为新知识发现等学术活动提供智慧平台，也能为大学、职业学校学生的专业配置及就业方向提供前瞻性的指导。

1.4 "三创"指数的特点

1.4.1 首次将创新、创业、创投三个维度同时纳入评估，评估结果更加全面

目前国内外有代表性的创新创业指数，包含了丰富的指标，比较全面地评估了国家、城市和地区的创新创业水平。然而，这些指数大多忽略了创投在创新中的关键作用，也没有充分考虑资金对创新过程的重要性，因而具有一定的局限性。

为了更加科学和准确地评估各个省份和地区的创新水平，"三创"指数体系

将创新、创业、创投三个维度同时纳入指数中，更加全面地探讨三者的行为逻辑、相互间的作用关系及演变规律。同时，不同于以往主要是比较城市之间的创新能力或水平，在"三创"指数体系中，我们以省为单位，选取的是 31 个省级行政区域，从创新、创业、创投三个维度综合比较这些省级行政区域的创新能力。

1.4.2 "三创"指数数据的广度、深度和复杂度均大大提升，评估针对性更强

以往的指数，如全球创新指数、中国城市创业指数和中国创业创新指数等，大多只是选取不同的指标统计各个国家和地区在不同指标体系和总分值上的差异，很少应用到数据挖掘和人工智能等现代信息技术，而"三创"指数结合现代信息技术的发展，应用数据挖掘和人工智能等深入比较"三创"指数的环境，评估其活动情况和结果，以及探求规律，使得分析的广度、深度和复杂度有了大幅提升，对于各省市的情况有更深入准确的掌握。

1.4.3 "三创"指数体系评价指标的选取更具有全面性、科学性和客观性

以往的指标体系大多只考虑到创新和创业两个方面，却忽视了创投也是创新体系不可分割的环节。在"三创"指数中将创新、创业、创投都纳入进来分析，从技术创新、创业和创投机构等多个视角综合考虑从技术创新到创新实现的完整过程，评价指标的选取更具全面性、科学性和客观性。

在"三创"活动中，地方政府在从创新转向创业的过程中会起到重要的作用。匹配的政策将促进创新成果的商业化，而不合适的政策法规则会抑制创业的热情，阻碍创新成果的转化。除了地方政府以外，创投机构也会对创新与创业的转换过程产生影响。大量的资金支持和丰富的行业经验都帮助创新更顺利地实现商业化，更好地满足观众的需要。因此，为了充分考虑研究对象的特点，我们将"三创"活动的过程（地方政府和创投机构的介入对创新向创业转换的影响路径）、"三创"活动的功能（地方政府政策制定、企业创新、创业者行业选择、高校人才培养等）和"三创"活动的关键因素等都考虑在内，旨在编制出更加具有针对性的总指数和分指数。

第 2 章 "三创"评估指标体系的建立

"三创"指数是一个综合指标体系,它的建立是一项系统工程。本书在回顾国内外相关指数的基础上,紧紧把握我国经济转型、社会主要矛盾改变的时代背景,从新时代的中国实际出发,深入探究了"三创"指标体系建立的理论依据,提炼出选取评估指标须遵循的基本原则,进而构建了融外部环境、资源投入、"三创"的主体能力和效率效益等四个方面要素为一体的综合评估指标体系。

2.1 "三创"评估的理论依据

根据已有的研究成果和新时代的特征,在制度理论、资源理论、能力理论、效益原理等理论依据的基础上,建立"三创"指标体系,详见图 2-1。

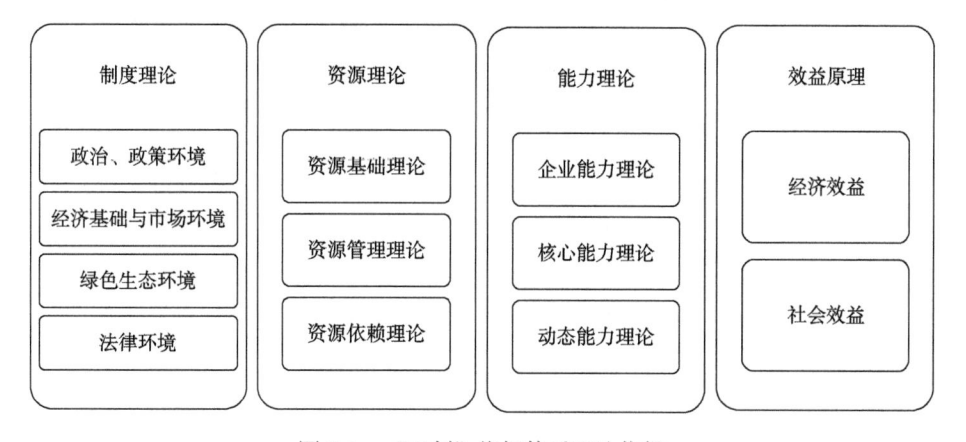

图 2-1 "三创"指标体系理论依据

2.1.1 制度理论

制度理论是 20 世纪 60 年代开始的知识革命的延续和延伸，在组织研究中引入了开放系统的概念。制度环境体现了文化和社会力量的增加所带来的显著的组织效应，组织被视为不仅仅是生产系统，而且也是文化和社会系统（Scott，2001）。Meyer 和 Rowan（1977）、Dimaggio 和 Powell（1983）的文章是制度理论发展的关键，它涵盖了组织研究领域内的各种各样的现象。Meyer 和 Rowan（1977）对组织变革的质量进行了深入研究，分析了官僚机构通过组织学习是否对新的外部需求产生反应，以及在何种程度上产生反应；讨论了哪些因素有助于组织学习，哪些因素阻碍组织学习。Hoskisson 等（2000）和 North（1990）认为对于前后关联的系统，制度理论对其组织行为和经济业绩的影响进行了解释，并关注组织与制度化环境的交互作用（Hoskisson et al.，2000）。

亚当·斯密（Smith，1759）[①]对于制度（institutions）的理解是，在人类社会的大棋盘中，每一个棋子都有自己的运动规则，（棋子们的运动规则）合起来并不同于那些由立法机关选择并强加给它们的规则。如果这两种规则重合，并在同一个方向上行动，人类社会的"游戏"将很容易和谐地进行下去，人类社会很大程度上就可能是幸福和成功的。如果他们是对立的或不同的，"游戏"将持续悲惨地进行，社会必须在任何时候都处于高度的无序中。North（1990）也有着类似的理解，他认为制度是一个社会中的游戏规则。更严谨地说，他认为制度是人为制定的用来对人类的互动行为的约束。人类的交换、互动行为包括了政治的、经济的及社会的行为。制度包含正式约束和非正式约束，且具有可执行的特征。制度变迁则决定了社会随着时间演进的方式。制度一旦建立，就决定了政治与经济活动的各种机会与成本；在制度提供的机会下，组织不仅努力降低成本促成交易，也会形成知识、新技术，甚至改变谈判力量而造成制度的变化。

我国现阶段处于转型经济时期，转型经济的环境具有很大的不确定性，主要表现为政策环境和市场环境的不确定性，它们的不确定性使得衡量、评价"三创"活动更具挑战。此外，在现阶段我国转型经济中还存在诸如转型时期某些领域的双轨体制并存、经济快速增长引起的产业结构变化、区域发展不平衡导致当地经济发展水平对"三创"活动产生一定影响；市场制度不够完善，系统的信任

[①] 原文为："… in the great chess-board of human society, every single piece has a principle of motion of its own, altogether different from that which the legislature might choose to impress upon it. If those two principles coincide and act in the same direction, the game of human society will go on easily and harmoniously, and is very likely to be happy and successful. If they are opposite or different, the game will go on miserably, and the society must be at all times in the highest degree of disorder." http://oll.libertyfund.org/titles/2620#Smith_1648_590。

还没有建立起来等问题。我们的指数指标体系将从制度理论出发,探寻政策、市场等环境的关键变量,设计相应指标,来衡量各地区在制度设计与执行方面促进"三创"活动的表现。

1. 政治、政策环境

稳定积极的政治、政策环境是经济、社会良好运行的必要条件,也是创新、创业、创投发展的基础条件。对照制度理论,合理的政府职能、科学的现代治理体系,对于提高经济社会治理能力,打造具有国际竞争力的营商环境有着至关重要的作用。在市场经济中,政府的作用主要是克服市场失灵,建立公平竞争和法治有序的市场环境(吕薇,2018)。在这一过程中,需要改进市场监管方式,健全激励创新、包容审慎的市场监管体系,促进微观主体的创造力和活力。同时也要加强政策机制设计,建立公开、透明、稳定和可预期的政策体系,促进实体经济转型升级。要建立健全反映资源稀缺性和外部效果的价格机制和财税体系,将外部成本效益内部化,实行规制与市场机制相结合,促进资源节约、环境友好的绿色发展模式。卢现祥和李晓敏(2011)认为,企业家虽是重要的资源,但一个社会的科技进步和生产力发展的步伐快慢,主要不是取决于该社会企业家资源的多少,而是取决于该社会的制度安排将稀缺的企业家资源引向何处。企业家所处的制度环境会影响企业家对经济繁荣作出的贡献大小。一般来说,政府控制的资源多、分配经济资源的比重越高,企业通过市场方式获取资源的自由度就越小,就越容易诱导企业家和企业的非生产性寻租行为(刘红娟和唐珊,2013)。

进入新时代,还要继续推进政府职能转变,深化简政放权,处理好政府和市场的关系。简政放权有助于提高市场活力,特别是对于简化创新创业企业审批程序、提高创新创业企业生产经营效率的项目。在党的十九大精神的指引下,在新一轮机构改革的基础上,有必要将政策制度公开公正程度、法制环境、政府行政效率等政治、政策环境指标纳入我们的评价指标体系。

2. 经济基础与市场环境

对于经济行为而言,制度框架是一个正直的、社会化的和以法律为基础的规则的集合,这样的集合为系统或社会中的生产行为、交换行为和分配行为提供了基础(North,1990;Roy,1997)。

制度环境能够通过影响企业创新激励,作用于区域经济增长中的产品市场竞争环境,而产品市场环境是影响企业技术创新和区域经济增长的重要制度变量。市场对价格的调节程度源自产品市场环境,价格由市场决定的程度越高,商品生产上的地方保护程度越小,企业通过各种寻租行为获取的价值就越少。在这样的环境下,缺乏持续竞争力的企业会遭到淘汰,企业要想在市场上长久地生存并谋求更好的发展，必须专注于生产性活动，通过管理创新和技术创新等各种行为来提升自身竞争力；充分竞争形成的市场价格可以有效传递产品的供求信息，促进资源流向能产生更高价值的行业和领域（刘红娟和唐珊，2013）。

在降低创新创业成本方面，政府资金扶持力度（设立创新创业专项基金、对高质量的创新创业项目的财政支持）、对于企业在创新创业过程中产生的税费、租金的相应减免、补贴等；中小企业、小微企业贷款、融资的专属的贷款和融资渠道等资源，都是对"三创"活动强有力的支持。

因此，在"三创"指数指标体系中纳入了行业市场需求状况、市场化程度、企业面临的竞争压力、金融服务与融资成本、企业税费负担等市场环境指标，同时也将反映地区经济基础的经济增长率和部分GDP相关指标编入指数指标体系。

3. 绿色生态环境

Morrison（1995）提出生态文明概念，他还进一步指出生态转型的关键在于生态民主，传统工业文明带来的破坏性影响为生态文明转型提供了契机（Morrison，2007）。Magdoff（2012）指出，生态文明既是自然与经济可持续发展的文明，也是人与自然和谐发展的文明；具有多元化与自我调节能力的"强生态系统"为促进生态文明提供了发展方向。

方世南和张伟平（2004）认为，研究生态环境问题，必须研究市场失灵和政府失灵这两大问题。他们指出，在生态环境问题上，制度高于技术的说法是一条真理。亚当·斯密的社会秩序观（康子兴，2012）、哈丁的"公地悲剧"理论（陈新岗，2005）和埃莉诺·奥斯特罗姆等（奥斯特罗姆等，2000）的制度激励与可持续发展理论，在生态环境方面都凸显了制度的重要性。有效的制度设计，能够从源头上解决问题，因而制度设计成败与否，对于生态环境问题起着直接和决定性的作用。在对生态环境保护和建设问题上，也只有重视制度设计、加强制度创新，才能使得生态环境伦理得到有效的贯彻和落实。

近半个世纪以来，生态环境理论在国际上逐步受到重视并逐渐用来指导实践。1964年在加拿大召开的国际环境质量评价会议上，学者们首次提出了环境评价的概念；1969年，美国成为第一个把这种学术观点变成法律强制执行的国家。近年来，一些发达国家在以项目为核心的"传统环境影响评价"基础上，逐步将评价范围扩展和提高到计划（program）、规划（planning）和政策（policy）层次，又称"战略环境评价（strategic environmental assessment，SEA）"（谢华生，2004）。

我国近年来推崇的可持续发展理论是对传统发展观的超越，传统发展观注重经济增长而忽视经济增长所带来的生态环境成本，由此引发人口、环境、资源、生态等诸多问题，可持续发展理论正是对此进行反思的结果（杨世迪，2017）。

1994 年，我国政府率先在世界上推出了国家级议程——《中国 21 世纪议程》（中国 21 世纪人口、环境与发展白皮书）；1996 年，在对国情做出科学分析的基础上，确立了可持续发展战略；1996 年第八届全国人民代表大会第四次会议上，把可持续发展作为一项跨世纪的国家战略明确地提出来：发展不仅要看经济增长指标，还要看人文指标、资源指标、环境指标（谢华生，2004）。

十九大报告也指出"加快生态文明体制改革，建设美丽中国""建设生态文明是中华民族永续发展的千年大计"[1]，充分体现了上述理论依据。因此"三创"指数指标体系中也设置了绿色生态发展的指标。

4. 法律环境

根据 North（1990）的定义，制度（博弈规则）分为两类，正式规则和非正式规则。其中正式规则主要是宪法、产权制度和合同等，它们正是法制环境的重要组成部分。通常认为市场经济的发展水平与法制环境分割不开的。

而国外学者研究认为，中国的法制体系的发展不完善，却成为世界上经济增长速度最快的发展中国家之一，把发生在中国的这一现象叫作"中国之谜"。他们的研究发现，在保护投资者权利的力度上，美国法律体系最为充分，而法国法律体系最弱，德国法律体系处于中间水平。从某种意义上说，法制制度决定了一个国家的经济发展。然而，用法制指标来探究我国的经济增长的规律，在研究的过程中发现，我国在法制体系方面还存在很多的缺陷，但却仍然在世界经济中发展速度突出。由此可以看出，法制环境经典理论在我国并不能够得到很好的应用，构成了"法制环境和经济增长不协调的反面实例"（Cull et al.，2007）。

然而陈倩屹（2015）认为，国内学者的研究表明我国由于独特传统文化、历史、特殊国情等因素，法治能够对市场经济起到促进增长的作用。吕薇（2018）认为，要营造公平竞争的市场环境，尤其要强化产权保护机制，调动民营经济的积极性。一方面，进一步完善产权制度，完善和细化相关法律，全面落实支持非公有制经济发展的政策措施；另一方面，严格执行产权保护的法律，依法平等保护各类所有制经济产权。要推进以产权保护为重要内容的政务诚信建设，强化知识产权保护，提高侵权成本，降低维权成本。此外，要有效运用财税、金融、汇率等政策工具，多措并举切实降低实体经济的运营成本和创新成本，提高实体经济的竞争力。此外，还要加强普惠性政策，全面推行公平竞争审查制度；建立健全信用法规和标准体系，加快推进社会信用体系建设。

在市场经济法治环境下，任何创新、创业、创投活动都不可避免地会遇到各

---

[1] 习近平. 决胜全面建成小康社会 夺取新时代中国特色社会主义伟大胜利——在中国共产党第十九次全国代表大会上的报告[N]. 人民日报，2017-10-28.

类法律问题，而缺乏法律观念往往会导致权钱交易、徇私贿赂等违法行为扰乱市场竞争秩序，这无疑将加大守法守规企业交易成本，使得商业环境恶劣，打击经营者、创业者、投资者的信心和积极性，从而降低创新创业的质量和成功率。法律法规越完善，"三创"环境才会更加优良，相关财富和成果也会得到更好的保护。支振锋（2017）指出，中国共产党高度重视法治建设。中国特色社会主义建设进入新时代，面临新形势、站上新起点。全面依法治国是国家治理的一场深刻革命，是中国特色社会主义的本质要求和重要保障。"三创"指标体系将法制环境也融入指标体系，用以衡量并提高法治水平，从法治角度推动"三创"建设。

2.1.2 资源理论

马克思和恩格斯（1995）在《资本论》中说："劳动和土地，是财富两个原始的形成要素。"对这两个原始要素，马克思有时称作人和自然。他说："正像生产的第一天一样，形成产品的原始要素，从而也就是形成资本物质成分的要素，即人和自然，是同时起作用的。"恩格斯的定义是："其实，劳动和自然界在一起，它才是一切财富的源泉，自然界为劳动提供材料，劳动把材料转变为财富。"马克思和恩格斯的定义，既指出了自然资源的客观存在，又把人（包括劳动力和技术）的因素视为财富的另一不可或缺的来源。可见，资源的来源及组成，不仅是自然资源，而且还包括人类劳动的社会、经济、技术等因素，还包括人力、人才、智力（信息、知识）等资源。

蒙德尔（2000）在《经济学解说》中将"资源"定义为"生产过程中所使用的投入"，这一定义很好地反映了"资源"一词的经济学内涵，资源从本质上讲就是生产要素的代名词。"按照常见的划分方法，资源被划分为自然资源、人力资源和加工资源"，根据《经济学解说》，"资源论的基本思想是把企业看成是资源的集合体，将目标集中在资源的特性和战略要素市场上，并以此来解释企业的可持续的优势和相互间的差异"。

1. 资源基础理论

企业运营通常是在一定资源的基础上，配置以一定程度或一定水平的研发投入。任何一个企业在进行资源合理配置的过程中进行开放式创新，无论是通过市场购买、合作研发还是自主研发投入等方式，都会考虑交易成本。资源基础理论是由 Wernerfelt（1984）提出的，他认为企业是各种资源的集合体，出于种种原因，企业拥有的资源各不相同，具有异质性，而这种异质性决定了企业竞争力的差异。大型企业往往拥有较多的可配置资源，拥有独立研发部门，能够利用企业自身资源和能力进行研发。它们能够发挥自身资源优势，实现竞争战略，因而在自主创新研发方面具有明显优势。而中小型企业在进行开放式创新过程中显然没有这样的优势。受制于有限的资源基础，中小型企业受市场波动影响较大，尤其对于交易成本因素的影响，应对能力不足，因而不得不借助外部资源。

另外，研发投入是企业通过创新提高经营绩效的一种竞争战略，因此可以从战略管理的理论视角对研发投入进行研究（Fagerberg et al.，2006）。根据资源基础理论，当某项企业资源满足以下这四个条件时，该资源便构成了竞争优势：①具有某种价值；②具有稀缺性；③难以被模仿或替代；④能够为企业所用。以上理论构成了研究竞争战略的一个基础性的分析框架。Barney 等（2011）认为，企业战略应使得竞争优势得到发挥，从而提高经营绩效，否则如果未能有效利用竞争优势，企业将承担高昂的机会成本。由此可见，如果企业某些类别的资源与创新关系密切，并且能够最终构成竞争优势，则这些资源将推动企业进行创新，从而对其研发投入也需相应提高。

"三创"指数体系对于资源指标的选取，便是考量了企业性质、规模等异质性，也充分考虑了哪些类别的资源与创新密切相关、相应资源对于发挥企业竞争优势乃至企业战略的影响。

2. 资源管理理论

资源管理理论深化、拓展了资源基础理论。资源基础理论强调有价值的、稀缺的、不可模仿的和不可替代的资源对企业活动的展开具有重要影响，是企业生存和发展以及获得持续竞争优势的源泉（Barney，1991）。而 Sirmon 和 Hitt（2003）在对家族企业的研究中提出"资源管理"概念，认为企业需要对掌握的资源进行合理的配置、整合与利用，才能挖掘它们的价值。Wang 和 Ahmed（2007）等学者也认为企业拥有资源并不一定能够直接取得价值及竞争优势，必须通过有效的资源整合才能够实现资源的效用，提升企业的各种动态能力；Kor 和 Mahoney（2005）、Lavie（2006）等学者也认为只有这样才能形成企业的竞争优势，并最终促进企业绩效的提高。Sirmon 等（2007）在上述研究的基础上进一步分析，指出资源管理的过程实际代表着企业对资源进行配置、整合并实现目标的能力，最终提出了资源管理理论。Sirmon 和 Hitt（2009）的进一步研究表明，管理者的资源整合工作会影响企业绩效。资源管理是一个复杂的过程，只有使得各个子过程有效协同，才能最终形成企业的竞争优势。

3. 资源依赖理论

资源依赖理论是研究组织外部资源如何影响组织行为的理论。该理论真正被世人所重视，是在 20 世纪 70 年代 Pfeffer 和 Salancik（1978）的《组织外部控制》的发表之后。资源依赖理论的基本论点主要有：组织依赖资源，资源是组织成功的关键，这些资源最终源于组织的环境；环境在很大程度上还包含其他组织，组织需要的资源通常在其他组织手中；对资源的获取和控制是权力的基础，法律上的独立组织可以相互依赖，权力与资源依赖直接相关；等等。资源依赖理论还认为，资源的确是由组织控制的，但控制它们的通常不是需要这些资源的组织，这意味着必须仔细考虑企业战略，来确保持续、无碍地获取资源。而且，组织依赖于多维度资源，即劳动力、资本、原材料等。组织可能无法为所有这些资源提供反补贴措施。因此，组织应遵循临界性原则和稀缺性原则；关键性资源是组织发挥正常功能所必需的。组织通常将在资源获取中留有后备余地，以降低它们对单一来源的依赖程度。

Eikenberry 和 Klover（2004）认为，资源依赖理论是近年来非营利组织更加商业化的主要原因之一。随着投向社会服务的政府拨款和资源的减少，私营企业和非营利组织之间对合同的竞争加剧，并导致非营利组织使用通常私营企业才使用的市场化手段，来争夺资源以维持其组织的生计。近年来，Hillman 等（2009）、Davis 和 Cobb（2010）、Drees 和 Heugens（2013），以及 Sharif 和 Yeoh（2014）的研究都显示了资源依赖理论在解释组织在形成连锁、联盟、合资企业、兼并和收购等方面的重要性——克服依赖、提高组织自治和合法性。但在许多方面，资源依赖理论的预测与交易成本经济学的预测相似，同时它也与制度理论有着密切的关系。

"三创"指数编制时，也充分考虑到资源依赖对企业创新、初创企业经营的作用，从组织行为学的角度，基于资源依赖理论对资源投入、制度、绩效类指标进行了通盘考量。

2.1.3 能力理论

1. 企业能力理论

企业能力理论是随着企业战略管理理论关于企业竞争优势根源的探讨而发展起来的。随着对资源研究的深入，学者们将资源与能力区分开来，一般来说，资源是可以在市场上获得的资产，或是在能力的影响下在企业内部积累形成的资产，而能力则是在企业内部形成的；资源只是企业赢得竞争优势的基础，而能力成为企业获得竞争优势的一个重要源泉，从而更加注重对能力的分析。企业能力理论是战略管理领域的新兴企业理论。通过运用企业能力理论，可以揭示影响及决定企业竞争优势的关键因素。

仲伟俊等（2001）指出，企业能力的形成与企业历史、文化和惯例等紧密联系，通过资源之间复杂的相互作用形成，能够实现企业目标。相比资源来说，能力更加难以模仿，更容易帮助企业形成竞争优势。能力是企业利用资源完成具体任务或活动的能力。从能力定义字面分析，定义本身陷入一种循环，其原因是语言的差异。为了避免这种定义循环带来的混淆，Hoopes 和 Madsen（2008）将能力定义为企业一种更高层次的惯例或惯例的集合，这种惯例帮助组织做出管理的决策选择，实现输入/输出效益比例最大化。

经过 30 多年的理论研究发展，对能力观的研究进一步深入和演化，其中以核心能力与动态能力等理论为代表。

2. 核心能力理论

Prahalad 和 Hamel（1990）在题为"企业核心竞争力"的文章中阐述了核心能力导致核心产品的开发，进而可以为最终用户构建许多产品。他们将核心能力定义为"核心产品和服务发展的发动机"，并指出能力是公司成长的根源，而产品就像是果树结出的果实。Schilling（2013）将核心能力定义为"区分市场中企业的多种资源和技能的协调组合"，是企业竞争力的基础。核心能力是通过在一段时间内不断改进形成的，而不是由单一的大变革而发展起来的。要想在一个新兴的全球市场上成功，建立自身的核心竞争力更为重要和必要，而不是通过纵向整合等手段，如 NEC（日本电气股份有限公司）便是利用其核心竞争力的投资组合来主导半导体、电信和消费电子市场。

核心能力概念的运用和理解对企业来说是非常重要的。企业运用核心能力，可以在核心产品的设计上胜出（Prahalad and Hamel，1990）。近年来，国外学者已经开发出了用于识别产品组合的核心能力的方法。其中 Danilovic 和 Leisner（2007）使用设计结构矩阵把能力映射到产品组合中的特定产品上。运用他们的方法，集群的能力也可以聚集，成为核心竞争力。Bonjour 和 Micaelli（2010）介绍了一种类似的方法来评估公司实现核心能力的发展程度。Hein 等（2014）将核心能力与 Christensen 和 Kaufman（2006）的"资源、过程和优先事项"能力概念联系起来。此外，Yang（2015）提出，也可以利用核心竞争力来提升顾客和利益相关者的价值。

3. 动态能力理论

"动态能力"这一概念是由 Teece 等（1997）在其论文《动态能力和战略管理》中定义的，"公司能够整合、构建和重新配置内部和外部能力来应对快速变化的环境"，即组织有目的地适应组织资源基础的能力。它诠释了企业是如何创造商业价值的，强调对外部变化做出充分及时反应的能力需要多种能力的结合。

资源基础理论强调可持续竞争优势，而动态能力理论则更多地关注竞争快速生存的问题，以应对瞬息万变的现代商业环境。战略学者 Ludwig 和 Pemberton

（2011）在这一主题的少数实证研究中，要求澄清特定行业中动态能力建立的具体过程，以使该概念对为公司制定方向的高级管理者更有用。

动态能力理论涉及成功公司的高层管理者如何应对挑战，他们需要适应激进的、不连续变化的策略的发展，同时还要保持最低的能力标准以确保在竞争中生存。例如，在新技术到来时，传统上依赖于特定制造过程的行业不能确保总能在短时间内完成转变。当这种情况发生时，管理者需要同时调整自己的惯例，充分利用现有资源。在资源贬值时，要能够规划未来的进程变化（Ludwig and Pemberton，2011）。

Shuen 和 Sieber（2009）在分析 Web 2.0 时，通过分析苹果 ios、谷歌安卓、IBM Linux 开发生态系统，以及众包（crowdsourcing）、众筹开放式创新等提出了新的动态能力理论框架，他们着眼于公司快速、重新配置外部资源的能力。新的动态能力理论框架考虑数字、信息和网络经济学（Shapiro and Varian，1998），以及使用专门服务引起的交易成本的下降（Williamson，2010），以应对新时代的挑战。

基于能力理论，在"三创"指数体系构架中，植入了一个独立的"主体能力"模块，用以考量各地区的知识创造能力、企业创新能力和创投能力。

2.1.4 效益原理

效益原理是指企业通过加强企业管理工作，以尽量少的劳动消耗和资金占用生产出尽可能多的、符合社会需要的产品，不断提高企业经济效益和社会效益（冯俊华，2006）。百度百科"企业社会效益"词条将其定义为"企业对社会、环境、居民等带来的综合效益，对就业、增加经济财政收入、提高生活水平、改善环境等社会福利方面所作出贡献的总称"[①]；将企业经济效益释为"企业的生产总值同生产成本之间的比例关系"[②]。在国内，项目的社会效益评价是以国家颁布相关政策以依据，分析项目对社会发展的所产生的影响以及对社会、产业发展的贡献等。

North（1990）认为，制度决定经济绩效，而经济绩效相对价格变化则是制度变迁的源泉。制度为交换提供结构，它（与所用的技术一起）决定了交易费用和转型成本。产权理论是 North 制度变迁理论的第一大理论支柱。North 认为有效率的产权对经济增长起着十分重要的作用。他曾提到"增长比停滞或萧条更为罕见这一事实表明，'有效率'的产权在历史中并不常见"。他认为产权有没有效率在很大

[①] 查见百度百科"企业社会效益"。https://baike.baidu.com/item/企业的社会效益/6264396?fr=aladdin&fromid=15502799&fromtitle=企业社会效益。

[②] 查见百度百科"企业经济效益"。https://baike.so.com/doc/6698105-6912018.html.。

程度上决定了经济能否增长。有效率的产权能够促进经济增长出于两方面的原因。一方面是因为产权的基本功能与资源配置的效率相关；另一方面，有效率的产权使得经济系统具有激励机制。这种机制的激励能够降低或减少费用，能够使人们的预期收益得到保证。同时，由于在产权行使成本为零时，充分界定的产权能够让个人的投资收益等于社会收益。刘红娟和唐珊（2013）认为制度环境能够通过作用于要素配置效率来影响区域经济增长区域政府与市场关系。她们的研究表明，作为宏观经济调控的主体，政府分配资源对于稳定经济和实现公平有着不容置疑的作用，然而过多和不当的政府干预也会产生负面影响、降低经济效率。

提升效益、实现高质量发展需要提高全要素生产率，要用较少的投入形成更多有效产出。经过多年的努力，我国已成为世界第二大经济体。我国经济发展已进入新常态，支撑发展的条件已然发生了变化，传统发展动力不断减弱，拼资源、耗能源的粗放型经济发展模式已成为过去时。劳动力、资本、原材料、能源、土地等各种要素的成本增加，低成本优势已不复存在；自然资源和环境承受力已经接近极限，长期积累的环境问题亟待解决；人口老龄化，新增适龄劳动人口速度放缓，人口红利下降；低水平产能过剩，投资收益下降，要素利用效率不高；等等。因此，必须转变经济发展方式，依靠技术进步、劳动者素质提高和管理创新转变，提高全要素生产率，从而提高经济增长的质量和效益，不断增强我国经济创新力和竞争力。因而在建立"三创"指数指标体系时，全要素生产率等作为一项重要指标被纳入体系，其他诸多指标也采用单位比值的形式编入指标体系。综上，效益原理作为"三创"指数指标体系的重要理论基础，引导着"三创"活动的健康开展，推动着社会和经济的高质量发展。

2.2 "三创"评估指标选取原则

"三创"指数是反映整个社会创新、创业、创投情况的综合指标体系。除了对政府、创投机构、创业者、企业和学校提供有效的指导以外，在应用的过程中，还遵循一些基本的原则，主要包括以下五个原则：①遵循"三创"规律；②以"创新、协调、绿色、开放、共享"五大发展理念为指导；③先进性与可行性相结合；④坚持问题导向；⑤体现经济转型与创新能力转型。

2.2.1 遵循"三创"规律

"三创"的创新、创业、创投都遵循一定的规律，不遵循这些规律，"三创"指数也很难发挥预期的效用。

创新的规律首先是满足重要的客户和市场需求，只有客户需要的产品才能被市场所接受，才能获得成功。重要的创新一定是瞄准了一个重要的需求。其次是创造价值，只有为客户创造了价值的创新，才能真正让客户满意。

创业也是按照一定的规律和阶段开展的。一般创业活动可以划分为四个阶段，即识别与评估市场机会，准备并撰写创业计划，确定并获取创业资源，管理新企业。只有真正了解了创业的阶段以及每个阶段企业所面临的问题和需要的资源，才能采取相应措施促进创业过程的顺利进行。

除了以下创新创业，创投的规律也是"三创"非常重要的规律。作为创投机构，首先要把握政府引导基金的机会。政府对本地经济和发展规律有着深刻的理解，并掌握了大量的信息，这能够帮助创投机构筛选出很多优质的项目，既符合地方经济发展方向，也符合市场需求。其次，严密的投资决策和风控体系。创业投资是一项高风险，高收益的工作，为了有效防范风险，达到监管目的，确保投资质量与资金安全，在高层和投资经理层面都应该设置一定的风险防御措施严格进行风险控制。最后，自身不断进行改革。2016年9月发布的《国务院关于促进创业投资持续健康发展的若干意见》提出，落实和完善国有企业创业投资管理制度。该意见指出，应该建立健全符合创业投资行业特点的创业投资管理体制，完善投资企业的监督考核、激励约束机制和股权转让方式，形成鼓励创业、宽容失败的投资生态环境。

因此，"三创"指数要遵循以上这些规律，才能正确有效地指导政府和企业的创新创业方向。

2.2.2 以"创新、协调、绿色、开放、共享"五大发展理念为指导

"创新、协调、绿色、开放、共享"是在党的十八届五中全会上提出来的，创新发展、协调发展、绿色发展、开放发展、共享发展是新形势下我国发展面临的新任务，是未来我国发展方向的集中体现。

第一，坚持创新发展的理念。在创新、协调、绿色、开放、共享这五大理念中，创新是五大发展理念之首，是引领发展的第一动力。在"三创"指数中，创新、创业、创投三者是以创新为基础的。没有创新，也就谈不上创业和创投，因此，"三创"的基本发展理念是创新。

第二，坚持协调发展的理念。协调发展理念强调发展的全面性、平衡性和可持续性，旨在增强发展的整体性，力求通过协调发展增强经济发展的平衡性。

"三创"指数中的创新、创业、创投是相互联系、相辅相成和缺一不可

的。如果只有创新而没有创业和创投的支持，那么创新成果很难转化为实际的产品和效益。如果只有创业，而缺少基础的创新技术和必要的创投机构的资金支持，也很难在艰难的创业过程中取得成功。所以，创新、创业、创投三者要协调一致，平衡发展，不能有所偏重，只有这样才能实现区域经济的创新和发展。

第三，坚持绿色发展的理念。绿色发展作为五大发展理念之一，强调人与自然和谐的问题，注重节约资源和保护环境，是我国建设现代化国家和人民过上小康生活的内在要求。

在"三创"指数中，我们同样需要坚持绿色创新的理念，提高资源利用率，减少环境污染，将经济及环境所能承受的风险降到最低。不仅创新要坚持绿色的原则，而且创业和创投除了考虑经济收益以外，也需要有效协调经济发展、社会进步与环境之间的关系，确保发展的可持续性，创业者在选择创业领域，创投机构在投资企业时，都要遵循绿色的原则。

第四，坚持开放发展的理念。开放是我国经济高速发展的宝贵经验和总结。随着全球化的不断深入，要想发展国内经济，必须充分利用国际和国内两个市场、两种资源，加快企业"走出去"的步伐，只有这样，才能带动经济新体制的建立，促进经济改革的成功。同样地，在"三创"指数中，我们应该以开放的理念发展"三创"，这样不仅有利于企业和个人吸收新的知识和信息，提高创新的概率和效率，同时也有助于更多优秀创业者的加入，还能吸引到更多创投机构资金的进入，对于国家和企业创新产生重要的推动作用。

第五，坚持共享发展的理念。坚持共享发展是指全社会要坚持做到人人参与、人人尽力、人人享有的要求，充分发挥广大人民的积极性和创造性，真正激发每个人的创造潜力。"三创"指数遵循共享发展的理念，充分调动广大人民和企业创新的热情和积极性。不仅在创新方面，而且在创业方面，全社会也掀起了创业的热潮，人们积极投身到多样化的创业项目中。作为创新和创业的"动力中心"，创业投资机构主动搜寻有潜力的项目，除了给予资金支持以外，创投机构还会结合自身丰富的经验，为企业在未来规划、业务发展甚至人员招聘上提供有效的建议。

2.2.3 先进性与可行性相结合

技术创新，尤其是基础性技术创新，往往具有一定的前瞻性和先进性。只有拥有超前性的创新，才能使创新者获得竞争优势。然而，仅仅拥有先进性并不意味着商业上的成功，这还要求创新的超前性必须与其对社会需要的适应性和可行性相结合。否则，太过超前的技术可能难以适应市场的需要，增加技术创新失败的可能。在"三创"指数中，政府、企业和创业者不仅要进行创新，还要紧跟消费者需求，才能最终实现商业化的成功。创业者在选择进入的行业时，不能仅仅考虑到创新的先进性，而忽略了创新的可行性，因为这样很难取得成功。对于创投机构来说，过早地投资一个超前的技术，会拉长整个投资周期，使得创投机构在短期内很难退出，同时由于创新转化的时间过长，还会增加整个投资的风险，最后可能面临投资很难回本的问题。因此，不论是进行技术创新，还是进行创业和创投，都要坚持先进性与可行性相结合的原则，只有这样，才能取得对社会、对企业、对个人都有利的结果。

2.2.4 坚持问题导向

问题是实践的起点、创新的起点，抓住问题就能抓住创新的"牛鼻子"。推动创新驱动发展战略，就要强化问题意识，要坚持问题导向。我们的科学研究和创新要有客观事件的评价、市场方面的评价，真正做到提质增效。问题导向是创新、创业、创投都要坚持的发展理念，是"三创"的重要出发点。只有坚持问题导向，创新才能真正反映实际的需要，解决现实的困难；只有坚持问题导向，创业才能找到正确的方向，才有成功的可能性；只有坚持问题导向，创投才能把资金投到真正需要的地方，切实推动相关产业的发展。

2.2.5 体现经济转型与创新能力转型

改革开放以来，我国经济的迅速发展，经济规模迅猛增加。然而，尽管已经成为全球第二大经济体，但我国粗放的发展方式并未发生根本变化。我国目前迫切需要驱动经济转型升级，在提质增效等方面取得更大进展，就必须大力推进创新。创新是提高经济发展质量和提升竞争力的关键。科学技术是第一生产力，经济增长的质量和效益主要由科学技术转化为现实生产力的质量和效益来决定，以科技创新带动经济结构调整、发展方式转变，最大限度提高经济质量和竞争力。

面对我国目前发展的重大问题，"三创"指数务必要体现经济转型与创新能力转型，才能在目前社会的发展方式、经济结构调整和发展动力上作出重要贡献，在引导创业者对行业的选择、指引创投机构的投资领域、引领学校培养创新人才等方面为科技创新驱动经济转型升级创造有利的条件。

2.3 "三创"指标体系

"三创"是新时代的产物。党的十九大报告指出，中国特色社会主义进入新时代，"我国经济已由高速增长阶段转向高质量发展阶段，正处在转变发展方式、优化经济结构、转换增长动力的攻关期"，在此阶段，"创新是引领发展的第一动力，是建设现代化经济体系的战略支撑"；"须把发展经济的着力点放在实体经济上"，"激发和保护企业家精神，鼓励更多社会主体投身创新创业"，"深化金融资体制改革，增强金融服务实体经济能力，提高直接融资比重，促进多层次资本市场健康发展"。①

中国特色社会主义进入了新时代，"三创"指数指标体系也将综合考量经济、政治、市场等外部环境，科教等资源投入，创新、创业、创投的主体能力和"三创"效益等四大方面要素来构建（图 2-2），以反映新时代创新、创业、创投等社会经济现象及其综合变动，测定总变动中各个因素的影响，对"三创"现象进行综合测评。经过在多理论基础上科学设计、缜密调查统计、精确计算，最终得出"三创"指数，旨在成为政府、企业等重要的决策参考依据，在国民经济中起到重要指导作用。

外部环境	资源投入	主体能力	"三创"效益
基础设施与条件	人力资源	知识创造	科技效益
政策制度环境与政府效率	创投资源	企业创新	经济效益
经济基础	科技投入	创投能力	企业成长
市场环境与社会服务保障	教育投入		居民生活质量
绿色发展			
对外开放			

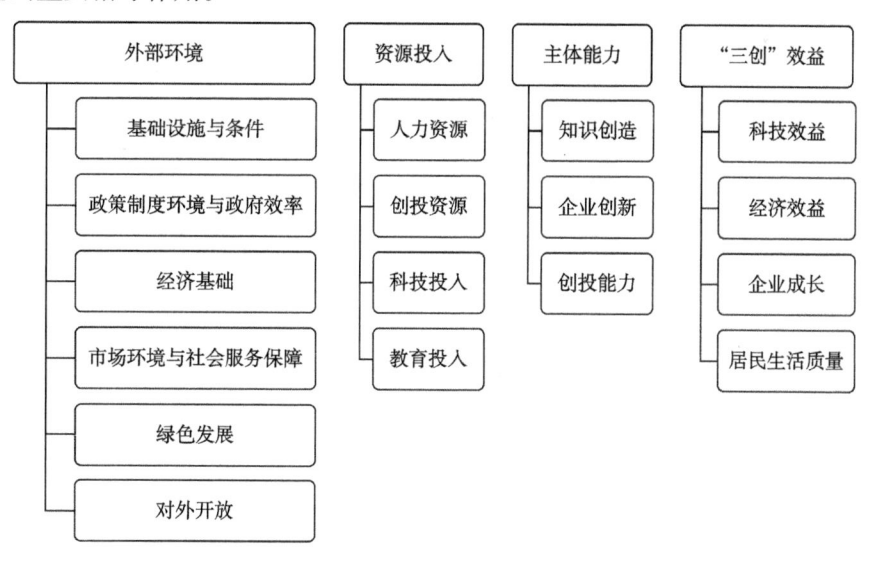

图 2-2 "三创"指标体系结构

---

① 习近平. 决胜全面建成小康社会 夺取新时代中国特色社会主义伟大胜利——在中国共产党第十九次全国代表大会上的报告[N]. 人民日报, 2017-10-28.

由图 2-2 可知，"三创"指数体系由外部环境、资源投入、主体能力和"三创"效益四大部分组成。其中，外部环境包含基础设施与条件、政策制度环境与政府效率、经济基础、市场环境与社会服务保障、绿色发展、对外开放等六大要素；资源投入包括人力资源、创投资源、科技投入及教育投入；主体能力由知识创造、企业创新、创投能力等构成；"三创"效益涵盖科技效益、经济效益、企业成长及居民生活质量。具体指标体系及各级指标说明见附录。

指数排名篇

2018年全国"三创"指数综合评价及分析

第 3 章　全国"三创"指数排名及分析

为了保证新时代下经济高质量发展的目标，顺利地实现经济结构的转型，用科学的方法对各地区创新、创业、创投的基础，投入及产出等各方面情况进行了客观的度量及评价分析，这不仅可以为各地区在创新引领下发展实体经济提供理论依据，也可以为分析各地区间的差异及协调地区间的发展提供数据基础。

同济大学创新创投创业研究中心"三创"指数研究团队对 31 个省级行政区域的"三创"综合指数进行了排名及分析，并分析评价了华北、华东、华南、华中、东北、西北、西南 7 个行政大区域的"三创"综合指数的发展水平及差异情况。

3.1　省级行政区域的"三创"综合指数排名及分析

31 个省级行政区域"三创"综合指数排名见图 3-1，从分值上看，北京市、广东省、上海市、江苏省、浙江省、山东省、天津市前 7 个省级行政区域明显高出其他省级行政区域，并且分值依排名的下降较为明显，从湖北省开始到最后的西藏自治区，这 24 个省（自治区、直辖市）的分值依排名下降趋缓。

图 3-2 给出了 31 个省级行政区域"三创"综合指数分布情况，代表不同分值段的省市出现频率，其偏度为 1.541 8，峰度为 1.594 7，由图 3-2 也可明显发现，31 个省级行政区域"三创"综合指数是右偏分布，大多数省级行政区域的分值居于平均值以下。

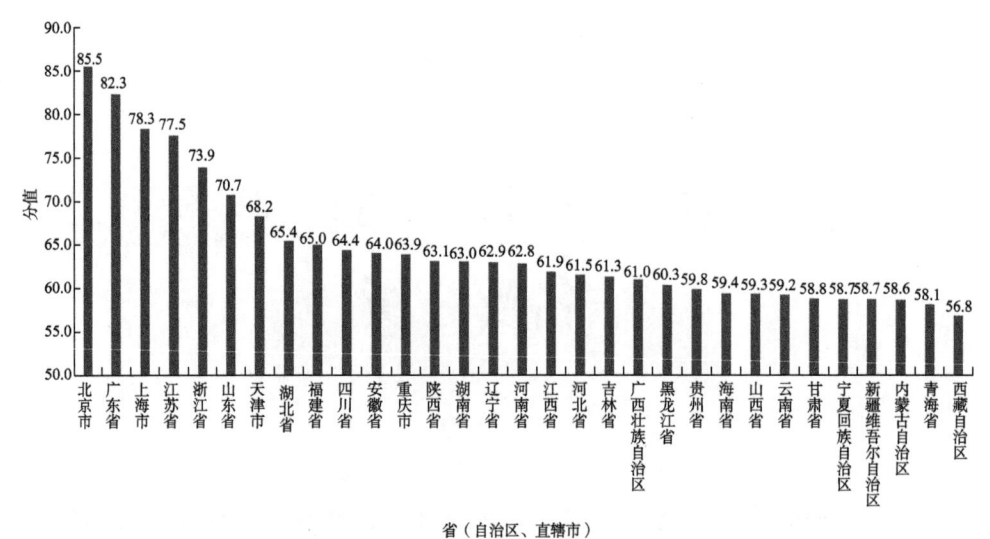

图 3-1　31 个省级行政区域"三创"综合指数排名

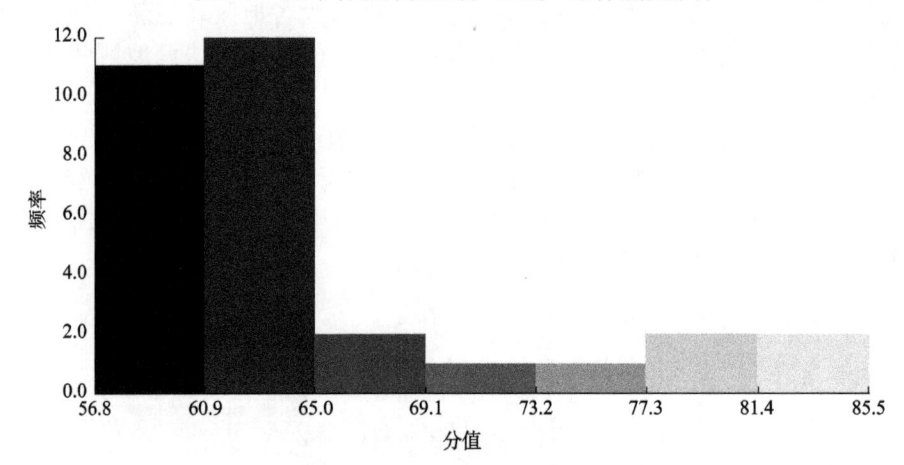

图 3-2　31 个省级行政区域"三创"综合指数分布情况

此类图横轴刻度数据是由软件依据实际数据得出的,是在原始数据基础上四舍五入得到的,故会有微小（0.1~0.2）的差异

图 3-3 是 31 个省级行政区域"三创"综合指数箱线图,图中的实心点代表的是平均值的位置,长方形的下边代表的是第一四分位数 Q1,上边代表的是第三四分位数 Q3,中间的划线代表的是中位数的位置,由图可见 31 个省级行政区域"三创"综合指数的平均值大于中位数的值,基本快接近第三四分位数了,且有四个高异常值点超过了上限。综合图 3-1 及图 3-3 可见,前 9 名的分值是超过平均值 64.650 9 的,其他 22 个省（自治区、直辖市）的分值均低于平均值。

第 3 章 全国"三创"指数排名及分析   39

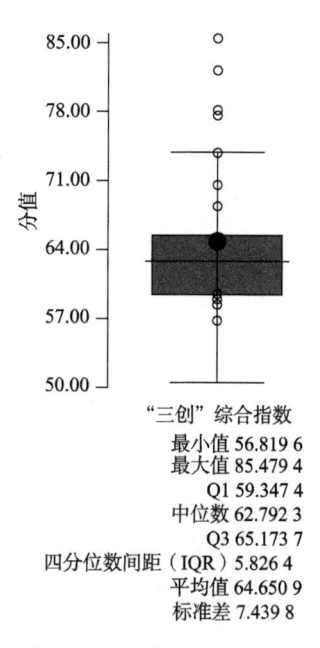

"三创"综合指数
最小值 56.819 6
最大值 85.479 4
Q1 59.347 4
中位数 62.792 3
Q3 65.173 7
四分位数间距（IQR）5.826 4
平均值 64.650 9
标准差 7.439 8

图 3-3 31 个省级行政区域"三创"综合指数箱线图

3.2 7 个大区域的"三创"综合指数排名及分析

将 31 个省级行政区域按地理位置划分为华北、华东、华南、华中、东北、西北、西南 7 个地区，表 3-1 给出了 7 大区域"三创"综合指数排名情况，由表可见，华北、华南、华东 3 大区域中各有 1 个排名前 3 的省级行政区域，华中、西南大区域中也至少各有一个排名前 10 的省级行政区域，只有东北、西南区域没有一个排名前 10 的省级行政区域。

表 3-1 7 大区域"三创"综合指数排名情况

地区	省（自治区、直辖市）	排名	地区	省（自治区、直辖市）	排名	地区	省（自治区、直辖市）	排名
华北	北京市	1	华北	河北省	18	华中	河南省	16
	天津市	7		山西省	24		湖北省	8

续表

地区	省（自治区、直辖市）	排名	地区	省（自治区、直辖市）	排名	地区	省（自治区、直辖市）	排名
华中	湖南省	14	华东	山东省	6	西北	宁夏回族自治区	27
东北	辽宁省	15	华南	广东省	2		新疆维吾尔自治区	28
华北	内蒙古自治区	29		广西壮族自治区	20	西南	重庆市	12
华东	上海市	3		海南省	23		四川省	10
	江苏省	4	东北	吉林省	19		贵州省	22
	浙江省	5		黑龙江省	21		云南省	25
华东	安徽省	11	西北	陕西省	13		西藏自治区	31
	福建省	9		甘肃省	26			
	江西省	17		青海省	30			

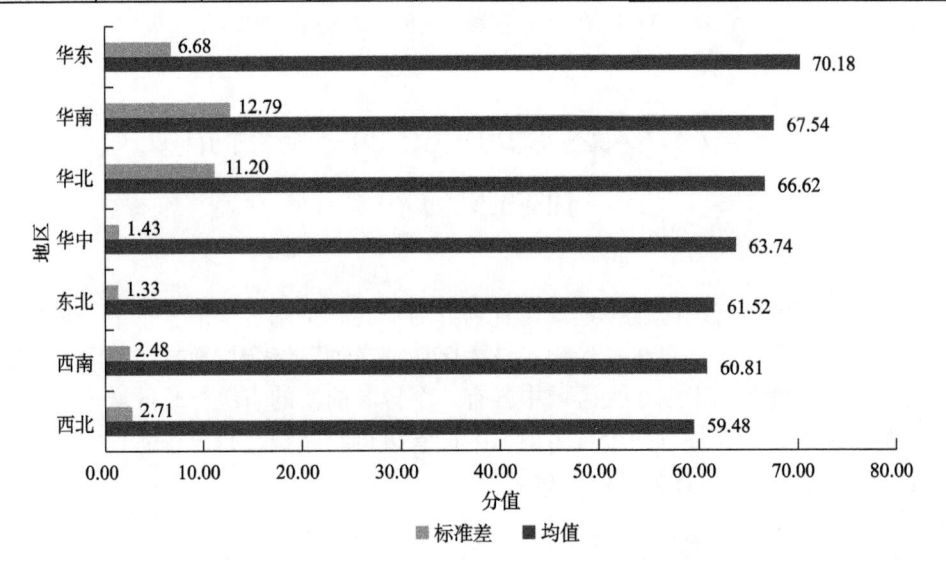

图 3-4 7个大区域"三创"综合指数均值及标准差情况

图 3-4 给出了 7 个大区域"三创"综合指数的均值及标准差情况。由图可见，"三创"综合指数按均值的大小排列依次是华东、华南、华北、华中、东北、西南、西北地区，按标准差的大小排列依次是华南、华北、华东、西北、西南、华中、东北地区，华东、华南、华北三大地区虽然均值较大，但标准差也较大，这三者相比，华东地区的标准差最小，所以相对而言，华东地区是"三创"

综合指数整体表现最好的区域，其中最强的是排名第 3 的上海市，最弱的是排名 17 的江西省，华北、华南两大地区内的省级行政区域的发展差异较大，虽然它们分别有名列前茅的北京市及广东省，但也分别有位列 29 的内蒙古自治区及位列 23 的海南省，而华中地区内的省级行政区域的"三创"综合指数基本位列中游及中上游，相互差距相对较小，东北地区的省级行政区域的"三创"综合指数的分值基本位列中游及中下游，其标准差是最小的，也就是东北三省的发展差异相对其他 6 大区域内的省级行政区域间的差异来说最小，西南地区由于地域辽阔，虽然其中的四川位列前 10，但云南省、贵州省排名中下游，尤其是西藏自治区位列最末，西北地区的"三创"综合指数的均值最低，除了陕西省位列第 13 外，其他均位于下游。

第4章　分类指标排名及分析

在"三创"综合指数的评价分析基础之上，为了进一步研究各地区影响"三创"发展水平的各级主要影响因素的差异，同济大学创新创投创业研究中心"三创"指数研究团队进一步从外部环境、资源投入、主体能力及"三创"效益这4个构成"三创"综合指数的一级指标对31个省级行政区域进行了排名及分析，并在此基础上，针对构成31个省级行政区域"三创"一级指标的各项二级指标也进行了排名、评价及分布规律的分析。

图4-1给出了31个省级行政区域"三创"指数4个一级指标的排名情况，图4-2给出了31个省级行政区域"三创"指标4个一级指标的均值及标准差情况。由图4-2可见，31个省级行政区域的4个一级指标的均值按从大到小排列依次是外部环境、资源投入、"三创"效益及主体能力，31个省级行政区域的外部环境指标的标准差最小，说明因为各地方政府的努力，所营造的外部环境虽然因为路径依赖等原因可能仍有一定差距，但总体而言相比其他一级指标的标准差最小，其他标准差相对较小的一级指标依次是"三创"效益及资源投入，一级指标中标准差最大的是主体能力，主体能力主要体现了以企业竞争力、知识创造力以及创投能力为主的区域实力，也是最终能决定"三创"效益的最关键因素，外部环境、资源投入等因素最终需要作用于或转化为主体能力，才能对"三创"效益起重要的影响，在外部环境、资源投入上的差别经过累积效应后，体现在主体能力上的差别明显被放大了。

第 4 章 分类指标排名及分析

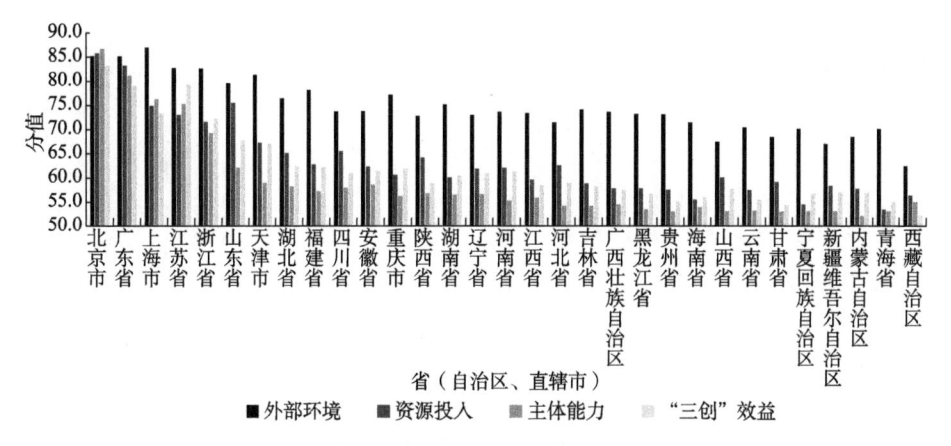

图 4-1 31 个省级行政区域"三创"指数 4 个一级指标排名情况

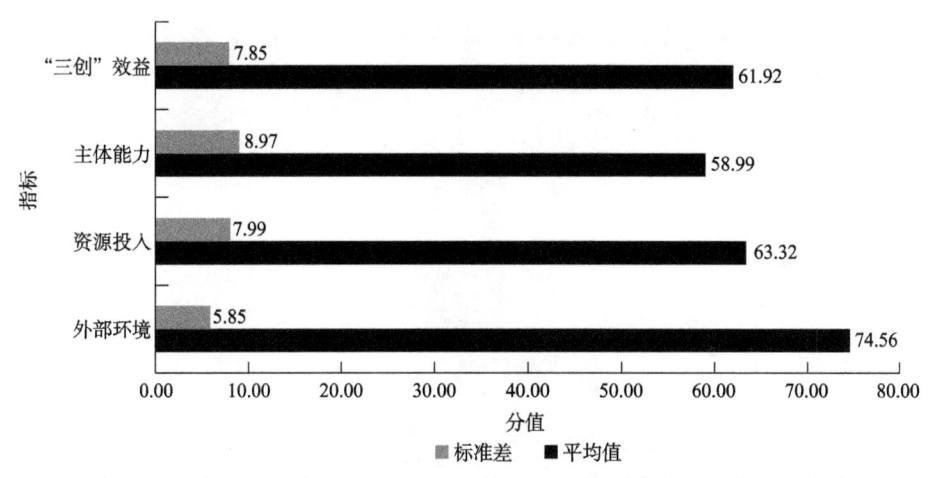

图 4-2 31 个省级行政区域"三创"指数 4 个一级指标的均值及标准差情况

4.1 外部环境和各二级指标排名及分析

31 个省级行政区域外部环境指数排名情况见图 4-3。从分值上看,上海市、北京市、广东省、江苏省、浙江省、天津市、山东省、福建省、重庆市、湖北省位居前 10,可以看出,位居前 10 的省级行政区域有 5 个在华东地区、2 个在华北地区、1 个在华南地区、1 个在华中地区、1 个在西南地区,总体而言,位居后面的省级行政区域主要位于西北、西南及华北的部分地区。

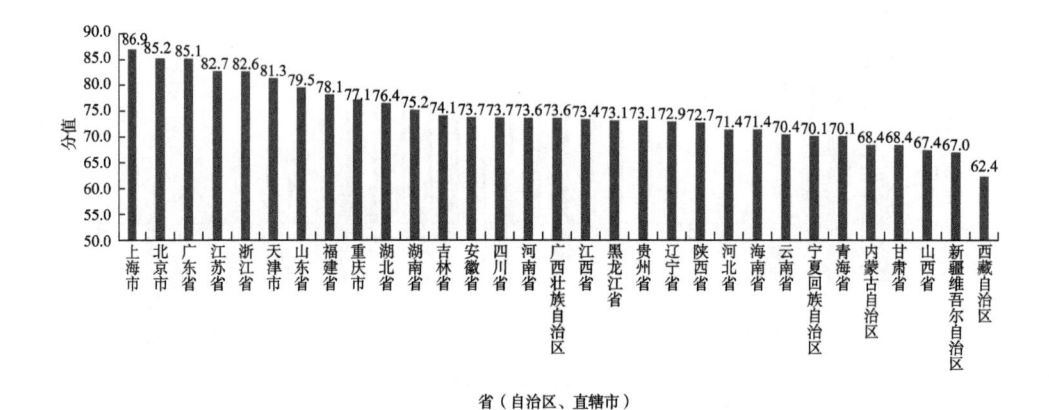

图 4-3　31 个省级行政区域外部环境指数排名情况

图 4-4 给出了 31 个省级行政区域外部环境指数分布情况，表示不同分值段的省级行政区域的出现频率，其偏度为 0.436 5，峰度为 −0.105 9，31 个省级行政区域外部环境指数基本是正态分布。

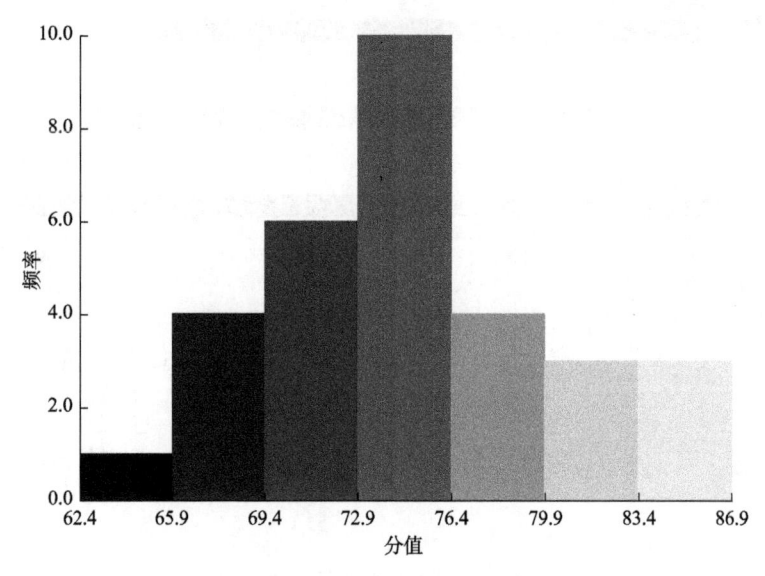

图 4-4　31 个省级行政区域外部环境指数分布情况

图 4-5 是 31 个省级行政区域外部环境指数箱线图，图中的实心点代表的是平均值的位置，仅比长方形中划线代表的中位数位置高一点，两者较为接近，代表第 3 四分位的长方形上边的位置减去代表第 1 四分位的长方形的下边的位置，即四分位间距，为 6.691 1，大于图 3-3 中的"三创"综合指数的四分位数间距，说明外部环境的指数分值相对"三创"综合指数来说，中间点的位置分布更均匀，所有的点均分布在上限和下限内，无异常值点。由图 4-5 可见，前

11 名的分值超过平均值 74.557 7，其他 20 个省（自治区、直辖市）的分值均低于平均值。

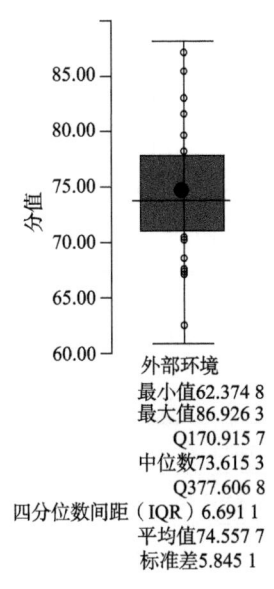

```
外部环境
最小值 62.374 8
最大值 86.926 3
Q1 70.915 7
中位数 73.615 3
Q3 77.606 8
四分位数间距（IQR）6.691 1
平均值 74.557 7
标准差 5.845 1
```

图 4-5　31 个省级行政区域外部环境指数箱线图

　　31 个省级行政区域外部环境及所含二级指标的分值及排名情况见表 4-1，图 4-6 给出了 6 个二级指标箱线图。从六个指数的分布特征看，基础设施与条件的指数的平均值较低，为 68.125 8，且平均值高于中位数值，有 2 个超出上限的异常值点，呈现右偏分布，遥遥领先的两个地区是北京市和上海市；政策制度环境与政府效率指数分布为左偏分布，平均值为 84.238 1，数值较高，且和中位数很接近，除了有 1 个超出下限的异常值外，分值均分布在箱线图的上、下限内，西藏自治区的分值明显最低；经济基础指数分布基本呈正态分布，平均值也基本与中位数接近，没有异常值；市场环境与社会服务保障指数分布基本呈正态分布，平均值为 80.331 1，略高于中位数，有两个超过上限的异常值，分别是北京市和上海市，也有 1 个低于下限的异常值，是西藏自治区；绿色发展指数分布呈正态分布，平均值为 82.689 6，略低于中位数，只有 1 个超过上限的异常值，是西藏自治区；这 6 个指数中平均值最低的是对外开放指数，只有57.402 0，但它高于第 3 四分位的数值，明显右偏分布，除了超出上限的 4 个异常值外，其余基本分布于低分值段，4 个居于前列的地区分别是上海市、北京市、广东省和江苏省。

表 4-1　31 个省级行政区域外部环境及所含二级指标的分值及排名情况

省（自治区、直辖市）	基础设施与条件	排名	政策制度环境与政府效率	排名	经济基础	排名	市场环境与社会服务保障	排名	绿色发展	排名	对外开放	排名	外部环境	排名
上海市	80.72	2	96.07	3	75.03	6	94.01	2	85.74	7	88.06	2	86.93	1
北京市	86.71	1	86.57	15	75.94	5	95.33	1	92.62	2	71.53	4	85.21	2
广东省	67.20	15	91.83	5	88.50	1	88.75	4	75.01	28	93.51	1	85.14	3
江苏省	69.57	8	92.21	4	88.06	2	81.89	12	79.38	22	76.52	3	82.69	4
浙江省	72.56	4	96.38	2	77.98	4	89.37	3	81.68	20	66.32	5	82.62	5
天津市	74.82	3	98.57	1	71.86	10	84.36	8	92.52	3	57.13	9	81.29	6
山东省	66.06	19	89.78	10	83.88	3	82.67	10	77.86	25	64.57	6	79.47	7
福建省	69.58	7	88.11	11	72.65	9	85.73	5	85.25	10	58.78	7	78.09	8
重庆市	65.64	22	91.24	6	69.45	13	85.50	7	87.66	5	53.29	13	77.12	9
湖北省	68.01	13	87.24	12	72.95	8	82.68	9	84.85	11	52.95	17	76.42	10
湖南省	66.79	17	84.47	18	71.82	11	81.06	13	85.53	8	53.04	16	75.15	11
吉林省	67.66	14	84.70	16	61.25	24	85.71	6	87.01	6	51.66	23	74.09	12
安徽省	62.67	29	90.06	9	67.62	15	76.99	23	82.20	18	53.98	10	73.75	13
四川省	65.13	25	82.92	20	71.38	12	77.22	22	84.77	12	53.67	11	73.67	14
河南省	63.75	27	84.60	17	74.99	7	76.05	26	78.63	23	53.39	12	73.64	15
广西壮族自治区	64.04	26	90.86	7	66.47	17	76.02	27	83.77	14	51.77	22	73.62	16
江西省	66.25	18	86.97	13	65.72	19	78.41	18	82.02	19	52.68	18	73.36	17
黑龙江省	65.32	24	90.63	8	59.49	25	79.40	15	85.26	9	51.55	24	73.13	18
贵州省	65.57	23	86.63	14	68.52	14	75.39	28	83.61	15	50.48	29	73.08	19
辽宁省	70.02	6	78.62	27	66.36	18	79.95	14	80.37	21	57.64	8	72.95	20
陕西省	69.14	10	84.17	19	62.64	22	78.54	17	84.23	13	52.07	20	72.75	21
河北省	66.03	20	78.99	25	67.37	16	78.19	19	76.82	27	53.19	14	71.41	22
海南省	65.99	21	79.52	24	59.15	27	79.24	16	90.93	4	51.94	21	71.39	23

第4章 分类指标排名及分析

续表

省（自治区、直辖市）	基础设施与条件	排名	政策制度环境与政府效率	排名	经济基础	排名	市场环境与社会服务保障	排名	绿色发展	排名	对外开放	排名	外部环境	排名
云南省	62.57	30	82.08	21	64.05	20	73.32	29	83.38	17	52.19	19	70.44	24
宁夏回族自治区	68.01	12	80.50	22	59.21	26	82.56	11	68.96	31	50.79	27	70.12	25
青海省	71.77	5	79.72	23	57.87	29	77.55	20	78.09	24	50.10	31	70.10	26
内蒙古自治区	66.96	16	76.91	28	63.30	21	70.14	30	77.35	26	51.36	25	68.43	27
甘肃省	63.64	28	78.94	26	53.71	31	77.25	21	83.51	16	50.78	28	68.43	28
山西省	68.48	11	73.20	29	57.99	28	76.20	25	72.23	30	51.27	26	67.44	29
新疆维吾尔自治区	69.27	9	68.90	30	57.08	30	76.76	24	74.25	29	53.13	15	66.98	30
西藏自治区	61.99	31	50.00	31	61.72	23	64.04	31	97.88	1	50.11	30	62.37	31

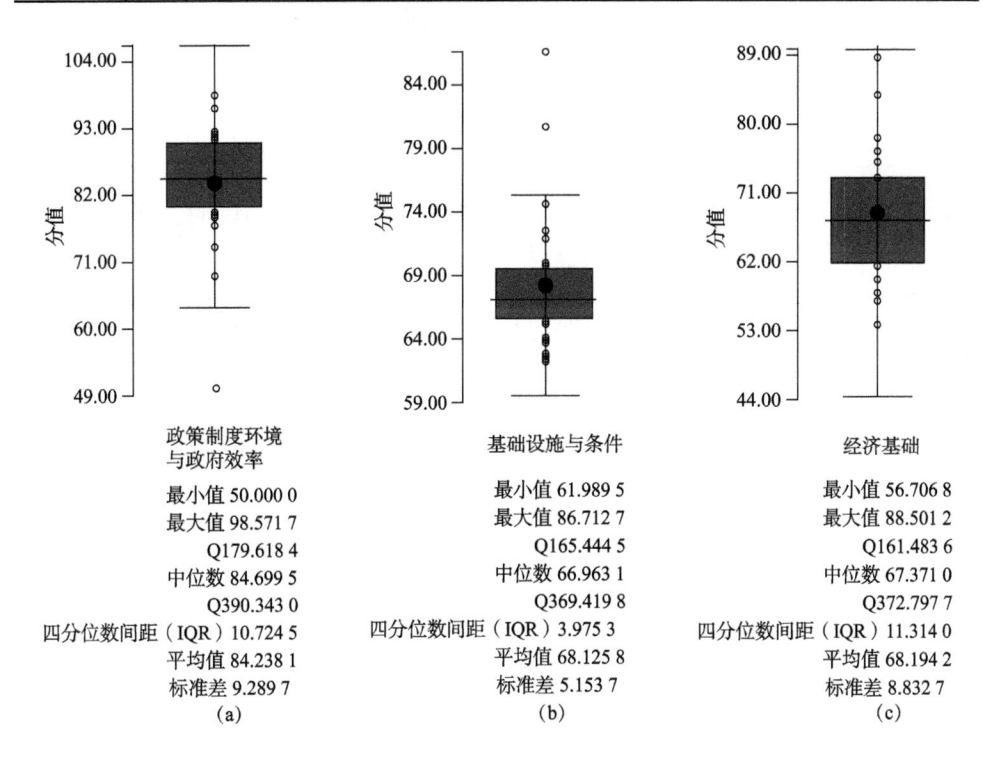

(a) 政策制度环境与政府效率
最小值 50.000 0
最大值 98.571 7
Q1 79.618 4
中位数 84.699 5
Q3 90.343 0
四分位数间距（IQR）10.724 5
平均值 84.238 1
标准差 9.289 7

(b) 基础设施与条件
最小值 61.989 5
最大值 86.712 7
Q1 65.444 5
中位数 66.963 1
Q3 69.419 8
四分位数间距（IQR）3.975 3
平均值 68.125 8
标准差 5.153 7

(c) 经济基础
最小值 56.706 8
最大值 88.501 2
Q1 61.483 6
中位数 67.371 0
Q3 72.797 7
四分位数间距（IQR）11.314 0
平均值 68.194 2
标准差 8.832 7

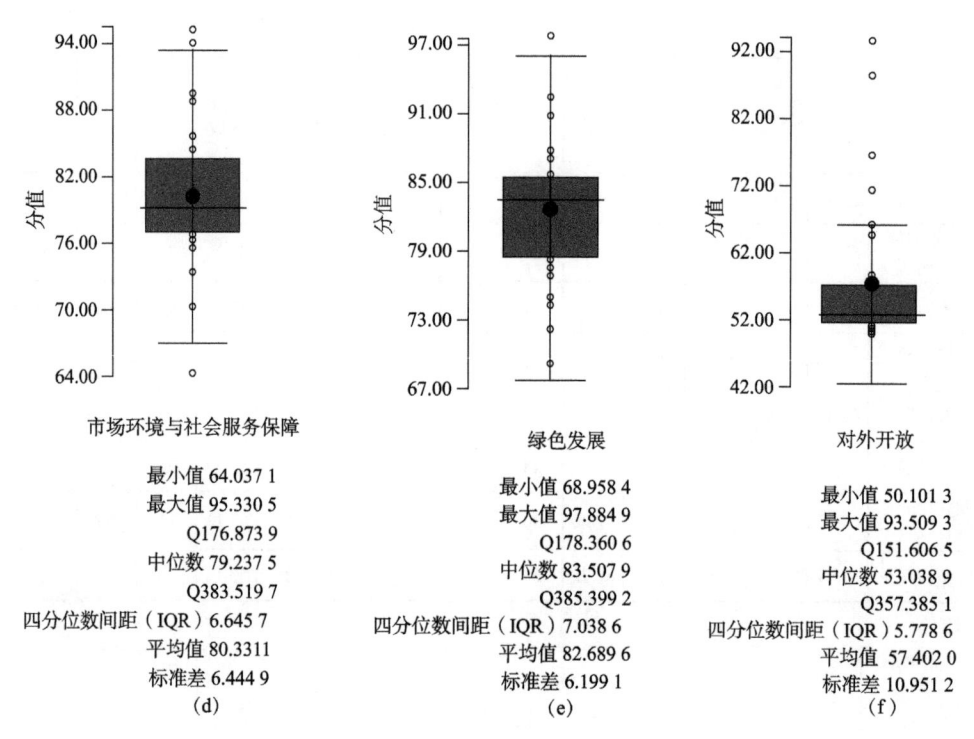

市场环境与社会服务保障	绿色发展	对外开放
最小值 64.037 1	最小值 68.958 4	最小值 50.101 3
最大值 95.330 5	最大值 97.884 9	最大值 93.509 3
Q1 76.873 9	Q1 78.360 6	Q1 51.606 5
中位数 79.237 5	中位数 83.507 9	中位数 53.038 9
Q3 83.519 7	Q3 85.399 2	Q3 57.385 1
四分位数间距（IQR）6.645 7	四分位数间距（IQR）7.038 6	四分位数间距（IQR）5.778 6
平均值 80.331 1	平均值 82.689 6	平均值 57.402 0
标准差 6.444 9	标准差 6.199 1	标准差 10.951 2
(d)	(e)	(f)

图 4-6　31 个省级行政区域外部环境的 6 个二级指标箱线图

综合分析外部环境的 6 个指数可见，在外部环境排名前 10 的省级行政区域中，总体而言，上海市、北京市、天津市、福建省、重庆市及湖北省这 6 个区域的 6 项指标较为均衡，但广东省、山东省、江苏省及浙江省在绿色发展这个指标上表现较弱，因此，这 4 个区域在经济发展的同时，要注重污染治理，保持可持续的发展。西藏自治区、海南省虽然总体外部环境指数排名居后，但绿色发展这项指标却位居前列，对于这些地区，虽然基础设施与条件及经济基础的改善，可能需要一段较长时间的积累，但可以在政府能决定及营造的政策制度环境与政府效率、市场环境与社会服务保障两项指标上加大工作力度，争取尽快改善，从而达到优化外部环境的目标，相信随着 2018 年 4 月 13 日海南省被中央支持建设自由贸易区后，其对外开放及其他几个外部环境指数也能和绿色发展指数一样，在不久的将来，有望得到提高，甚至可能位居前列。

4.2　资源投入和各二级指标排名及分析

31 个省级行政区域资源投入指标排名情况见图 4-7。从分值上看，北京市、广东省、山东省、上海市、江苏省、浙江省、天津市、四川省、湖北省及陕西省，位居前10，可以看出，位居前10的省级行政区域有4个在华东地区、2个在华北地区、1个在华南地区、1个在华中地区、1个在西北地区、1个在西南地区，总体而言，位居后面的省级行政区域主要位于西北、西南及华南的部分地区，东北3省也总体偏弱。

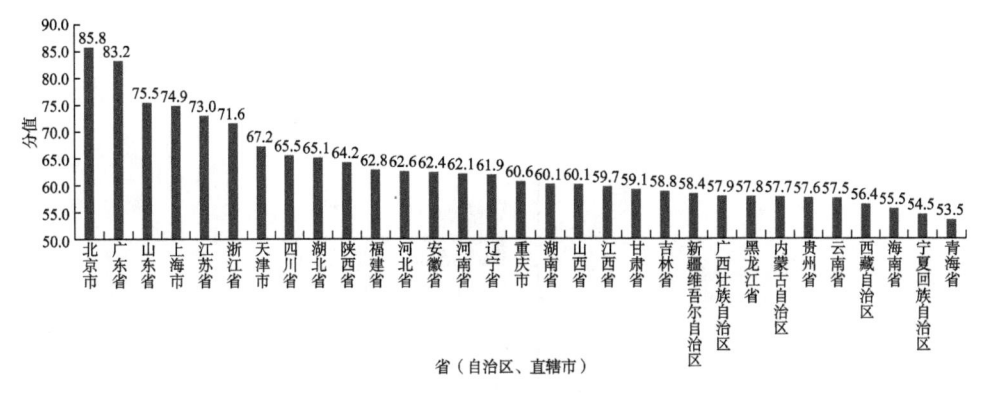

图 4-7　31 个省级行政区域资源投入指数排名情况

图 4-8 给出了 31 个省级行政区域资源投入指数分布情况，表示不同分值段的省级行政区域的出现频率，其偏度为 1.416 8，峰度为 1.585 0，由图 4-8 也可发现，31 个省级行政区域资源投入指数是右偏分布。

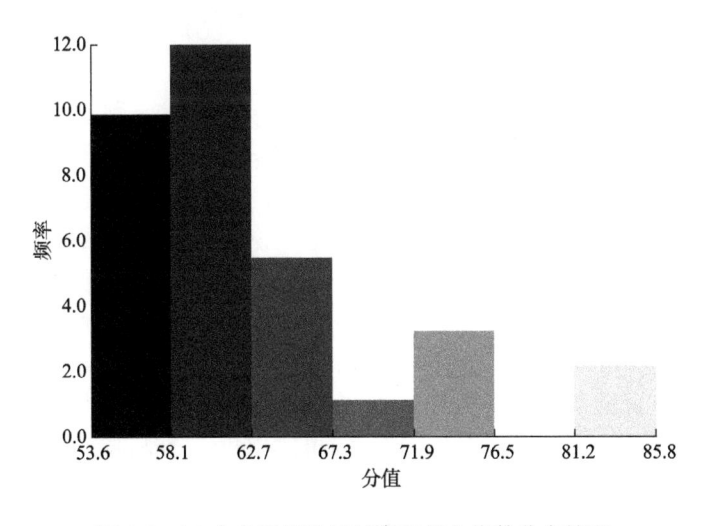

图 4-8　31 个省级行政区域资源投入指数分布情况

图 4-9 是 31 个省级行政区域资源投入指数箱线图。图中的实心点代表的是平均值的位置高于长方形中划线代表的中位数位置，代表第 3 四分位的长方形

上边的位置减去代表第 1 四分位的长方形的下边的位置，即四分位间距，为 7.490 1，除了两个异常值明显高于上限外，所有的点均分布在上限和下限内，北京市及广东省在资源投入上遥遥领先。综合图 4-7 及图 4-9 可见，前 10 名的分值超过平均值 63.317 8，其他 21 个省（自治区、直辖市）的分值均低于平均值。

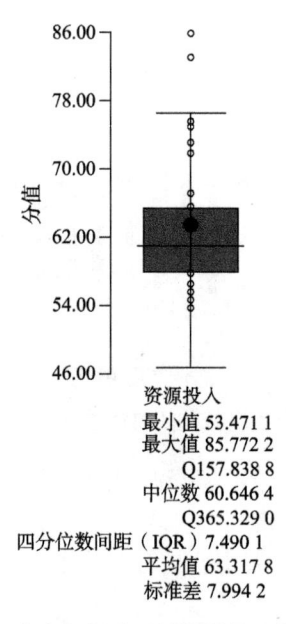

图 4-9 31 个省级行政区域资源投入指数箱线图

31 个省级行政区域资源投入及所含二级指标的分值及排名情况见表 4-2，图 4-10 给出了 4 个二级指标箱线图。从 4 个指数的分布特征看，人力资源指数分布基本为右偏分布，平均值为 65.098 7，略高于中位数，除了有 1 个明显超出上限的异常值外，分值均分布在箱线图的上、下限内，北京市的人力资源分值独居鳌头；创投资源的指数分布呈明显的右偏分布，平均值较低，为 57.686 7，且明显高于中位数值，有 4 个超出上限的异常值点，遥遥领先的 4 个地区是广东省、北京市、上海市和山东省，总体而言，创投资源在 31 个省级行政区域的分布极度不均衡，资源明显集中在排名前 5 个区域；科技投入指数基本呈右偏分布，平均值高于中位数，只有 1 个高于上限的异常值，在科技投入上独占鳌头的是北京市；教育投入指数分布为正态分布，平均值为 68.328 9，略低于中位数，分值均分布在箱线图的上、下限内，无异常值。

表 4-2　31 个省级行政区域资源投入及所含二级指标的分值及排名情况

省（自治区、直辖市）	人力资源	排名	创投资源	排名	科技投入	排名	教育投入	排名	资源投入	排名
北京市	93.96	1	83.16	2	90.60	1	74.70	5	85.77	1
广东省	73.73	4	96.14	1	83.78	2	77.83	4	83.22	2
山东省	68.63	9	71.61	4	79.91	5	81.90	1	75.48	3
上海市	76.89	2	75.10	3	80.26	4	66.28	19	74.85	4
江苏省	71.36	5	57.49	9	83.45	3	80.22	2	72.99	5
浙江省	68.73	8	68.47	5	71.46	6	78.13	3	71.56	6
天津市	74.44	3	56.56	12	68.69	7	70.11	13	67.23	7
四川省	64.97	14	60.46	6	66.46	9	70.73	12	65.52	8
湖北省	68.58	10	60.22	7	67.18	8	64.78	23	65.14	9
陕西省	70.69	6	52.12	21	65.72	10	69.51	15	64.23	10
福建省	63.39	17	56.02	13	60.88	15	72.15	8	62.83	11
河北省	63.23	18	56.91	11	59.81	16	71.39	10	62.56	12
安徽省	62.14	21	58.89	8	62.72	12	66.08	21	62.35	13
河南省	63.84	16	52.92	17	59.47	17	73.49	7	62.06	14
辽宁省	70.10	7	54.87	14	63.62	11	59.21	28	61.87	15
重庆市	62.56	19	57.41	10	61.67	14	61.14	26	60.65	16
湖南省	62.25	20	50.58	24	62.11	13	66.35	18	60.11	17
山西省	65.00	13	53.42	15	56.08	21	67.10	17	60.09	18
江西省	60.18	23	51.16	23	58.72	18	69.80	14	59.66	19
甘肃省	60.38	22	53.32	16	57.68	19	66.05	22	59.13	20
吉林省	66.65	12	52.32	20	55.56	23	61.64	25	58.80	21
新疆维吾尔自治区	57.75	26	52.33	19	53.61	25	71.29	11	58.37	22
广西壮族自治区	57.05	28	50.58	25	53.55	26	71.85	9	57.86	23
黑龙江省	67.61	11	50.00	30	55.60	22	58.99	29	57.81	24
内蒙古自治区	64.12	15	50.50	26	57.06	20	60.09	27	57.75	25
贵州省	54.95	30	50.25	28	52.51	28	74.41	6	57.58	26
云南省	58.97	25	52.01	22	54.01	24	66.15	20	57.50	27
西藏自治区	53.50	31	52.90	18	51.29	30	69.18	16	56.40	28
海南省	57.70	27	50.25	29	50.69	31	64.76	24	55.53	29
宁夏回族自治区	59.28	24	50.00	31	52.86	27	56.45	30	54.49	30
青海省	55.41	29	50.33	27	52.22	29	56.44	31	53.47	31

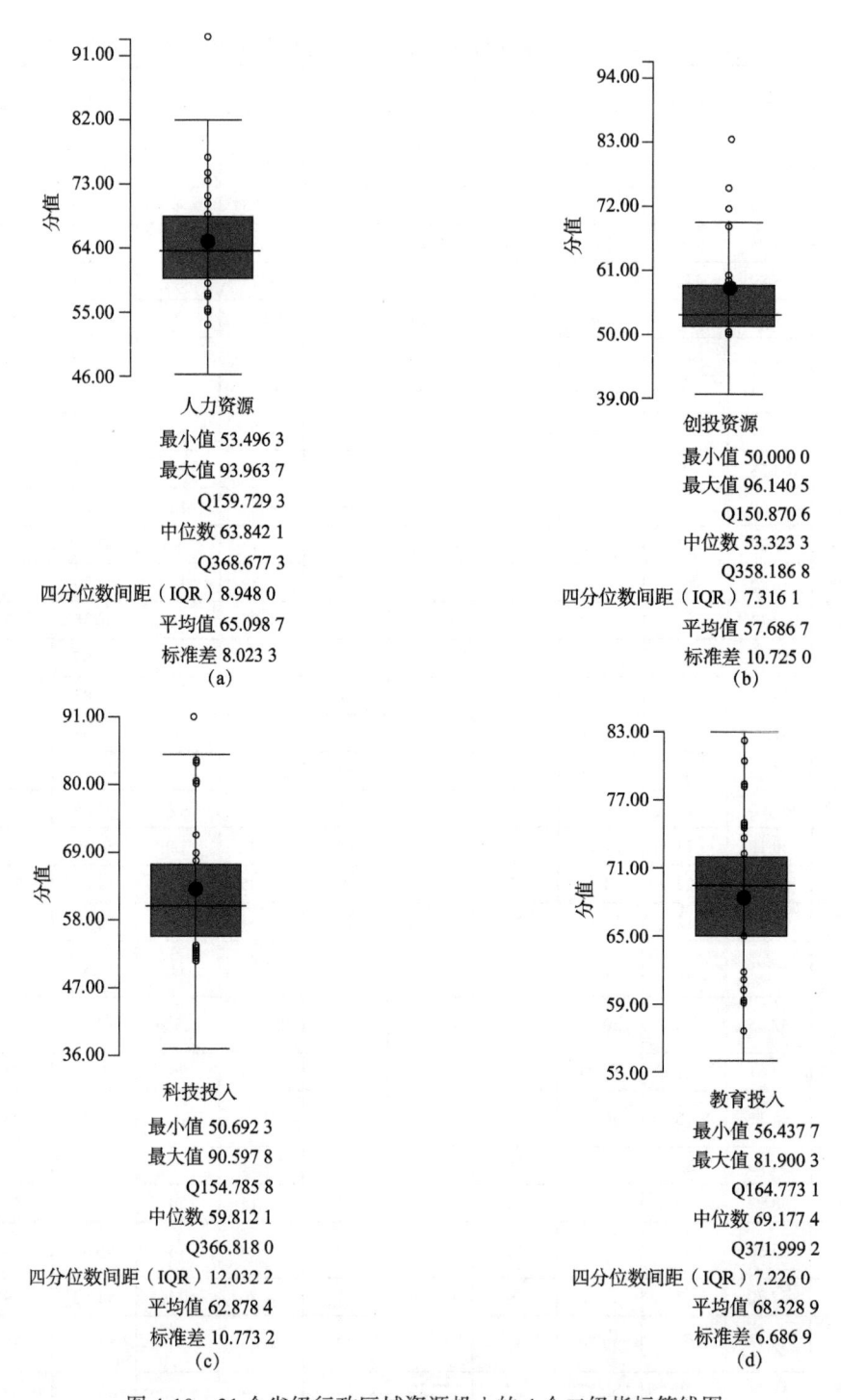

(a) 人力资源
最小值 53.496 3
最大值 93.963 7
Q1 59.729 3
中位数 63.842 1
Q3 68.677 3
四分位数间距（IQR）8.948 0
平均值 65.098 7
标准差 8.023 3

(b) 创投资源
最小值 50.000 0
最大值 96.140 5
Q1 50.870 6
中位数 53.323 3
Q3 58.186 8
四分位数间距（IQR）7.316 1
平均值 57.686 7
标准差 10.725 0

(c) 科技投入
最小值 50.692 3
最大值 90.597 8
Q1 54.785 8
中位数 59.812 1
Q3 66.818 0
四分位数间距（IQR）12.032 2
平均值 62.878 4
标准差 10.773 2

(d) 教育投入
最小值 56.437 7
最大值 81.900 3
Q1 64.773 1
中位数 69.177 4
Q3 71.999 2
四分位数间距（IQR）7.226 0
平均值 68.328 9
标准差 6.686 9

图 4-10　31 个省级行政区域资源投入的 4 个二级指标箱线图

第 4 章　分类指标排名及分析　　53

综合分析资源投入的 4 个指数可见，在资源投入排名前 10 的省级行政区域中，总体而言，4 项指数都较为均衡，除了上海市在教育投入指数上排名 19。

4.3　主体能力和各二级指标排名及分析

31 个省级行政区域主体能力指数排名情况见图 4-11。北京市、广东省、上海市、江苏省、浙江省、山东省、天津市、安徽省、湖北省、四川省位居前 10。可以看出，位居前 10 的省级行政区域有 5 个在华东地区、2 个在华北地区、1 个在华南地区、1 个在华中地区、1 个在西南地区，总体而言，位居后面的省级行政区域主要位于西北、西南及华北的部分地区。

图 4-12 给出了 31 个省级行政区域主体能力指数分布情况，表示不同分值段的省级行政区域的出现频率，其偏度为 1.988 0，峰度为 3.077 5，31 个省级行政区域主体能力明显地呈现右偏分布。

图 4-13 是 31 个省级行政区域主体能力指数箱线图，图中的实心点代表的是平均值的位置不仅高于长方形中划线代表的中位数，甚至高于代表第 3 四分位的长方形的上边，代表第 3 四分位的长方形上边的位置减去代表第 1 四分位的长方形的下边的位置，即四分位间距，为 5.031 9，呈现明显的右偏分布。综合图 4-11 及图 4-13 可见，有 5 个异常值高于上限，排名前 5 的分别是北京市、广东省、上海市、江苏省、浙江省；前 6 名的分值超过平均值 58.991 8，其他 25 个省（自治区、直辖市）的分值均低于平均值，可见，31 个省级行政区域的主体能力极度不平衡。

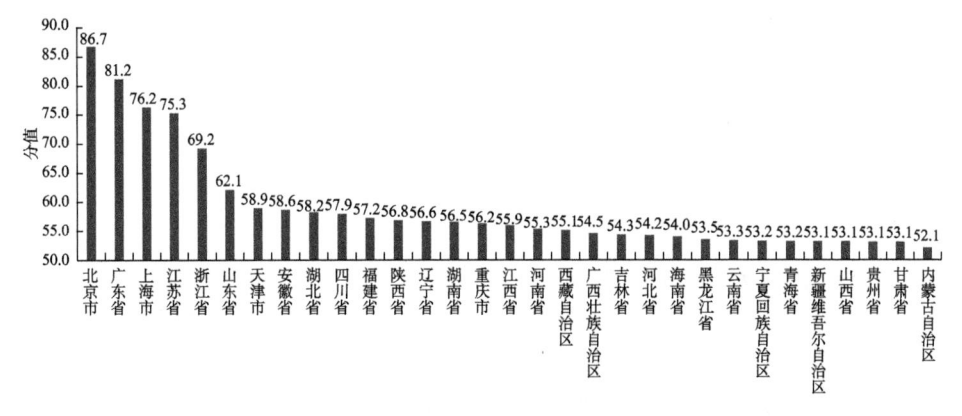

图 4-11　31 个省级行政区域主体能力指数排名情况

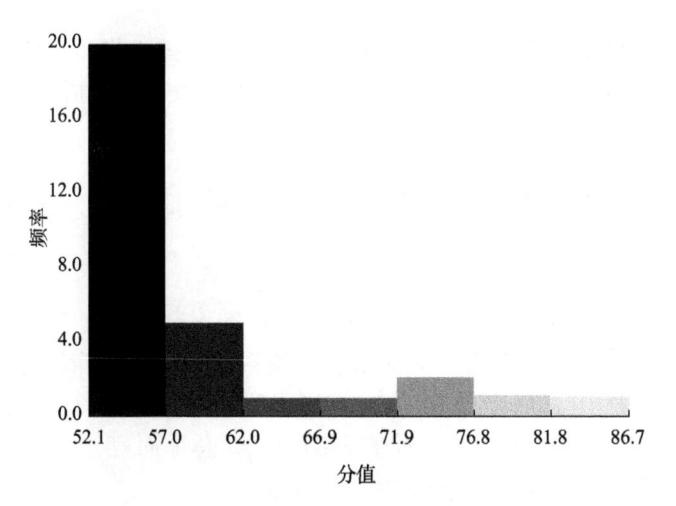

图 4-12　31 个省级行政区域主体能力指数分布情况

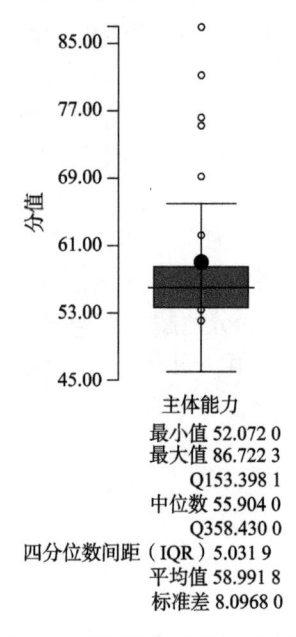

图 4-13　31 个省级行政区域主体能力指数箱线图

31 个省级行政区域主体能力及所含二级指标的分值及排名情况见表 4-3，图 4-14 给出了 3 个二级指标箱线图。从 3 个指数的分布特征看，知识创造指数分布为右偏分布，平均值为 59.625 6，高于中位数，有 3 个明显超出上限的异常值，北京市、江苏省、上海市是知识创造的前 3 甲，但北京市的分值 95.97，又远超第 2 名江苏省的 75.39，这主要是因为北京聚集了中国很多高水平的高校，也聚集了不少国家级的研究机构，并汇集了不少央企、跨国企业及民营企业的研发总部；企业创新的指数分布呈明显的右偏分布，平均值为 60.960 7，且明显高于中位数值，有两个超出上限的异常值点，遥遥领先的两个区域是广东省和江苏省；主体能力指数呈现最极端的右偏分布，平均值为 56.441 9，不仅远高于中位数，更明显高于第 3 四分位数，有 5 个异常值高于上限，分别是北京市、上海市、广东省、浙江省和江苏省，总体而言，创投能力在 31 个省级行政区域的分布极端不均衡，资源明显集中在排名前 5 个区域中，虽然它们之间的差距也不小。

表 4-3　31 个省级行政区域主体能力及所含二级指标的分值及排名情况

省（自治区、直辖市）	知识创造	排名	企业创新	排名	创投能力	排名	主体能力	排名
北京市	95.97	1	70.78	3	96.80	1	86.72	1
广东省	70.01	4	87.66	1	82.47	3	81.16	2
上海市	72.39	3	67.71	6	88.12	2	76.25	3
江苏省	75.39	2	82.28	2	67.79	5	75.28	4
浙江省	67.36	5	69.03	5	70.75	4	69.21	5
山东省	62.22	6	69.33	4	54.40	7	62.11	6
天津市	59.28	11	64.44	7	52.89	11	58.95	7
安徽省	59.26	12	63.74	8	52.77	12	58.63	8
湖北省	60.81	9	60.56	11	53.86	10	58.23	9
四川省	59.46	10	60.39	12	54.24	8	57.94	10
福建省	55.68	20	59.35	15	56.04	6	57.20	11
陕西省	62.12	7	57.64	18	52.12	13	56.85	12
辽宁省	60.87	8	58.49	16	51.52	15	56.62	13
湖南省	58.24	13	60.14	13	51.47	16	56.54	14
重庆市	55.94	18	60.99	10	51.42	17	56.24	15
江西省	52.52	31	60.00	14	54.23	9	55.90	16
河南省	56.01	17	58.03	17	51.90	14	55.30	17
西藏自治区	52.73	27	61.07	9	50.40	24	55.06	18
广西壮族自治区	57.36	16	56.63	20	50.22	27	54.53	19
吉林省	57.63	14	55.23	26	50.78	22	54.27	20
河北省	55.51	21	56.05	22	51.22	18	54.18	21
海南省	53.94	25	57.61	19	50.16	30	53.98	22
黑龙江省	57.59	15	53.23	30	50.82	20	53.51	23
云南省	54.36	24	55.44	25	50.21	29	53.28	24
宁夏回族自治区	54.51	23	55.14	27	50.21	28	53.21	25
青海省	52.68	29	56.49	21	49.97	31	53.15	26
新疆维吾尔自治区	52.86	26	55.54	24	50.79	21	53.13	27
山西省	55.93	19	53.82	29	50.33	26	53.12	28
贵州省	52.28	30	55.54	23	51.04	19	53.07	29
甘肃省	55.02	22	54.24	28	50.34	25	53.05	30
内蒙古自治区	52.70	28	53.19	31	50.43	23	52.07	31

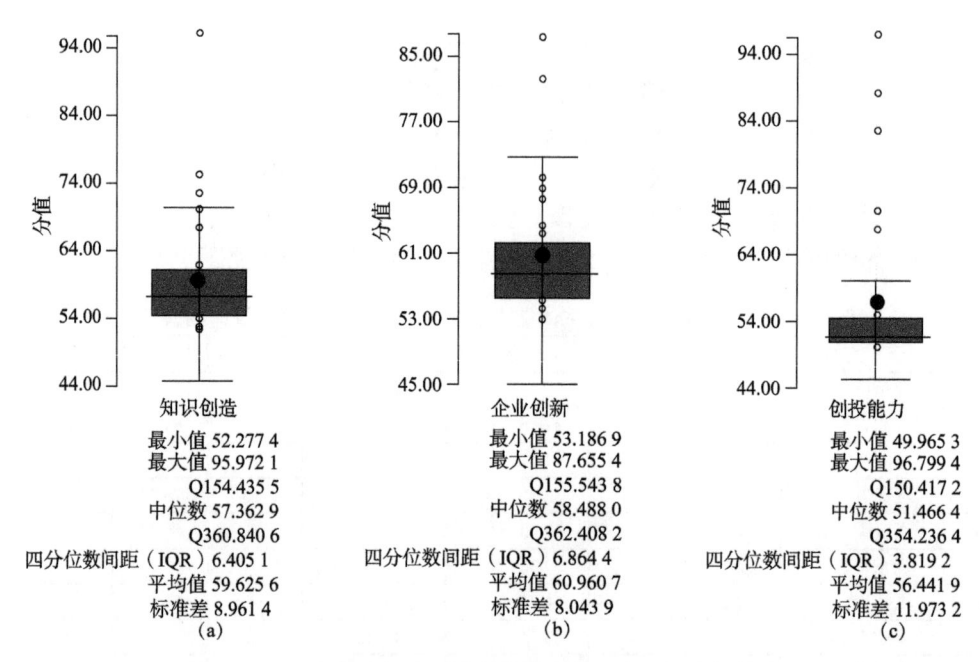

图 4-14 31 个省级行政区域主体能力的 3 个二级指标箱线图

(a) 知识创造
最小值 52.277 4
最大值 95.972 1
Q1 54.435 5
中位数 57.362 9
Q3 60.840 6
四分位数间距（IQR）6.405 1
平均值 59.625 6
标准差 8.961 4

(b) 企业创新
最小值 53.186 9
最大值 87.655 4
Q1 55.543 8
中位数 58.488 0
Q3 62.408 2
四分位数间距（IQR）6.864 4
平均值 60.960 7
标准差 8.043 9

(c) 创投能力
最小值 49.965 3
最大值 96.799 4
Q1 50.417 2
中位数 51.466 4
Q3 54.236 4
四分位数间距（IQR）3.819 2
平均值 56.441 9
标准差 11.973 2

综合分析主体能力的 3 个指数可见，有些地区这 3 项指标的排名差异较大，知识创造在国家投入较大的地区，如有高水平高校、央企及研究机构的地区优势较大，陕西省、辽宁省在知识创造上分别排名为 7 和 8，但在企业创新指数上排名却是 18 和 16。另外，福建省在创投投入上排名第 6，企业创新上排名 15，但知识创造上排名 20，可见，在福建省内，如果能进一步加强高等院校建设及科研机构的完善，并促成产学研的深度融合，提升知识创造的能力，可以进一步为创新、创业、创投的发展提供源源不断的动力。

4.4 "三创"效益和各二级指标排名及分析

31 个省级行政区域"三创"效益指数排名情况见图 4-15。北京市、江苏省、广东省、上海市、浙江省、山东省、天津市、湖北省、福建省、重庆市位居前 10。可以看出，位居前 10 的省级行政区域有 5 个在华东地区、2 个在华北地区、1 个在华南地区、1 个在华中地区、1 个在西南地区，总体而言，位居后面的省级行政区域主要位于西北、西南及华南的部分地区。

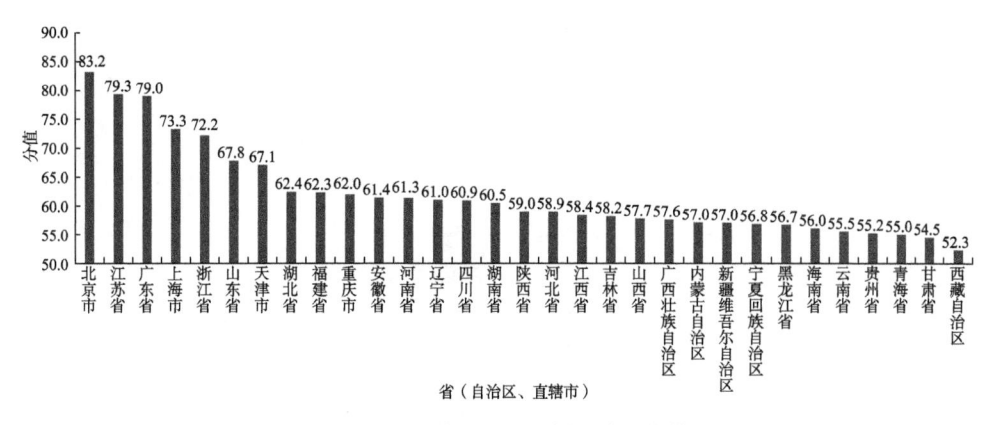

图 4-15　31 个省级行政区域"三创"效益指数排名情况

图 4-16 给出了 31 个省级行政区域"三创"效益指数分布情况，表示不同分值段的省级行政区域的出现频率，其偏度为 1.441 9，峰度为 1.343 7，31 个省级行政区域"三创"效益指数为右偏分布。

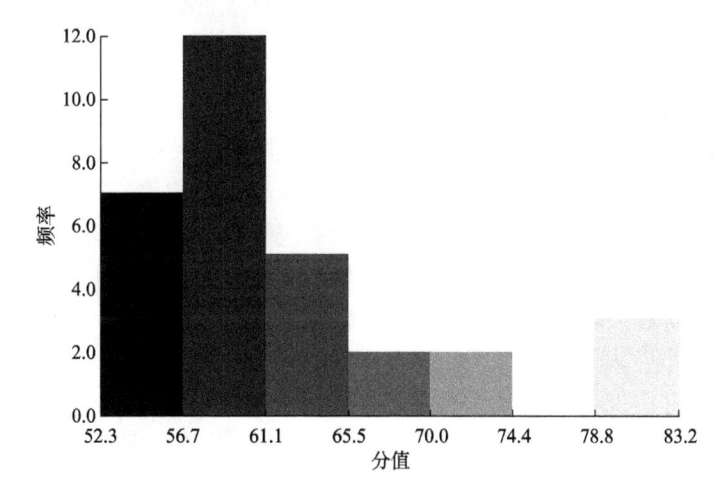

图 4-16　31 个省级行政区域"三创"效益指数分布情况

图 4-17 是 31 个省级行政区域"三创"效益指数箱线图。图中的实心点代表的是平均值的位置明显高于长方形中划线代表的中位数位置，且几乎落在了代表第 3 个四分位数的长方形的上边沿，两者极为接近，代表第 3 四分位的长方形上边的位置减去代表第 1 四分位的长方形的下边的位置，即四分位间距，为 5.454 5，有 4 个异常值高于上限，分别是位居前 4 的北京市、江苏省、广东省和上海市。综合图 4-15 及图 4-17 可见，前 10 名的分值超过平均值 61.915 3，其他 21 个省（自治区、直辖市）的分值均低于平均值。

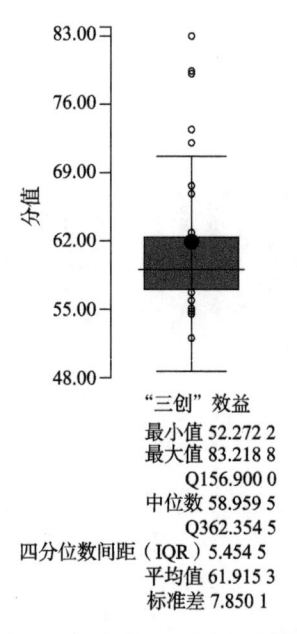

"三创"效益
最小值 52.272 2
最大值 83.218 8
Q1 56.900 0
中位数 58.959 5
Q3 62.354 5
四分位数间距（IQR）5.454 5
平均值 61.915 3
标准差 7.850 1

图 4-17 31 个省级行政区域"三创"效益指数箱线图

31 个省级行政区域"三创"效益及所含二级指标的分值及排名情况见表 4-4，图 4-18 给出了 4 个二级指标箱线图。从 4 个指数的分布特征看，科技效益指数分布为明显的右偏分布，平均值为 56.827 6，明显高于中位数，有两个明显超出上限的异常值，北京市和江苏省在科技效益上遥遥领先；经济效益指数分布也呈右偏分布，平均值为 63.859 2，略高于中位数值，也有两个超出上限的异常值点，是广东省和江苏省；企业成长指数也为右偏分布，平均值为 59.629 4，明显高于高于中位数，仅略低于第 3 四分位数，有 3 个异常值高于上限，分别是北京市、广东省、江苏省，位居企业成长指数的前 3 甲；居民生活质量指数也是右偏分布，平均值为 67.527 3，高于中位数，也有两个明显超出上限的异常值，上海市在居民生活质量指数上拔得头筹，其次是北京市。

表 4-4 31 个省级行政区域"三创"效益及所含二级指标的分值及排名情况

省（自治区、直辖市）	科技效益	排名	经济效益	排名	企业成长	排名	居民生活质量	排名	"三创"效益	排名
北京市	88.55	1	66.00	9	84.67	1	96.86	2	83.22	1
江苏省	79.13	2	82.90	2	76.09	3	79.63	5	79.34	2
广东省	71.05	3	85.83	1	80.97	2	75.86	6	78.98	3
上海市	59.62	8	70.78	4	65.38	6	100.00	1	73.28	4
浙江省	59.82	6	74.31	3	70.64	4	83.54	3	72.18	5

续表

省（自治区、直辖市）	科技效益	排名	经济效益	排名	企业成长	排名	居民生活质量	排名	"三创"效益	排名
山东省	63.02	4	69.35	6	67.27	5	71.23	9	67.80	6
天津市	59.15	9	67.12	7	61.96	7	81.40	4	67.05	7
湖北省	60.46	5	64.78	12	59.75	12	65.01	14	62.41	8
福建省	53.76	14	62.54	17	61.46	8	71.32	8	62.30	9
重庆市	52.97	18	69.72	5	57.77	15	66.91	11	61.97	10
安徽省	55.66	13	65.34	11	60.25	10	63.67	17	61.39	11
河南省	58.28	10	64.29	13	60.05	11	62.44	24	61.34	12
辽宁省	59.64	7	58.90	23	55.52	21	72.24	7	61.01	13
四川省	56.86	12	62.57	16	60.64	9	63.17	20	60.91	14
湖南省	53.21	17	66.95	8	56.21	17	65.28	13	60.45	15
陕西省	57.96	11	59.11	22	56.18	18	63.46	18	58.96	16
河北省	53.33	16	60.89	20	58.51	14	62.57	23	58.94	17
江西省	52.10	21	62.66	15	56.06	19	62.63	22	58.43	18
吉林省	52.07	22	65.64	10	51.35	30	64.33	16	58.20	19
山西省	52.41	20	56.69	27	58.51	13	63.00	21	57.72	20
广西壮族自治区	51.56	24	59.67	21	55.74	20	63.37	19	57.59	21
内蒙古自治区	51.28	25	56.98	26	53.08	27	67.97	10	57.04	22
新疆维吾尔自治区	50.18	30	63.58	14	54.18	23	59.41	26	57.00	23
宁夏回族自治区	50.19	29	61.99	18	53.16	25	61.79	25	56.80	24
黑龙江省	53.53	15	56.22	29	53.51	24	64.47	15	56.67	25
海南省	50.32	28	55.56	31	52.72	28	66.40	12	56.00	26
云南省	52.44	19	56.50	28	56.75	16	55.47	30	55.48	27
贵州省	51.07	26	57.66	25	55.00	22	56.36	28	55.18	28
青海省	50.32	27	61.37	19	51.96	29	55.79	29	54.97	29
甘肃省	51.79	23	56.02	30	53.13	26	57.00	27	54.48	30
西藏自治区	49.92	31	57.72	24	50.05	31	50.96	31	52.27	31

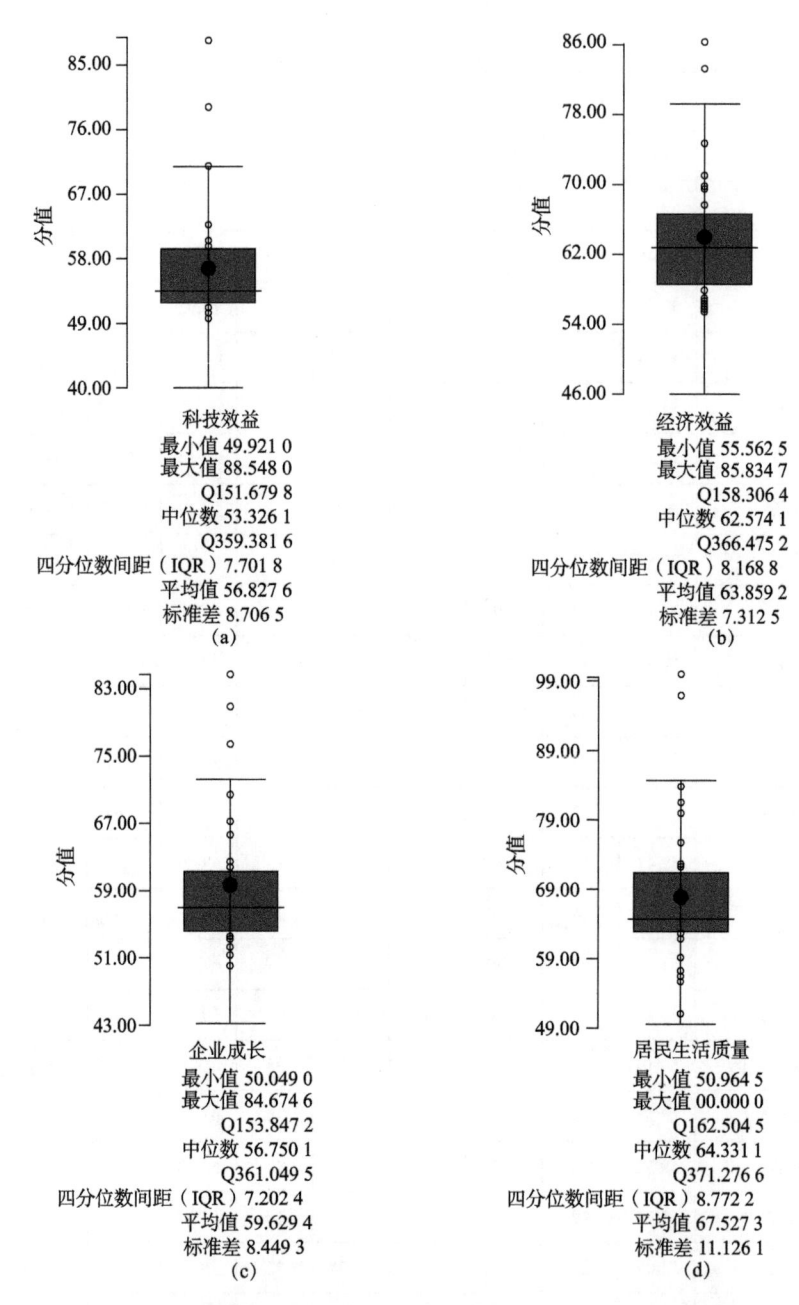

(a) 科技效益
最小值 49.921 0
最大值 88.548 0
Q1 51.679 8
中位数 53.326 1
Q3 59.381 6
四分位数间距（IQR）7.701 8
平均值 56.827 6
标准差 8.706 5

(b) 经济效益
最小值 55.562 5
最大值 85.834 7
Q1 58.306 4
中位数 62.574 1
Q3 66.475 2
四分位数间距（IQR）8.168 8
平均值 63.859 2
标准差 7.312 5

(c) 企业成长
最小值 50.049 0
最大值 84.674 6
Q1 53.847 2
中位数 56.750 1
Q3 61.049 5
四分位数间距（IQR）7.202 4
平均值 59.629 4
标准差 8.449 3

(d) 居民生活质量
最小值 50.964 5
最大值 00.000 0
Q1 62.504 5
中位数 64.331 1
Q3 71.276 6
四分位数间距（IQR）8.772 2
平均值 67.527 3
标准差 11.126 1

图 4-18　31 个省级行政区域"三创"效益的 4 个二级指标箱线图

综合分析"三创"效益的 4 个指数可见，有些地区这 4 项指标的排名差异较大，福建省在企业成长、居民生活质量两个指标上都是排名 8 名，但在科技效益及经济效益 2 个指标上分别排在 14 名及 17 名，因此福建省可以进一步加强科技孵化器的建设，并活跃技术市场的交易，促进科技成果的转化，以提升科技效益的排名。还可以通过提高规模以上工业企业新产品的销售额及高新技术产业主营业务收入，从而提高经济效益指数的排名。重庆市在经济效益指数上排在第5名，但在科技效益及企业成长指数上却分别排在第18名及第15名，因此其主要可以通过加强科技孵化器的建设，并促进科技成果的转化，以提升科技效益的排名，另外，通过积极引导及扶持中小企业到创业板等资本市场上市，并创造有益于创新的环境，使得区域内能出现企业创新能力1 000强的标杆企业和独角兽企业，从而带动区域创新价值链的发展，提升企业成长指数。

第 5 章 "三创"指数及其各级指标的空间分析

为了促进各地区的协同发展,进一步探索和预测"三创"指数的空间发展规律,从而分析哪些地区间的"三创"发展存在空间溢出效应,形成了地区间的联动效应,哪些地区间的"三创"发展仍呈现空间异质性,即未能形成良性的带动、集聚效应,同济大学创新创投创业研究中心"三创"指数研究团队对"三创"综合指数及其各级指标进行了空间探索分析、统计分析分析和聚类分析,从而揭示"三创"综合指数及其各级指标的空间分布规律及地区间的相互作用情况。

5.1 "三创"指数及其各级指标的空间探索分析

胡焕庸线是中国地理学家胡焕庸在 1935 年提出的划分我国人口密度的对比线,连接黑龙江省的黑河和云南省的腾冲大致倾斜 45 度的基本直线,即为胡焕庸线。现在该线东南方的 43.71%国土面积上居住着约 94.39%的人口,而西北方 56.29%的国土面积上居住了约 5.61%的人口。

北京市、上海市、广东省这些人口密度较大的地区的"三创"综合指数分值名列前茅,上海市周边的江苏省、浙江省分值紧随其后,整个分值的分布在胡焕庸线的东南半壁总体较高,而胡焕庸线的西北半壁总体分值较低。

在外部环境上,虽然胡焕庸线的东南半壁总体较高,但与西北半壁的差距相对别的指标而言差距较小;在资源投入上,除了北京市(和天津市)、上海市(和江苏省以及浙江省)、广东省三个地区明显较高外,四川省、湖北省、陕西省三个地区也紧随其后,这其中的原因之一应该和这三个地区有不少高水平的大学有关;在主体能力上,北京市、上海市(和江苏省以及浙江省)、广东省形成了三个明显的增长极，其余地区和它们的差距较大；在"三创"效益上，除了胡焕庸线的东南半壁总体分值较高外，胡焕庸线的西北半壁分值相对较弱。

5.2 "三创"综合指数的空间统计分析

虽然直观上可以看出"三创"各指数表现出一定的聚集性，即某地的指数可能受到其相邻区域的影响，为了能定量地研究这些指数的空间依赖性，这里用莫兰指数（Moran's I）度量空间自相关程度，即某位置上的数据与其他位置上的数据间的相互依赖程度，其定义如下：

$$\text{Moran's I} = \frac{\sum_{i=1}^{n}\sum_{j=1}^{n}W_{ij}(Y_i - \bar{Y})(Y_j - \bar{Y})}{S^2 \sum_{i=1}^{n}\sum_{j=1}^{n}W_{ij}}$$

其中，$S^2 = \frac{1}{n}\sum_{i=1}^{n}(Y_i - \bar{Y})$，$\bar{Y} = \frac{1}{n}\sum_{i=1}^{n}Y_i$，$Y_i$ 为第 i 个地区的观测值（如"三创"综合指数的数值），j 为地区总数（如省级行政区域总数），W_{ij} 为二进制的邻近空间权值矩阵，表示其中的任一元素，采用邻近标准或距离标准，其目的是定义空间对象的相互邻近关系。

基于共同边界及顶点定义的 Queen 邻近空间权值矩阵，计算出"三创"综合指数的 Moran's I 值，由表 5-1 可见，"三创"综合指数总体而言呈现显著的空间正相关性。

表 5-1 "三创"综合指数的 Moran's I

指标	"三创"综合指数
Moran's I	0.271 514
p 值	0.009
z 值	2.652 3

图 5-1 给出了"三创"综合指数的 Moran's I 散点图，该散点图描述"三创"综合指数与其空间滞后（即该观测值周围邻居的加权平均）向量之间的相关关系，其四个象限分别对应于区域单元与其邻居之间四种类型的局部空间联系形式，经常用来研究局部空间不稳定性。第一象限：高-高（HH）表示高"三创"综合指数的区域被高"三创"综合指数的其他区域所包围的空间联系形式，二者

的空间差异程度较小，存在较强的空间正相关关系，即为热点区；第二象限：低-高（LH）表示低"三创"综合指数的区域被高"三创"综合指数的其他区域所包围的空间联系形式，二者的空间差异程度较大，存在较强的空间负相关关系，即空间异质性突出；第三象限：低-低（LL）表示低"三创"综合指数的区域被低"三创"综合指数的其他区域所包围的空间联系形式，二者的空间差异程度较小，存在较强的空间正相关关系，即为盲点区；第四象限：高-低（HL）表示高"三创"综合指数的区域被低"三创"综合指数的其他区域所包围的空间联系形式，二者的空间差异程度较大，存在较强的空间负相关关系，即空间异质性突出。

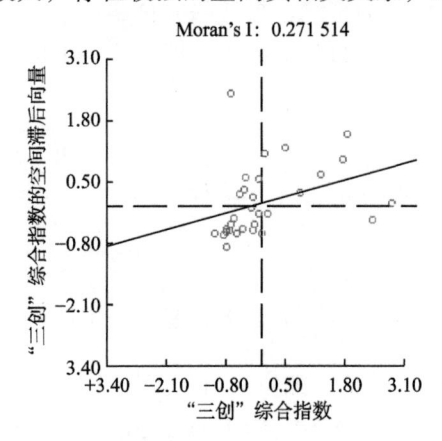

图 5-1 "三创"综合指数的 Moran's I 散点图

图 5-2 给出了"三创"综合指数 Moran's I 散点图中四个象限内的点所对应的省级行政区域，可以看出多数省级行政区域分布在第一象限，尤其是第三象限，相对而言，第二象限，尤其第四象限的点数较少，说明总体而言，"三创"综合指数确实存在较为明显的空间依赖性。

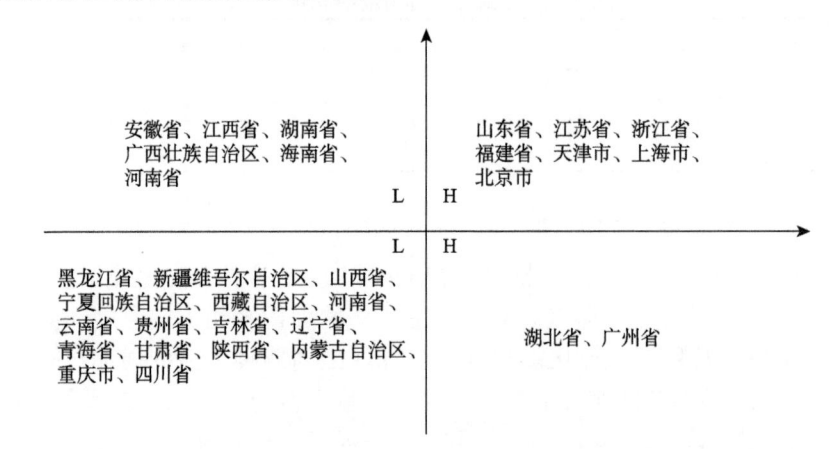

图 5-2 "三创"综合指数 Moran's I 散点图四个象限内的省级行政区域分布图

虽然图 5-2 给出了各自象限对应的省级行政区域，但为了检验其显著性，进一步对其用 Moran's I LISA（local indicators of spatial association，局部空间关联性指标）进行聚类分析，这是反映空间联系的局部指标，结合显著性分析，判断显著有空间联系的局部地区，结果显示，在高-高聚集区域显著的有上海市（p=0.05）和江苏省（p=0.05），在低-高聚集区域显著的只有海南省（p=0.05），在低-低聚集区域显著的有内蒙古自治区（p=0.05）、新疆维吾尔自治区（p=0.01）、青海省（p=0.05）、甘肃省（p=0.05）、四川省（p=0.01）、西藏自治区（p=0.05）。

同时，也用了局部 Geary 进行了局部空间联系的聚类及显著性分析，结果显示，在高-高聚集区域显著的有上海市（p=0.01）、江苏省（p=0.01）、浙江省（p=0.05），在低-低聚集区域显著的内蒙古自治区（p=0.01）、新疆维吾尔自治区（p=0.05）、甘肃省（p=0.05）、重庆市（p=0.01），另一个显著正相关地区是湖北省（p=0.001），两个显著负相关地区分别是天津市（p=0.05）及海南省（p=0.05）。

综合 31 个省级行政区域的"三创"综合指数的 Moran's I 散点图、局部 Moran's I LISA 和局部 Geary 的空间联系聚类及显著性分析可见，以上海市、江苏省、浙江省为代表的长江三角洲地区为"三创"综合指数较高的集聚区域，具有空间均质性，存在空间扩散或溢出效应，形成了较好的区域联动优势，与之相反，分布在胡焕庸线西北半壁的青海省、四川省、西藏自治区，尤其是内蒙古自治区、新疆维吾尔自治区、甘肃省，其"三创"发展水平虽然也表现出集聚效应，但相对发展水平较为落后，海南省因为特殊的地理位置，所以表现出空间异质性，即虽然它邻近的广东省的"三创"发展水平较高，但对海南省的辐射及带动作用并不明显，所以海南省的"三创"发展水平相对落后。

5.3　31个省级行政区域的"三创"综合指数及4个一级指标的聚类分析

将 31 个省级行政区域的"三创"综合指数及 4 个一级指标进行层次聚类分析，总体分为了五大类，数据转换方法为 Standardize（Z），聚类方法选择了 Ward's-linkage，距离函数选择了 Euclidean，各聚类之总平方和为 10.651 6，聚类间之总平方和为 139.348，聚类间之总平方和/总平方和为 0.928 99，具体的各参数请见图 5-3 给出的 31 个省级行政区域"三创"综合指数及 4 个一级指标的层次聚类分析总结报告。

```
聚类数量：              5
数据转换：              Standardize（z）
方法：                  Ward's-linkage
距离函数：              Euclidean
```

	Envir_ent1	rescource1	capabilit	inno_benif	innores0
C1	−0.070032	−0.256348	−0.0340968	−0.280033	−0.264948
C2	−1.05138	−0.794087	−0.630246	−0.785091	−0.81008
C3	1.62933	1.22787	1.62651	1.65837	1.60105
C4	0.996308	1.00516	0.171616	0.702052	0.64619
C5	1.81616	2.64093	2.78198	2.44354	2.58471

```
总平方和：              150
聚类对象的平方和（Within-cluster sum of squares）：
    各聚类之总平方和（Within-cluster s.s.）
C1  5.15748
C2  2.82081
C3  1.48758
C4  0.703697
C5  0.482004
Thetotal within-cluster sumofsquares：      10.6516
聚类间之总平方和（between-cluster s.s）：    139.348
```

图 5-3 31 个省级行政区域"三创"综合指数及 4 个一级指标的层次聚类分析总结报告

将 31 个省级行政区域的"三创"综合指数及 4 个一级指标进行层次聚类分析，31 个省级行政区域总体被分为 5 大类，其中包括 9 个省级行政区域（青海省、宁夏回族自治区、海南省、云南省、内蒙古自治区、山西省、新疆维吾尔自治区、甘肃省、西藏自治区）的 1 大类基本位于胡焕庸线的西北壁或胡焕庸线附近，在胡焕庸线的东南壁一侧或胡焕庸线附近的省级行政区域按"三创"综合指数及 4 个一级指标基本被分为 4 大类，其中，北京市、广东省为 1 大类，上海市、江苏省、浙江省为 1 大类，山东省和天津市为 1 大类，最后 1 类的省级行政区域最多，共有 15 个，分别是福建省、重庆市、湖北省、四川省、陕西省、河北省、湖南省、安徽省、河南省、辽宁省、吉林省、广西壮族自治区、江西省、贵州省、黑龙江省。

上述 5 类的分类结果中，有的类别中含有的省级行政区域较多，为了更直观地展现各类别之间的层次关系，图 5-4 给出了 31 个省级行政区域的"三创"综合指数及 4 个一级指标的层次聚类分析树状图。树状分支体现了不同层次的所属关系，由图 5-4 可见，31 个省级行政区域先是被主要分为两个大类：一个大类中包含北京市、广东省、上海市、江苏省、浙江省、天津市及山东省；另一大类中包括了 31 个省级行政区域中除了前述 7 个区域外的其余所有省级行政区域。值得一提的是，15 个省级行政区域组成的一大类，具体又被细化为 3 个子类，分别是福建省、重庆市、湖北省为一个子类，这一子类中的 3 个省级行政区域，应该是在前述 7 个行政区域外，最有望迅速发展为区域龙头甚至全国增长极的潜力地区，另一个子类包含四川省、陕西省、河北省、湖南省、安徽省、河南省、辽宁省 7 个省级行政区域，从全国范围来看，这一子类中的 7 个省级行政区域大多数位于"三创"发展水平的中游及中上游位置，还有一个子类中包含了吉林省、广西壮族自治区、江西省、贵州省及黑龙江省 5 个省级行政区域，它们基本居于"三创"发展水平的中下游位置。树状图以"三创"综合指数及 4 个一级指标为依据，较清晰地呈现了 31 个省级行政区域的聚类关系及所属层次。

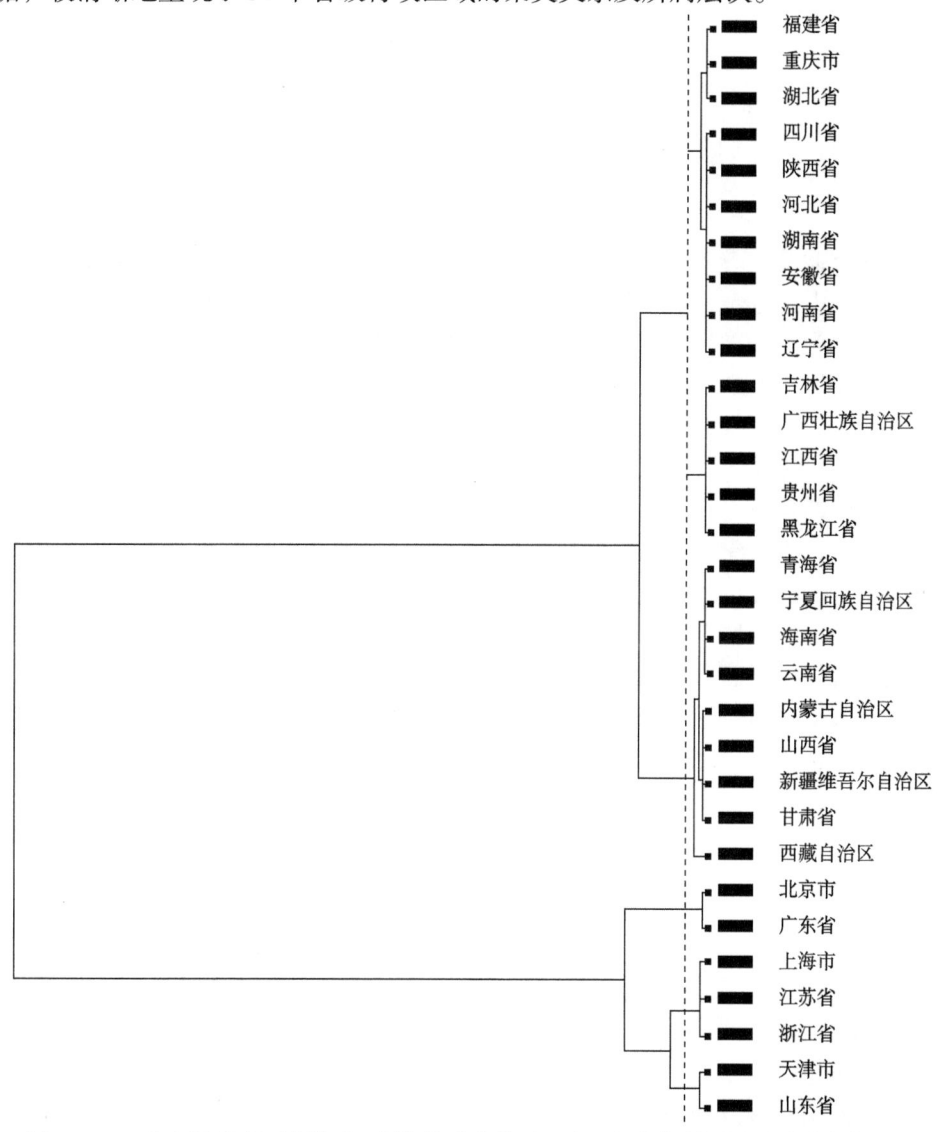

图 5-4　31 个省级行政区域的"三创"综合指数及 4 个一级指标的层次聚类分析树状图

第6章 "三创"指数分析结论及对策建议

各地方政府越来越重视创新、创业对地区经济发展及就业等民生的积极影响，成立了引导基金，从而用杠杆效应带动创投资金的投入，促进当地的创新、创业活动。为了帮助政府更有效地制定政策，且有的放矢地投入引导基金；也为了帮助创投机构发现不同行业、不同地域的投资机会，判断不同行业、不同地域的投资热度，从而规避可能的泡沫风险；还为了为创业者创业地域、行业的选择提供参考，尽量减少其盲目或错判的成本；并且指导企业对创新领域的探索和挖掘，为企业的投资、研发方向提供指导；又为了提供学校新知识发现等学术活动的智慧平台，为大学、职业学校学生的专业配置及就业方向提供前瞻性的指导，同济大学创新创业创投研究中心"三创"指数研究团队结合国内外创新、创业、创投的理论文献及团队对"三创"的研究，在独创的"三创"指数的评价体系基础上，综合采用了官方权威发布的数据、商业数据库数据以及社会影响力较大的第三方指数等，对31个省级行政区域的"三创"综合指数及各级指标进行了排名及分析。

6.1 主要结论

对31个省级行政区域的"三创"指数进行分析，主要结论如下。

（1）从省级行政区域来看，31个省级行政区域"三创"综合指数排名前10的是：北京市、广东省、上海市、江苏省、浙江省、山东省、天津市、湖北省、福建省及四川省，其中5个位于华东地区，2个位于华北地区、1个位于华中地区、1个位于西南地区。

（2）从各大区域来看，华东地区的"三创"综合指数整体表现最好，其次是华南、华北地区，相对而言西南地区、西北地区表现较弱，相对而言，胡焕庸线的东南半壁普遍强于西北半壁。

（3）在外部环境指数上，31个省级行政区域的排名前10的是：上海市、北京市、广东省、江苏省、浙江省、天津市、山东省、福建省、重庆市、湖北省，4个直辖市全部进入前10，可见，行政级别高的城市外部环境指数也高。

（4）在资源投入指数上，31个省级行政区域的排名前10的是：北京市、广东省、山东省、上海市、江苏省、浙江省、天津市、四川省、湖北省及陕西省，陕西省是作为西北地区的代表在"三创"综合指数及4个一级指标中唯一一次进入了前10。

（5）在主体能力指数上，31个省级行政区域排名前的10是：北京市、广东省、上海市、江苏省、浙江省、山东省、天津市、安徽省、湖北省、四川省，并且北京市、广东省及上海市的优势明显，西南地区、西北地区及华北的部分地区相对落后。

（6）在"三创"效益指数上，31个省级行政区域排名前10的是：北京市、江苏省、广东省、上海市、浙江省、山东省、天津市、湖北省、福建省、重庆市，西南地区、西北地区及东北的部分地区相对落后。

（7）4个一级指标中，31个省级行政区域的外部环境指数离差最小，主体能力指数离差最大，外部环境、资源投入的差异累积反映到主体能力上，并被显著放大。

（8）构成主体能力的3个二级指标中，北京市在知识创造指数上独占鳌头，以上海市为代表的长江三角洲地区及广东省在企业创新指数上遥遥领先，而创投投入则在北京市、以上海市为代表的长江三角洲地区、广东省形成明显的三个资本集中地区，创投资金对北京市、上海市、广东省的偏好优势尤为明显。

（9）虽然从整体角度上看，"三创"综合指数表现出显著的空间集聚性，但能显著地表现出溢出效应，形成良性互动发展的区域主要为上海市、江苏省及浙江省，在胡焕庸线西北壁的西北地区、西南地区以及华北部分地区虽然也有空间集聚效应，但整体发展水平较落后。

（10）北京市无论是在知识创造还是在人力资源指数上都拔得头筹，但遗憾的是北京市没能通过溢出效应更充分地形成对华北地区，特别是其中较为落后的内蒙古自治区的带动作用，同样，广东省对华南地区的广西壮族自治区，尤其是海南省也没有显现出明显的正外部效应。

6.2 对策建议

为了实现新时代下经济结构转型，保证经济高质量发展的目标，不仅各地区应在创新引领下发展实体经济，也要协调各区域的发展。基于"三创"指数的评估结果，提出如下对策建议。

（1）各地方政府，尤其是西南地区、西北地区及华北部分地区的政府应营造公平、公正、宽松的制度环境级高校的政府服务环境，由于人口密度、地理、气候等社会和自然环境的差异，各地在经济发展、人力资本等生产要素方面的差异是历史发展、路径依赖的结果，也最终体现在"三创"综合指数的差异上，但其中政策制度公开公正程度、法制环境、政府行政效率等是可以通过政府的努力，能在较短的时间内立竿见影地改善或改变的，也因此让身处不同地域的居民、企业能够更公平地享受到政策制度环境与政府高效率的服务。

（2）个地方政府应通过发展基础设施，建设及完善资本市场，投资医疗、教育等提供居民、企业发展所需要的各项资源，创造吸引人才的绿色宜居环境，从而吸引及留住创业者及各类人才，也吸引创投资本的流入，为创新、创业打下良好的基础。

（3）各地方政府应根据各地的实际情况，有针对性地向有潜力的行业及企业投放引导基金，从而用杠杆效应，吸引更多的社会资本加入支持创新、创业的股权投资。

（4）主体能力是决定"三创"效益的重要因素，政府应制定竞争规范及技术标准等，避免对企业的过分保护，营造良性竞争的产业发展环境，发展以企业为主体的市场经济，让公平的市场环境优胜劣汰，使真正有潜力的企业在市场竞争中脱颖而出。

（5）目前，北京市、广东省以及以上海市为代表的长江三角洲基本形成了"三创"的三个增长极，应合理利用这三个增长极的极化效应，加强三个增长极的原始创新能力及产业领先能力，尤其增强北京市、广东省对其周边地区的带动及辐射作用。

（6）应促进增长极对其他地区的溢出效应，尤其应发挥加快产业由高梯度区域向低梯度区域的转移作用，提升低梯度区域的模仿创新能力及创新扩散能力。

（7）即使在整体相对落后的西南地区、西北地区，以及处于中间的华中地区，也有其中相对领先的省级行政区域，如华中地区的湖北省、西北地区的陕西省、西南地区的四川省和重庆市，应培育这些地区的增长极，发挥经济的规模效应、集聚效应及外部效应等，促进各区域经济的协同发展。

（8）每个地区的自然禀赋及人文发展各具特色，应通过人工智能等信息技术的引进，发展及升级有地区特色的产业价值链，细化垂直链的分工，提升经济效率，使各地不断提升及完善各项生产要素，提升创新、创业可持续发展的能力。

能力报告篇

2018年各省级行政区域"三创"指数报告

第7章 31个省级区域"三创"能力报告

7.1 北 京 市

2015年,北京市地区生产总值23 014.59亿元,同比增长7.89%;人口217 1万,人均地区生产总值106 497元;社会全要素生产率9.42%。高新技术产业主营业务收入3 997.09亿元,同比增长-3.72%,占地区生产总值比重17.37%。早期、创业、成长基金规模21 760.15亿元,接受投资33 493.54亿元。新增企业数43 926家,新增创业板、中小板、新三板上市企业304家。

2018年,北京市"三创"能力综合排名位于全国第1位。分项指标中,外部环境排名位于第2位,作为国家首都,在基础设施与条件、市场环境与社会服务保障方面表现优秀,虽地处华北地区,但是注重绿色发展,对外开放程度高,作为国家政治中心,在政策制度环境与政府效率方面仍有待提高;资源投入排名第1位,北京拥有全国数量领先的高等院校,人力资源和创投资源数量充足,科技投入力度稳居前列;主体能力排名第1位,知识创造与创投能力强,企业创新还有一定的提升空间;"三创"效益排名第1位,科技效益与企业成长位居前列,居民生活质量水平高。

北京市"三创"能力各级指标具体数值及国内排名见表7-1。图7-1~图7-5为一、二级指标数据雷达示意图。

表7-1 北京市"三创"能力各级指标具体数值及国内排名

指标名称	指标值	排名
"三创"综合指数	85.47	1
1.外部环境	85.21	2
1.1 基础设施与条件	86.71	1
1.2 政策制度环境与政府效率	86.57	15

续表

指标名称	指标值	排名
1.3 经济基础	75.94	5
1.4 市场环境与社会服务保障	95.33	1
1.5 绿色发展	92.62	2
1.6 对外开放	71.53	4
2.资源投入	85.77	1
2.1 人力资源	93.96	1
2.2 创投资源	83.16	2
2.3 科技投入	90.60	1
2.4 教育投入	74.70	5
3.主体能力	86.72	1
3.1 知识创造	95.97	1
3.2 企业创新	70.78	3
3.3 创投能力	96.80	1
4."三创"效益	83.22	1
4.1 科技效益	88.55	1
4.2 经济效益	66.00	9
4.3 企业成长	84.67	1
4.4 居民生活质量	96.86	2

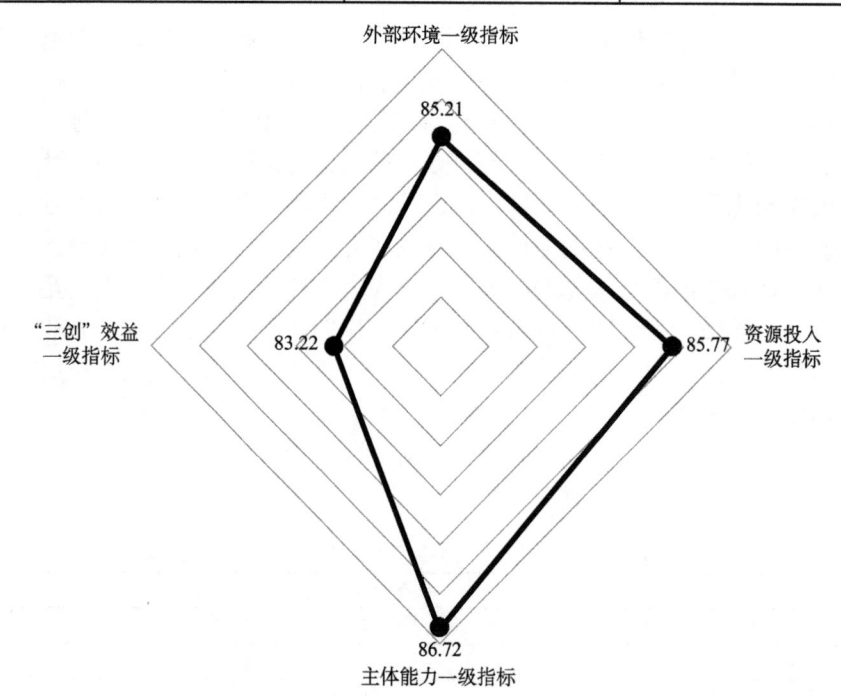

图 7-1　北京市"三创"能力雷达图

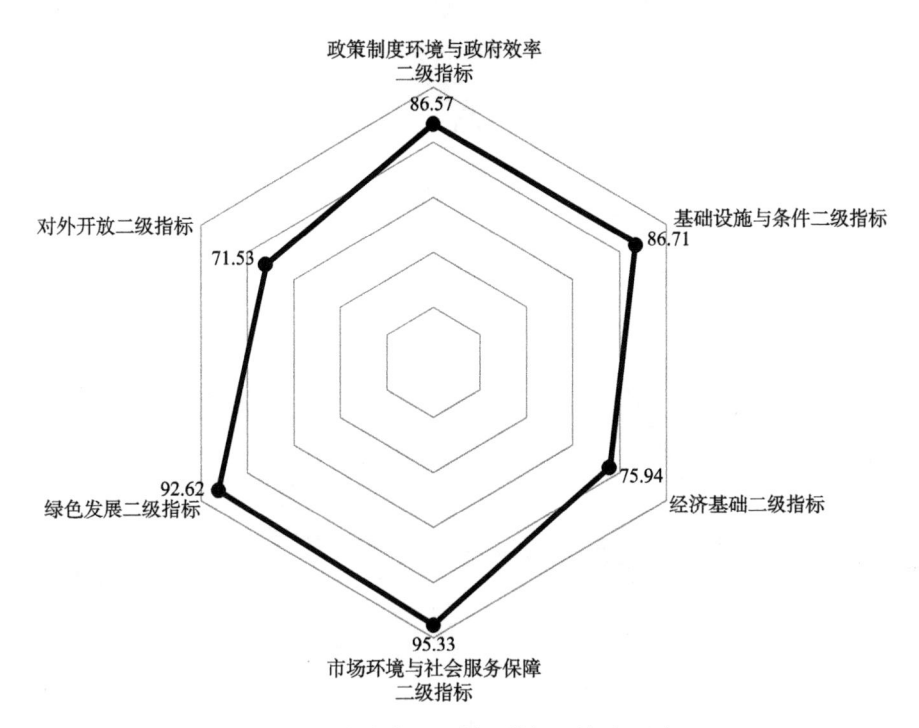

第 7 章　31 个省级区域"三创"能力报告　　77

图 7-2　北京市"三创"外部环境雷达图

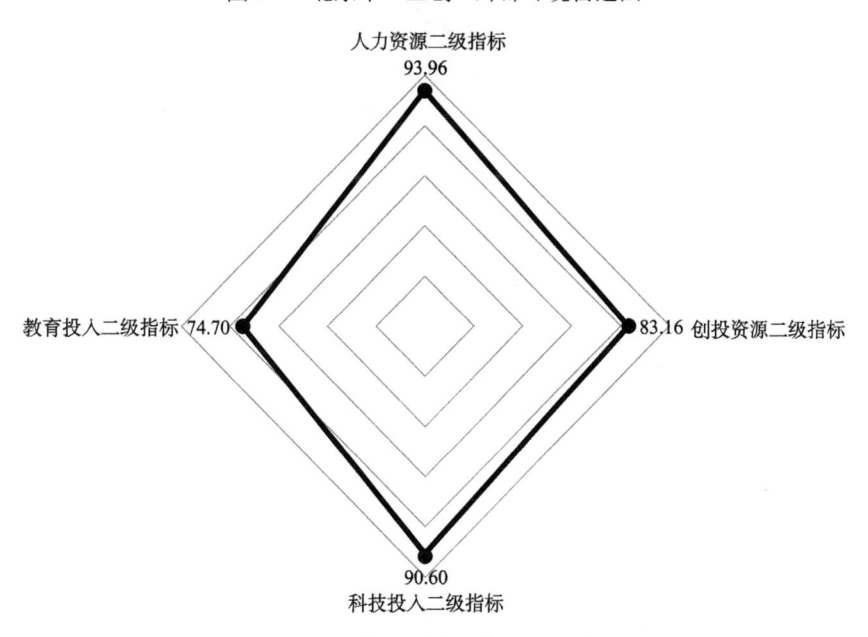

图 7-3　北京市"三创"资源投入雷达图

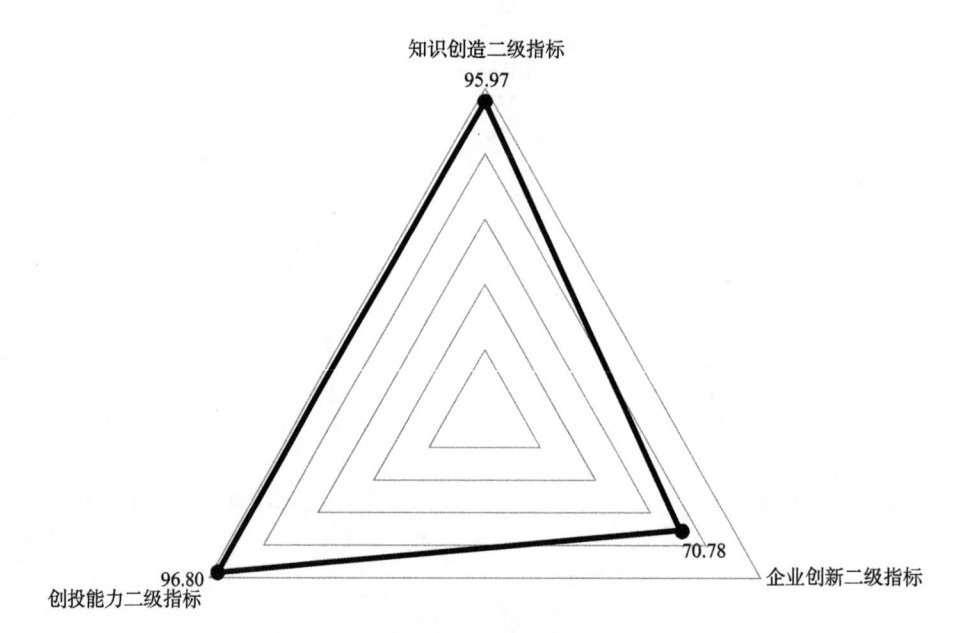

图 7-4 北京市"三创"主体能力雷达图

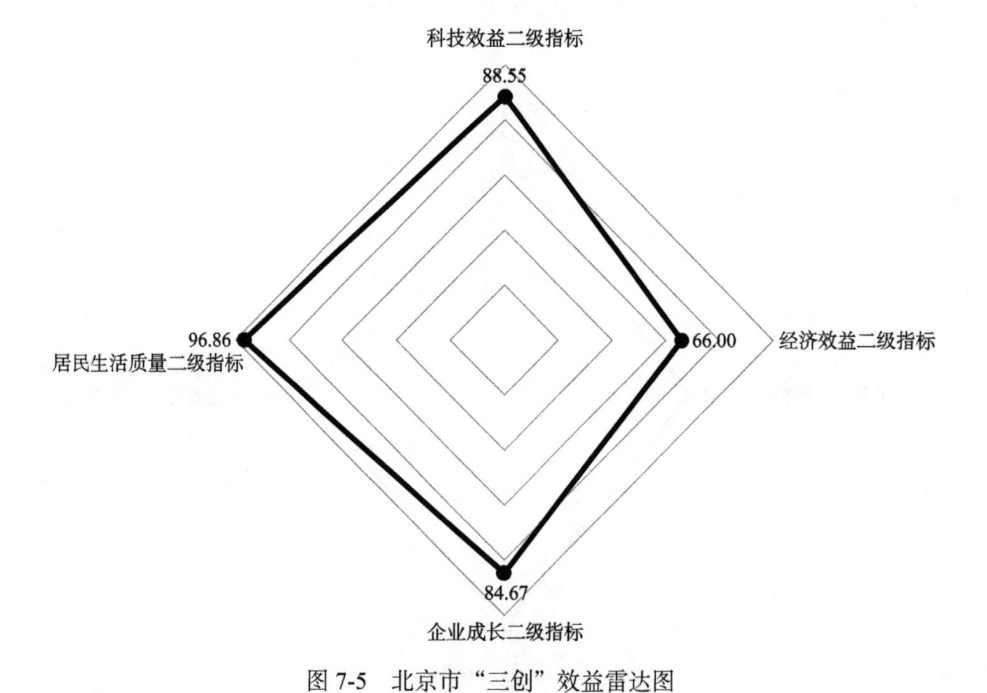

图 7-5 北京市"三创"效益雷达图

7.2 天 津 市

2015年,天津市地区生产总值16 538.19亿元,同比增长5.16%;人口1 547万,人均地区生产总值107 960元;社会全要素生产率7.29%。高新技术产业主营业务收入4 233.80亿元,同比增长-1.13%,占地区生产总值比重25.60%。早期、创业、成长基金规模1 310.94亿元,接受投资2 118.29亿元。新增企业数56 052家,新增创业板、中小板、新三板上市企业31家。

2018年,天津市"三创"能力综合排名位于全国第7位。分项指标中,外部环境排名位于第6位,天津明确提出建立生态宜居的现代化城市的目标,其政策制度环境良好,政府效率高,基础设施与条件较好,对绿色发展方面较为重视,但是经济基础、市场环境与社会服务保障以及对外开放方面仍有待提高;资源投入排名第7位,人力资源数量较充足,科技投入力度有待加强,创投资源和教育水平处于中等位置,有较大提升空间,目前已加快实施学前教育五年行动计划;主体能力排名第7位,在知识创造、创投能力和企业创新三方面均有着较大的提升和进步空间;"三创"效益排名第7位,居民生活质量水平较高,天津科技创新成果丰硕,2017年全市获得19项国家科学技术奖,但转化能力有待加强,科技效益、经济效益与企业成长需要较大幅度的提高。

天津市"三创"能力各级指标具体数值及国内排名见表7-2。图7-6~图7-10为一、二级指标数据雷达示意图。

表7-2 天津市"三创"能力各级指标具体数值及国内排名

指标名称	指标值	排名
"三创"综合指数	68.22	7
1.外部环境	81.29	6
1.1 基础设施与条件	74.82	3
1.2 政策制度环境与政府效率	98.57	1
1.3 经济基础	71.86	10
1.4 市场环境与社会服务保障	84.36	8
1.5 绿色发展	92.52	3
1.6 对外开放	57.13	10
2.资源投入	67.23	7
2.1 人力资源	74.44	3

续表

指标名称	指标值	排名
2.2 创投资源	56.56	12
2.3 科技投入	68.69	7
2.4 教育投入	70.11	14
3.主体能力	58.95	7
3.1 知识创造	59.28	11
3.2 企业创新	64.44	7
3.3 创投能力	52.89	12
4."三创"效益	67.05	7
4.1 科技效益	59.15	9
4.2 经济效益	67.12	7
4.3 企业成长	61.96	7
4.4 居民生活质量	81.40	4

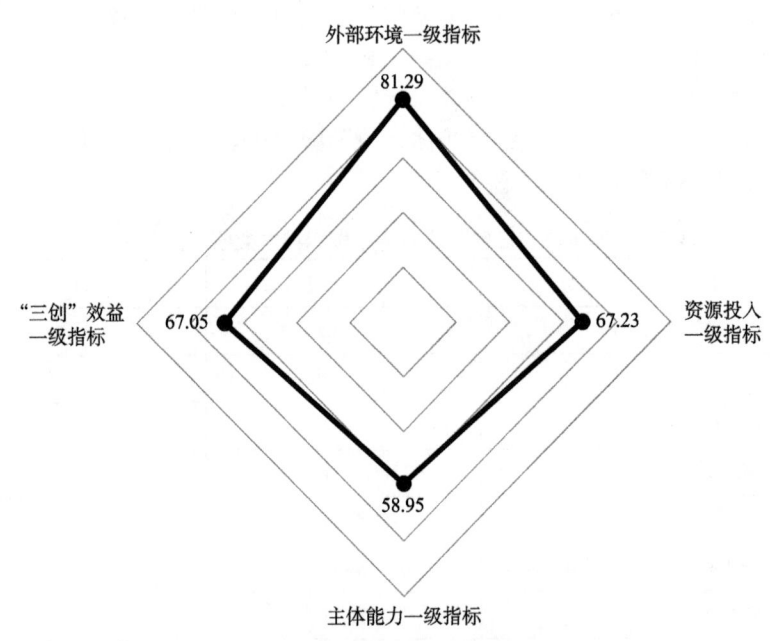

图 7-6 天津市"三创"能力雷达图

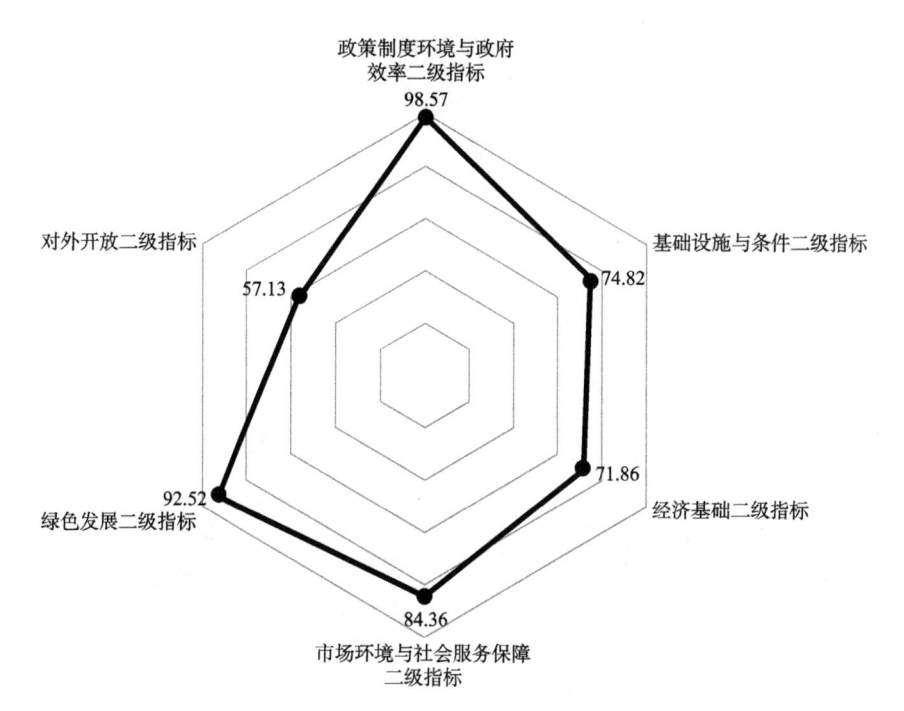

图 7-7　天津市"三创"外部环境雷达图

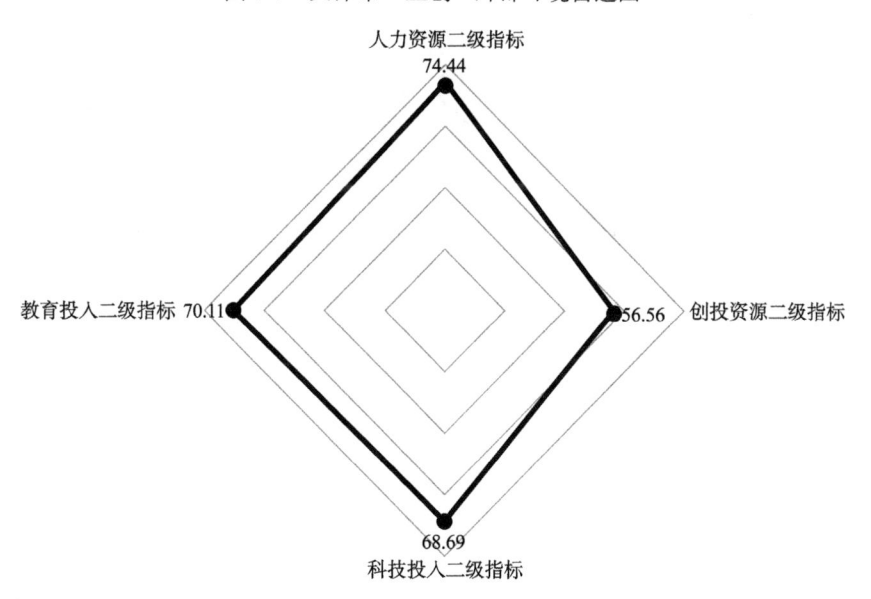

图 7-8　天津市"三创"资源投入雷达图

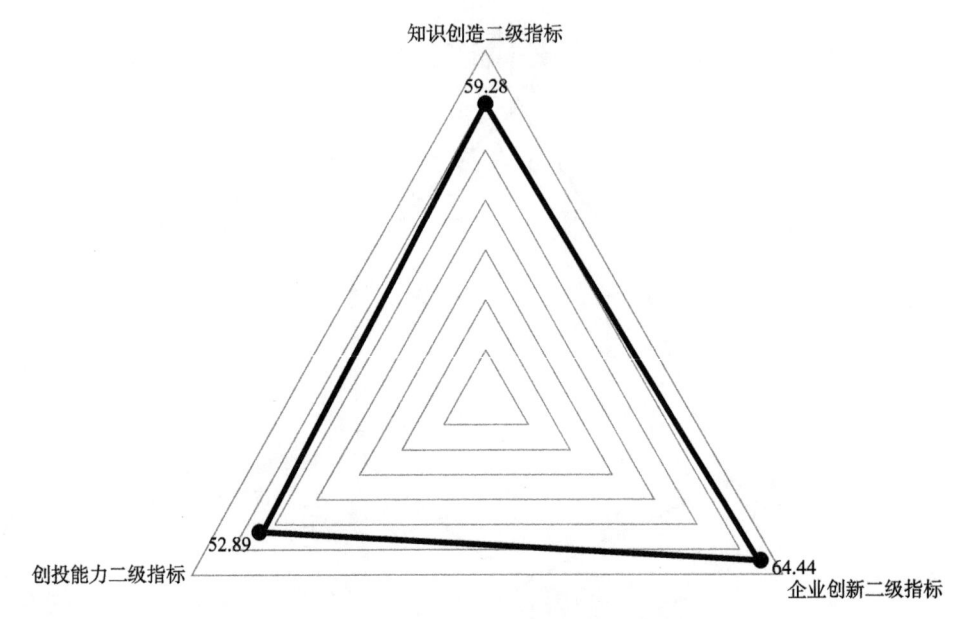

图 7-9 天津市"三创"主体能力雷达图

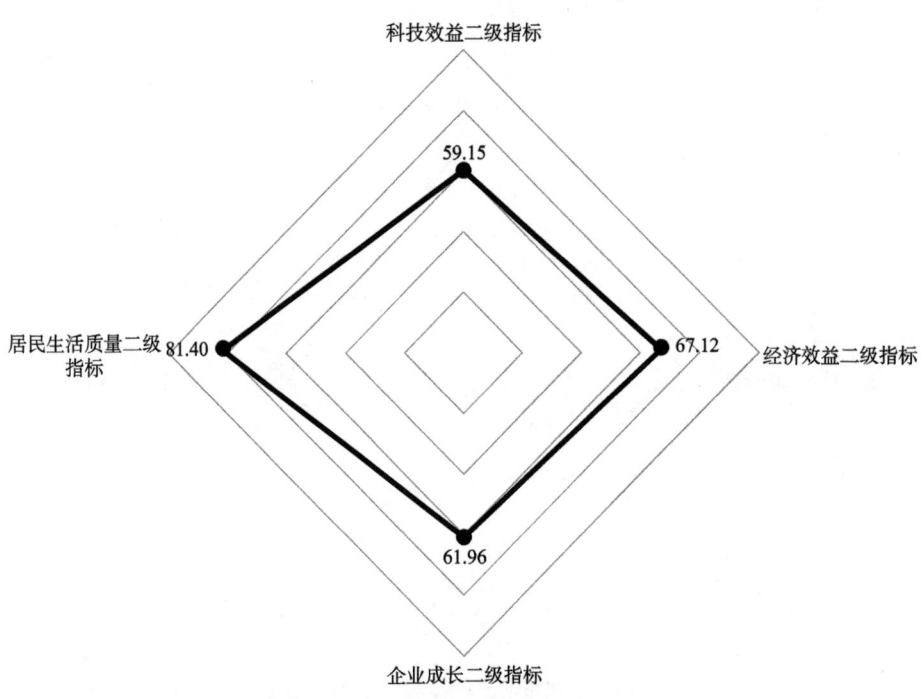

图 7-10 天津市"三创"效益雷达图

7.3 河 北 省

2015 年，河北省地区生产总值 29 806.11 亿元，同比增长 5.00%；人口 7 425.00 万，人均地区生产总值 402 55 元；社会全要素生产率 7.60%。高新技术产业主营业务收入 1 705.87 亿元，同比增长 0.130 7%，占地区生产总值比重 0.057 2%。早期、创业、成长基金规模 542.07 亿元，接受投资 413.02 亿元。新增企业数 99 189 家，新增创业板、中小板、新三板上市企业 55 家。

2018 年，河北省"三创"能力综合排名位于全国第 18 位。分项指标中，外部环境排名位于第 22 位，横跨华北、东北两大地区，经济基础和对外开放程度处于中等水平，虽环抱首都，但是基础设施与条件、市场环境与社会服务保障以及政策制度环境与政府效率方面均有待进一步提高；资源投入排名第 12 位，创投资源数量较充足，教育投入力度较大，优质高等院校较少，人力资源和科技投入力度需要进一步提升；主体能力排名第 21 位，知识创造、创投能力及企业创新均处于较低水平，还有较大的提升空间；"三创"效益排名第 17 位，企业成长处于中等水平，经济效益和科技效益有待提高，居民生活质量水平偏低。

河北省"三创"能力各级指标具体数值及国内排名见表7-3。图 7-11~图 7-15 为一、二级指标数据雷达示意图。

表 7-3 河北省"三创"能力各级指标具体数值及国内排名

指标名称	指标值	排名
"三创"综合指数	61.49	18
1.外部环境	71.41	22
1.1 基础设施与条件	66.03	20
1.2 政策制度环境与政府效率	78.99	25
1.3 经济基础	67.37	16
1.4 市场环境与社会服务保障	78.19	19
1.5 绿色发展	76.82	27
1.6 对外开放	53.19	14
2.资源投入	62.56	12
2.1 人力资源	63.23	18
2.2 创投资源	56.91	11

续表

指标名称	指标值	排名
2.3 科技投入	59.81	16
2.4 教育投入	71.39	10
3.主体能力	54.18	21
3.1 知识创造	55.51	21
3.2 企业创新	56.05	22
3.3 创投能力	51.22	18
4."三创"效益	58.94	17
4.1 科技效益	53.33	16
4.2 经济效益	60.89	20
4.3 企业成长	58.51	14
4.4 居民生活质量	62.57	23

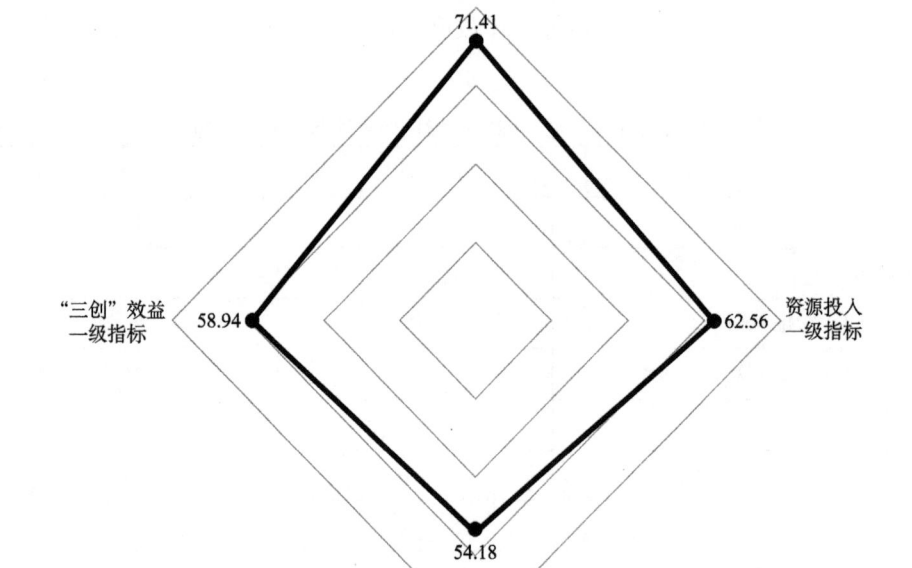

图 7-11 河北省"三创"能力雷达图

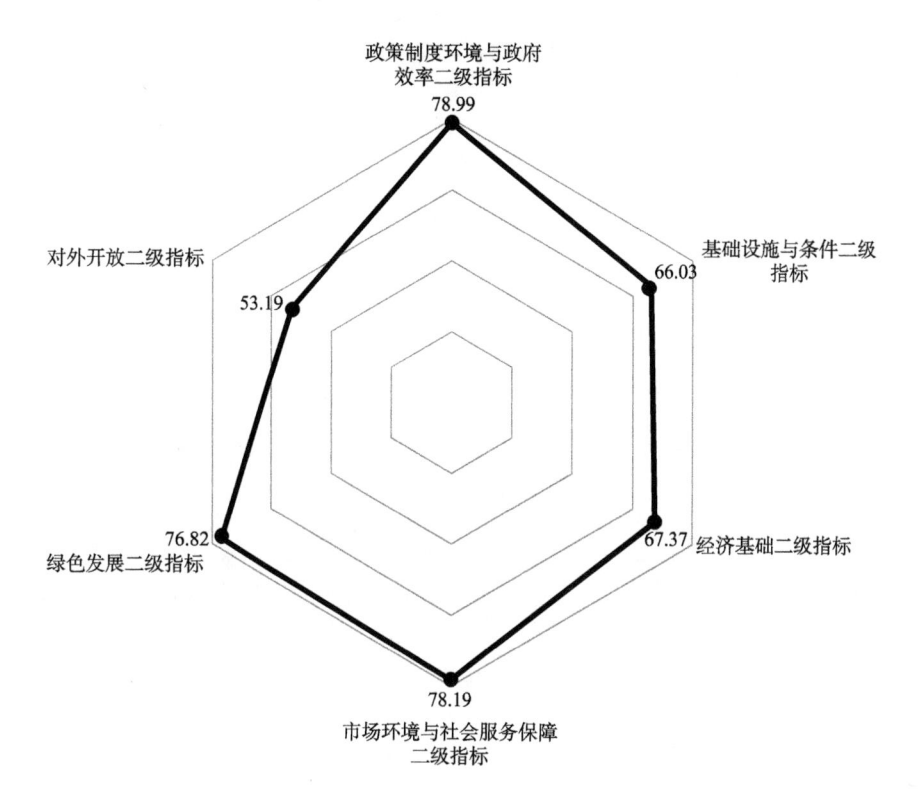

图 7-12 河北省"三创"外部环境雷达图

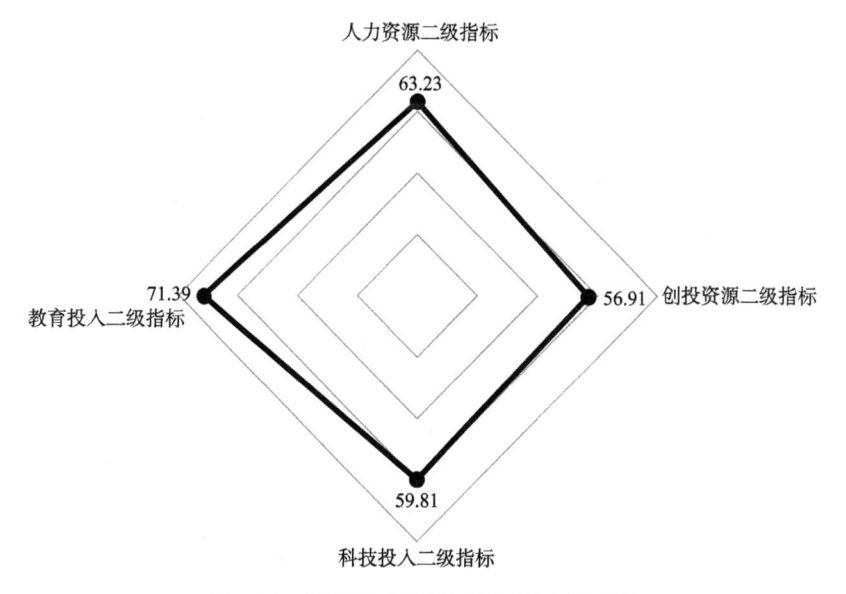

图 7-13 河北省"三创"资源投入雷达图

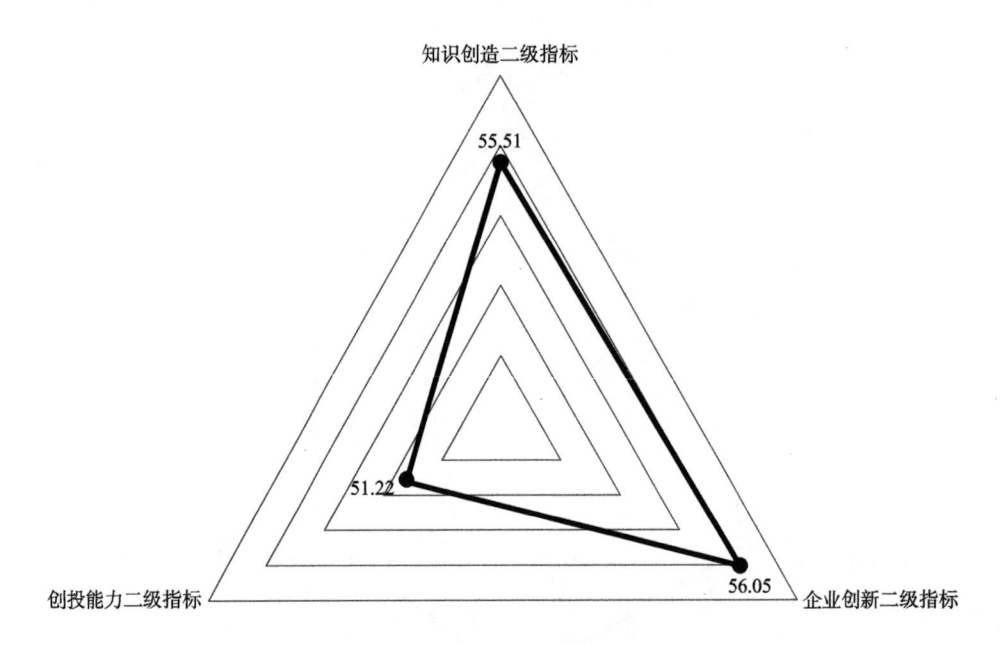

图 7-14 河北省"三创"主体能力雷达图

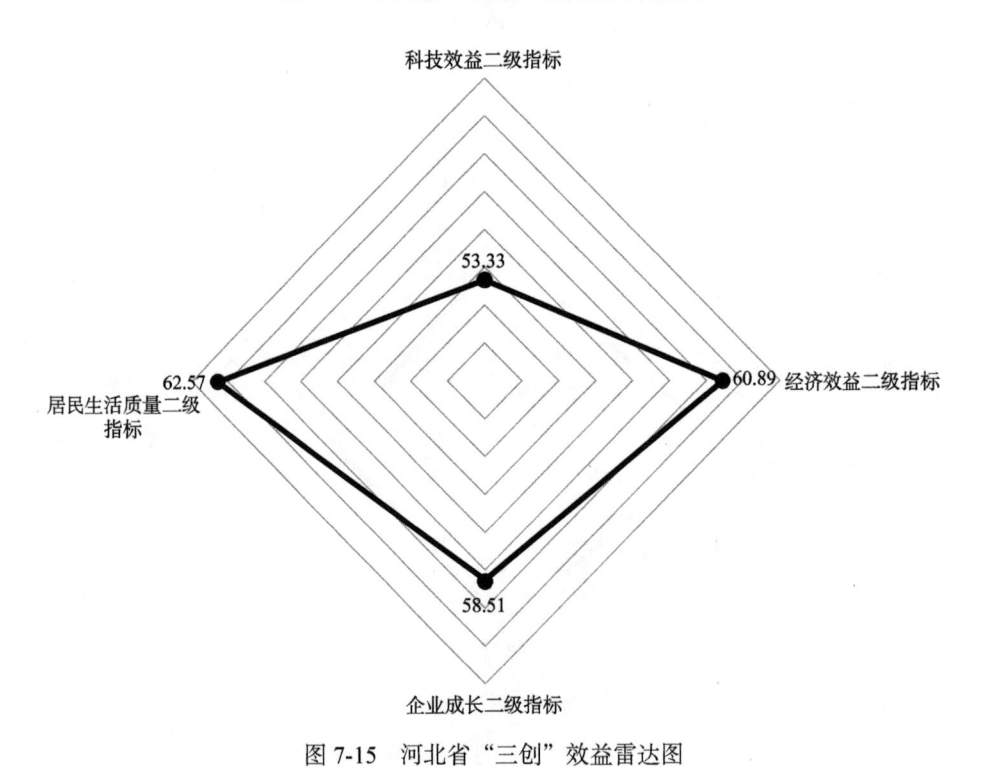

图 7-15 河北省"三创"效益雷达图

7.4 山　西　省

2015年，山西省地区生产总值12 766.49亿元，同比增长0.04%；人口3 664万，人均地区生产总值34 919元；社会全要素生产率5.95%。高新技术产业主营业务收入864.71亿元，同比增长8.96%，占地区生产总值比重6.77%。早期、创业、成长基金规模98.79亿元，接受投资197.26亿元。新增企业数77 279家，新增创业板、中小板、新三板上市企业26家。

2018年，山西省"三创"能力综合排名位于全国第24位。分项指标中，地处中国内陆，位于黄河中游东岸，其外部环境排名位于第29位，基础设施与条件较好，但是市场环境与社会服务基础保障、绿色发展、对外开放和政策制度环境与政府效率等多方面有待提高，山西省目前正大力推广PPP（public-private-partnership，政府与社会资本合作）模式加大对各类基础设施的投资；资源投入排名第18位，人力资源和创投资源数量处于中等水平，教育投入和科技投入力度有待加强；主体能力排名第28位，知识创造、创投能力强及企业创新均还有较大的提升空间；"三创"效益排名第20位，企业成长处于中上水平，经济效益、科技效益及居民生活质量水平都需要较大程度的提高。

山西省"三创"能力各级指标具体数值及国内排名见表7-4。图7-16~图7-20为一、二级指标数据雷达示意图。

表7-4　山西省"三创"能力各级指标具体数值及国内排名

指标名称	指标值	排名
"三创"综合指数	59.32	24
1.外部环境	67.44	29
1.1 基础设施与条件	68.48	11
1.2 政策制度环境与政府效率	73.20	29
1.3 经济基础	57.99	28
1.4 市场环境与社会服务保障	76.20	25
1.5 绿色发展	72.23	30
1.6 对外开放	51.27	26
2.资源投入	60.09	18
2.1 人力资源	65.00	13
2.2 创投资源	53.42	15

续表

指标名称	指标值	排名
2.3 科技投入	56.08	21
2.4 教育投入	67.10	17
3.主体能力	53.12	28
3.1 知识创造	55.93	19
3.2 企业创新	53.82	29
3.3 创投能力	50.33	26
4."三创"效益	57.72	20
4.1 科技效益	52.41	20
4.2 经济效益	56.69	27
4.3 企业成长	58.51	13
4.4 居民生活质量	63.00	21

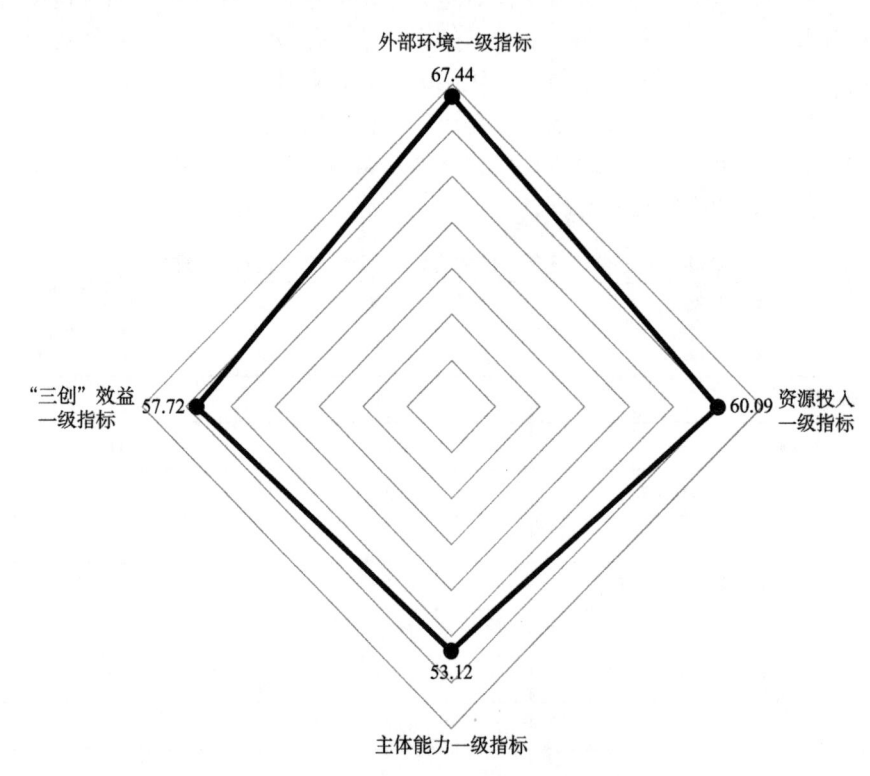

图 7-16 山西省"三创"能力雷达图

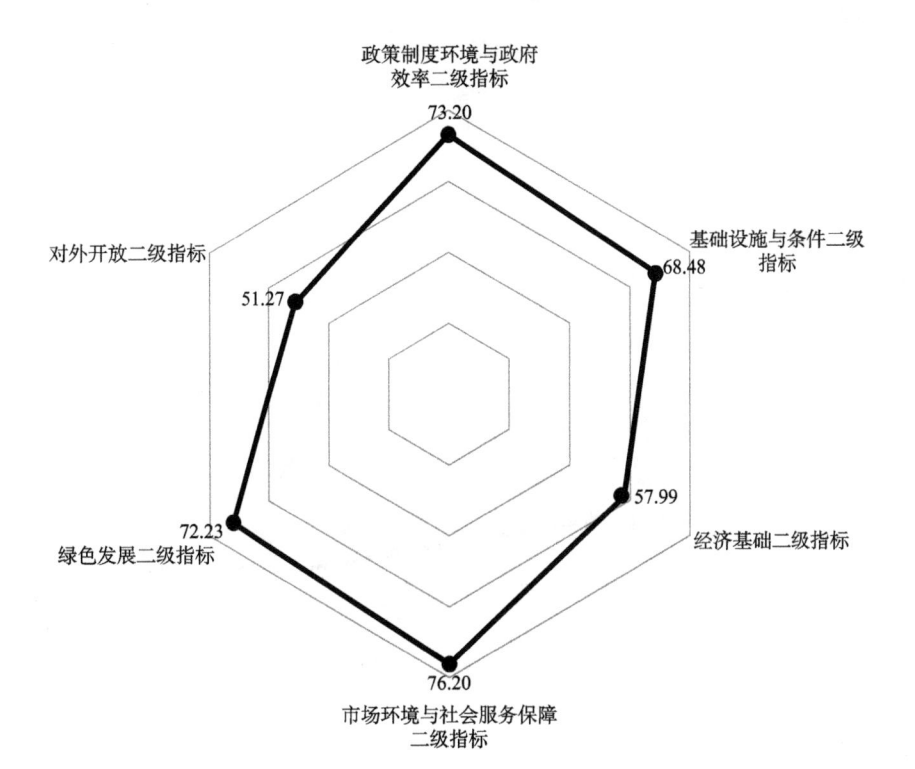

图 7-17　山西省"三创"外部环境雷达图

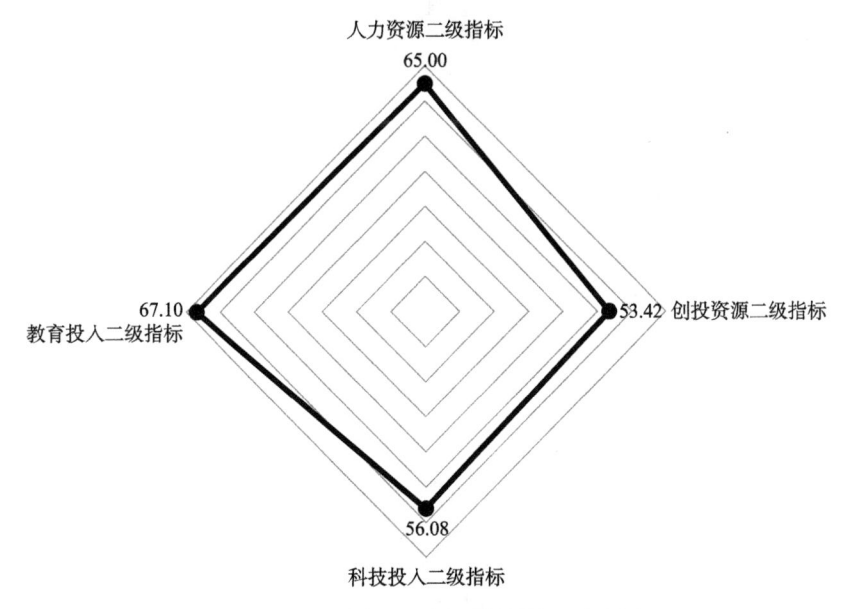

图 7-18　山西省"三创"资源投入雷达图

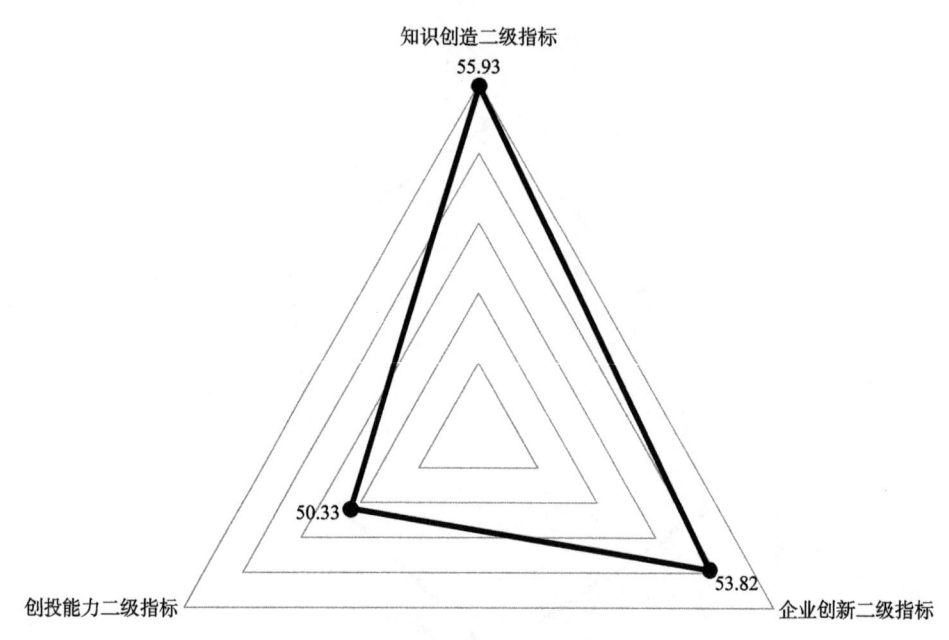

图 7-19 山西省"三创"主体能力雷达图

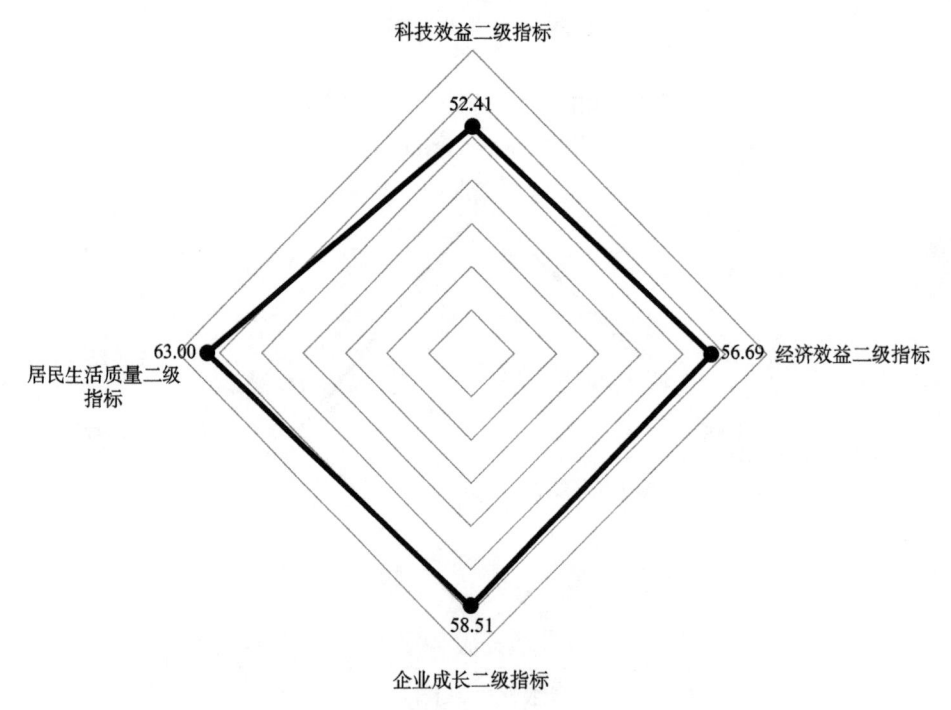

图 7-20 山西省"三创"效益雷达图

7.5 内蒙古自治区

2015 年，内蒙古自治区地区生产总值 17 831.51 亿元，同比增长 0.35%；人口 2 511 万，人均地区生产总值 71 101 元；社会全要素生产率 6.57%。高新技术产业主营业务收入 394.32 亿元，同比增长 11.57%，占地区生产总值比重 2.21%。早期、创业、成长基金规模 81.74 亿元，接受投资 107.51 亿元。新增企业数 23 279 家，新增创业板、中小板、新三板上市企业 19 家。

2018 年，内蒙古自治区"三创"能力综合排名位于全国第 29 位。分项指标中，外部环境排名位于第 27 位，其地域辽阔，基础建设十分薄弱，近几年不断开拓融资渠道，扩大投资规模，基础设施与条件明显改善，但市场环境与社会服务保障、绿色发展、对外开放、政策制度环境与政府效率等方面均处于较低水平，有较大的提高空间；资源投入排名第 25 位，人力资源数量处于中等水平，创投资源、科技投入和教育投入力度均有待提高；主体能力排名第 31 位，知识创造、创投能力及企业创新均较为落后，亟待提高；"三创"效益排名第 22 位，居民生活质量水平较高，经济效益、科技效益与企业成长均具有极大的提高空间。

内蒙古自治区"三创"能力各级指标具体数值及国内排名见表 7-5。图 7-21~图 7-25 为一、二级指标数据雷达示意图。

表 7-5　内蒙古自治区"三创"能力各级指标具体数值及国内排名

指标名称	指标值	排名
"三创"综合指数	58.60	29
1.外部环境	68.43	27
1.1 基础设施与条件	66.96	16
1.2 政策制度环境与政府效率	76.91	28
1.3 经济基础	63.30	21
1.4 市场环境与社会服务保障	70.14	30
1.5 绿色发展	77.35	26
1.6 对外开放	51.36	25
2.资源投入	57.75	25
2.1 人力资源	64.12	15
2.2 创投资源	50.50	26

续表

指标名称	指标值	排名
2.3 科技投入	57.06	20
2.4 教育投入	60.09	27
3. 主体能力	52.07	31
3.1 知识创造	52.70	28
3.2 企业创新	53.19	31
3.3 创投能力	50.43	23
4. "三创"效益	57.04	22
4.1 科技效益	51.28	25
4.2 经济效益	56.98	26
4.3 企业成长	53.08	27
4.4 居民生活质量	67.97	10

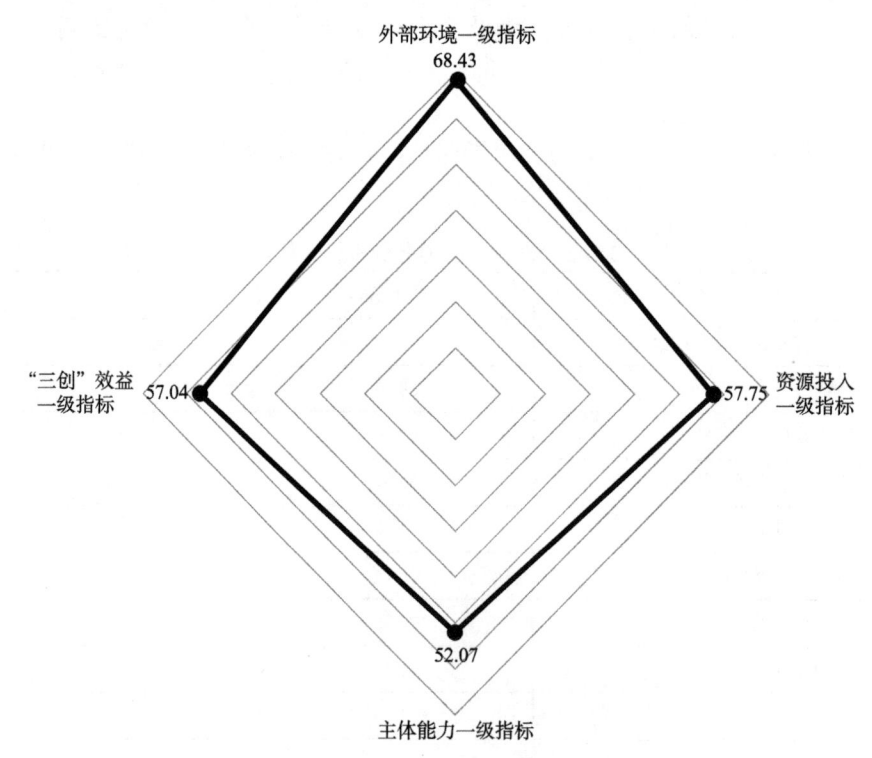

图 7-21 内蒙古自治区"三创"能力雷达图

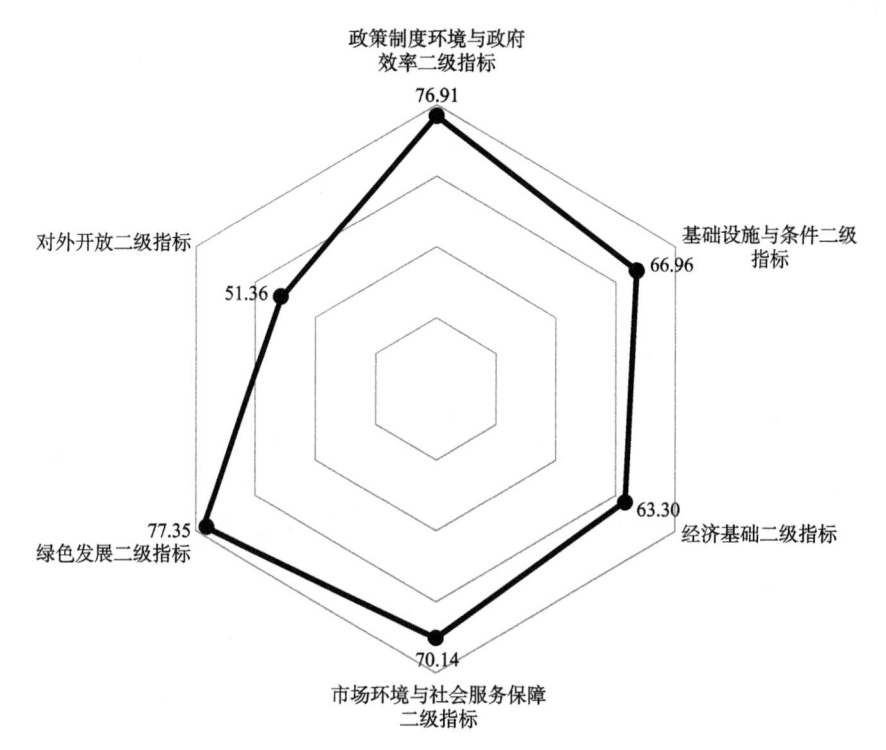

图 7-22　内蒙古自治区"三创"外部环境雷达图

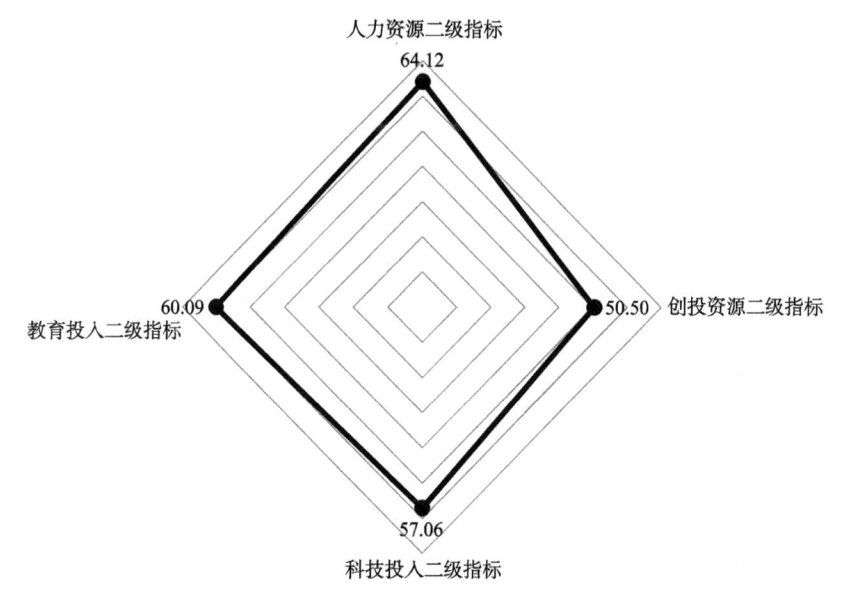

图 7-23　内蒙古自治区"三创"资源投入雷达图

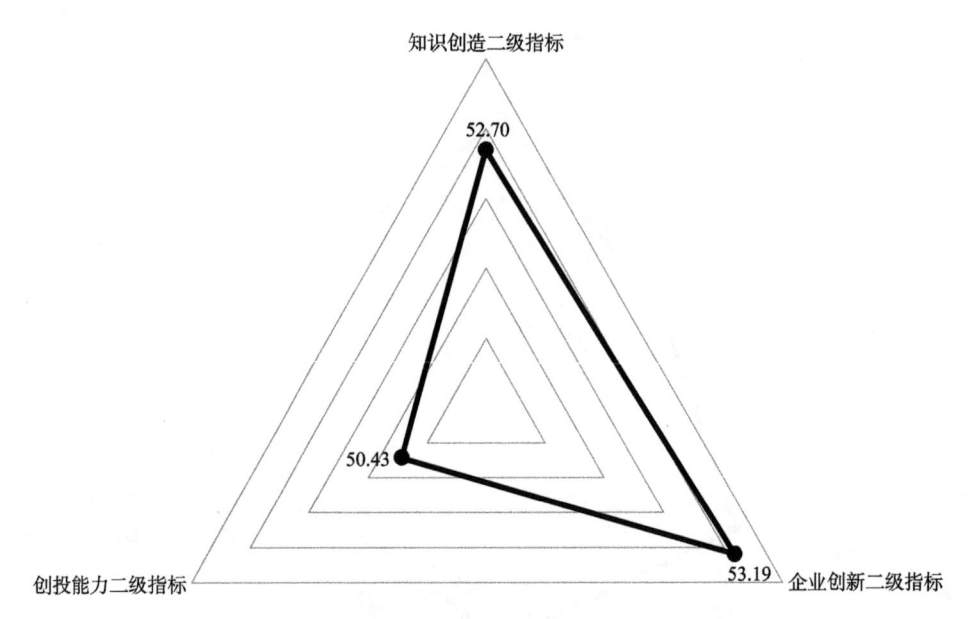

图 7-24　内蒙古自治区"三创"主体能力雷达图

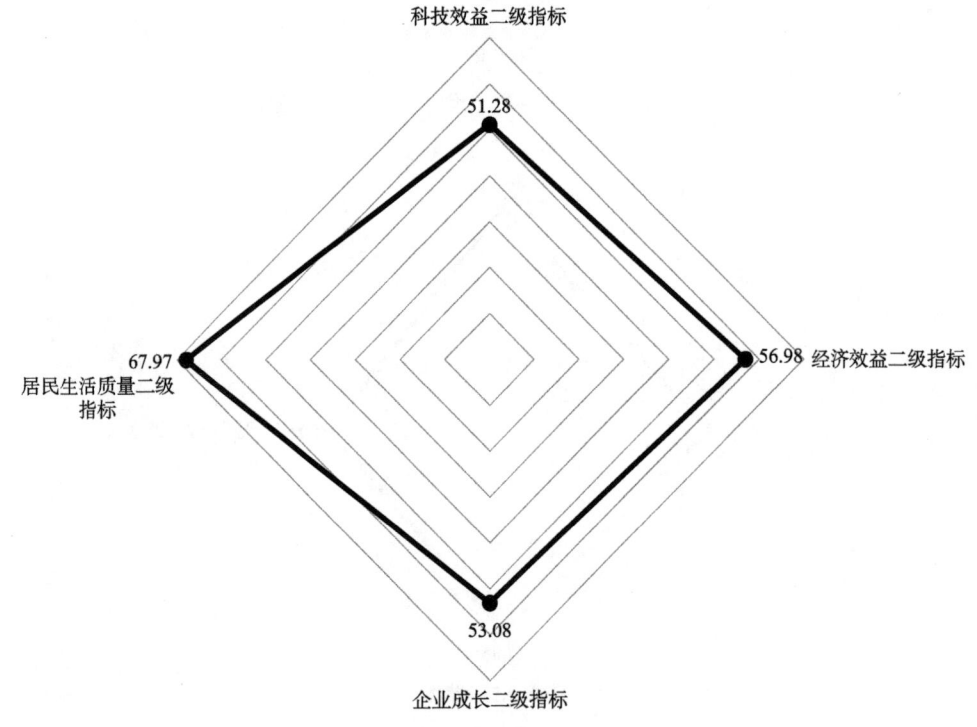

图 7-25　内蒙古自治区"三创"效益雷达图

7.6 辽 宁 省

2015年，辽宁省地区生产总值28 669.02亿元，同比增长0.15%；人口4 382万，人均地区生产总值653 54元；社会全要素生产率7.63%。高新技术产业主营业务收入1 813.75亿元，同比增长−22.88%，占地区生产总值比重6.33%。早期、创业、成长基金规模873.74亿元，接受投资139.08亿元。新增企业数52 116家，新增创业板、中小板、新三板上市企业30家。

2018年，辽宁省"三创"能力综合排名位于全国第15位。分项指标中，其外部环境排名位于第20位，作为中国最北边的沿海省份，是中国重要的重工业基地，基础设施与条件较好，比较注重绿色发展，但市场环境与社会服务保障、对外开放以及政策制度环境与政府效率方面还有待提高；资源投入排名第15位，人力资源数量较充足，创投资源和科技投入力度有待提高，教育投入较为缺乏；主体能力排名第13位，知识创造能力较强，创投能力与企业创新还有一定的提升空间；"三创"效益排名第13位，科技效益位居前列，居民生活质量水平较高，经济效益和企业成长还需较大幅度提高。

辽宁省"三创"能力各级指标具体数值及国内排名见表7-6。图7-26~图7-30为一、二级指标数据雷达示意图。

表7-6 辽宁省"三创"能力各级指标具体数值及国内排名

指标名称	指标值	排名
"三创"综合指数	62.95	15
1.外部环境	72.95	20
1.1 基础设施与条件	70.02	6
1.2 政策制度环境与政府效率	78.62	27
1.3 经济基础	66.36	18
1.4 市场环境与社会服务保障	79.95	14
1.5 绿色发展	80.37	21
1.6 对外开放	57.64	8
2.资源投入	61.87	15
2.1 人力资源	70.10	7
2.2 创投资源	54.87	14

续表

指标名称	指标值	排名
2.3 科技投入	63.62	11
2.4 教育投入	59.21	28
3.主体能力	56.62	13
3.1 知识创造	60.87	8
3.2 企业创新	58.49	16
3.3 创投能力	51.52	15
4."三创"效益	61.01	13
4.1 科技效益	59.64	7
4.2 经济效益	58.90	23
4.3 企业成长	55.52	21
4.4 居民生活质量	72.24	7

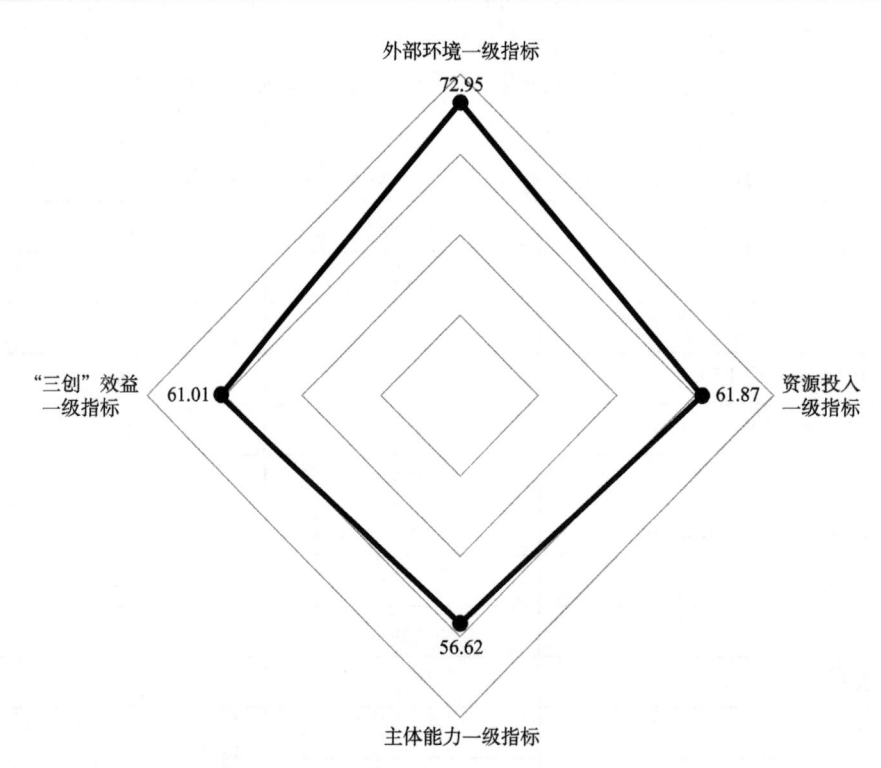

图 7-26 辽宁省"三创"能力雷达图

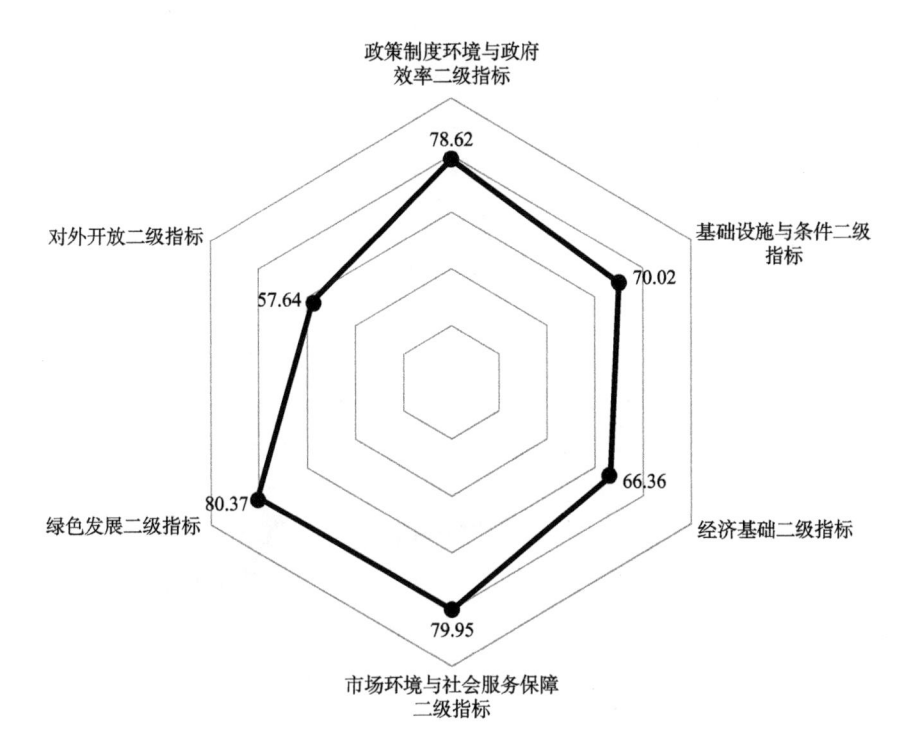

第 7 章　31 个省级区域 "三创" 能力报告

图 7-27　辽宁省 "三创" 外部环境雷达图

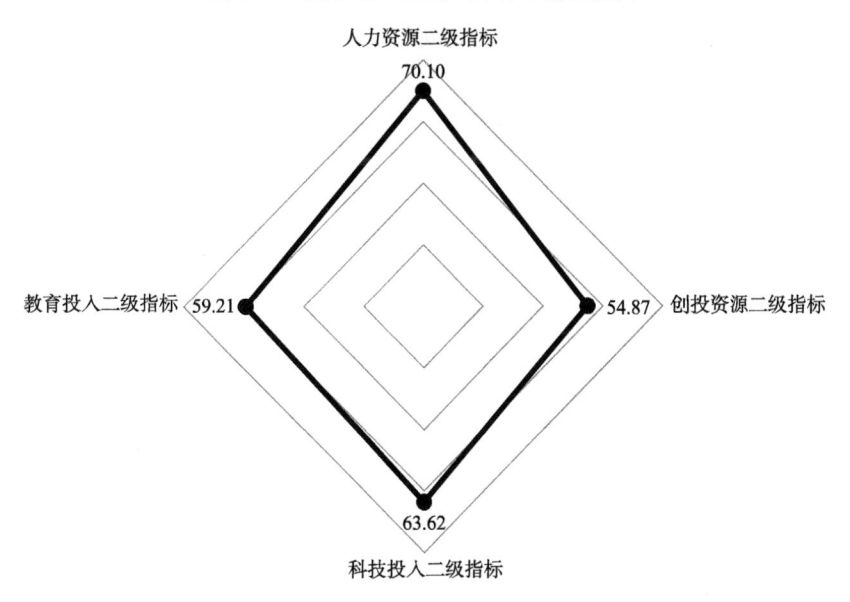

图 7-28　辽宁省 "三创" 资源投入雷达图

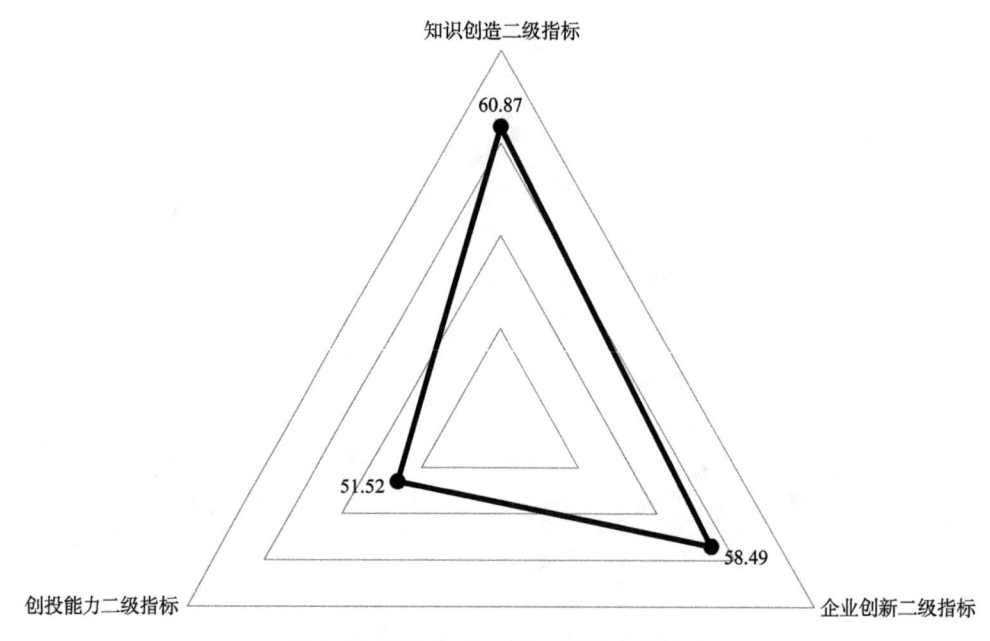

图 7-29　辽宁省"三创"主体能力雷达图

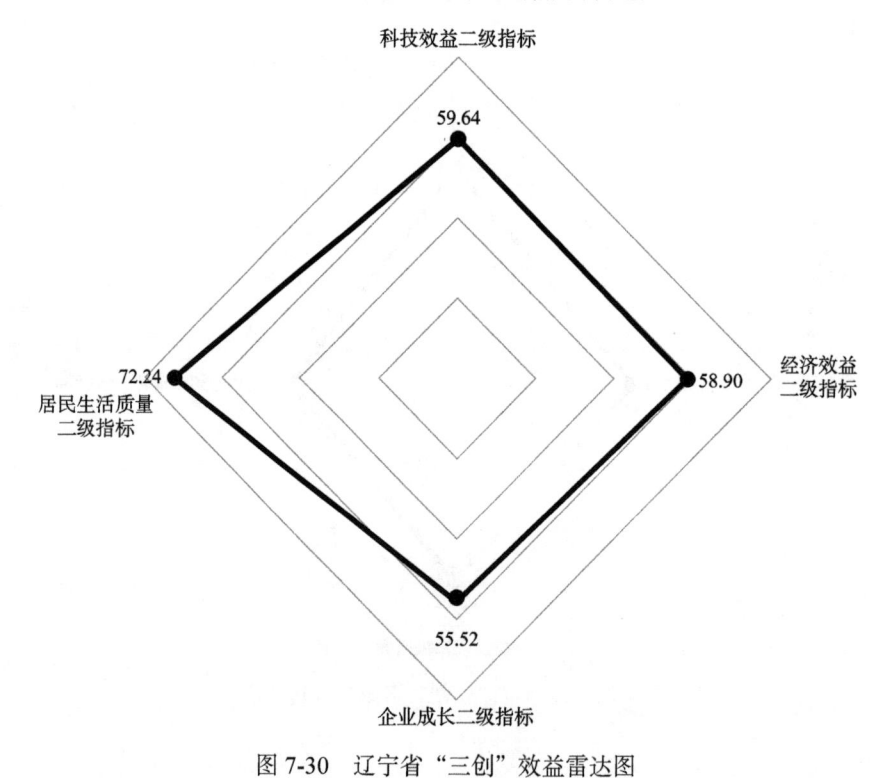

图 7-30　辽宁省"三创"效益雷达图

7.7 吉 林 省

2015年，吉林省地区生产总值14 063.13亿元，同比增长1.88%；人口2 753万，人均地区生产总值51 086元；社会全要素生产率5.41%。高新技术产业主营业务收入1 848.47亿元，同比增长10.83%，占地区生产总值比重13.14%。早期、创业、成长基金规模446.89亿元，接受投资388.97亿元。新增企业数9 217家，新增创业板、中小板、新三板上市企业30家。

2018年，吉林省"三创"能力综合排名位于全国第19位。分项指标中，其外部环境排名位于第20位，地处中国东北地区中部，注重绿色发展，市场环境与社会服务保障好，基础设施与条件、对外开放、政策制度环境与政府效率等方面仍有待提高；资源投入排名第21位，人力资源数量较充足，创投资源、教育和科技投入力度均有待提高；主体能力排名第20位，知识创造处于中等水平，企业创新与创投能力较为落后，有较大提高空间，需要利用新型技术推动老工业基地的全民振兴；"三创"效益排名第19位，经济效益较好，科技效益与企业成长有非常大的提升空间，居民生活质量处于中等水平。

吉林省"三创"能力各级指标具体数值及国内排名见表7-7。图7-31~图7-35为一、二级指标数据雷达示意图。

表7-7 吉林省"三创"能力各级指标具体数值及国内排名

指标名称	指标值	排名
"三创"综合指数	61.30	19
1.外部环境	74.09	20
1.1 基础设施与条件	67.66	14
1.2 政策制度环境与政府效率	84.70	16
1.3 经济基础	61.25	24
1.4 市场环境与社会服务保障	85.71	6
1.5 绿色发展	87.01	6
1.6 对外开放	51.66	23
2.资源投入	58.80	21
2.1 人力资源	66.65	12
2.2 创投资源	52.32	20

续表

指标名称	指标值	排名
2.3 科技投入	55.56	23
2.4 教育投入	61.64	25
3.主体能力	54.27	20
3.1 知识创造	57.63	14
3.2 企业创新	55.23	26
3.3 创投能力	50.78	22
4."三创"效益	58.20	19
4.1 科技效益	52.07	22
4.2 经济效益	65.64	10
4.3 企业成长	51.35	30
4.4 居民生活质量	64.33	16

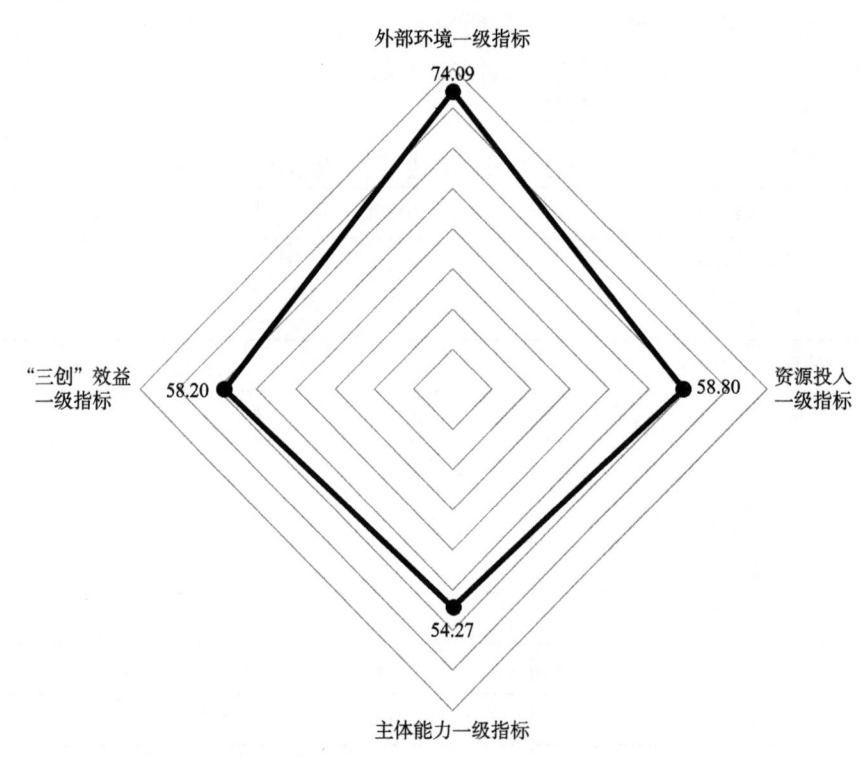

图 7-31 吉林省"三创"能力雷达图

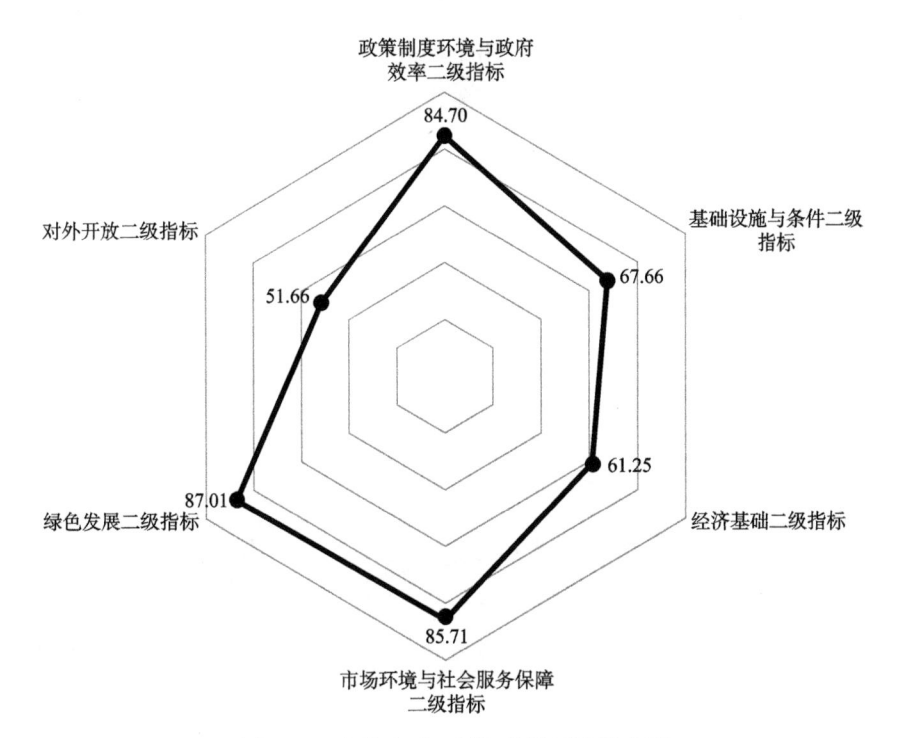

第 7 章　31 个省级区域"三创"能力报告　　101

图 7-32　吉林省"三创"外部环境雷达图

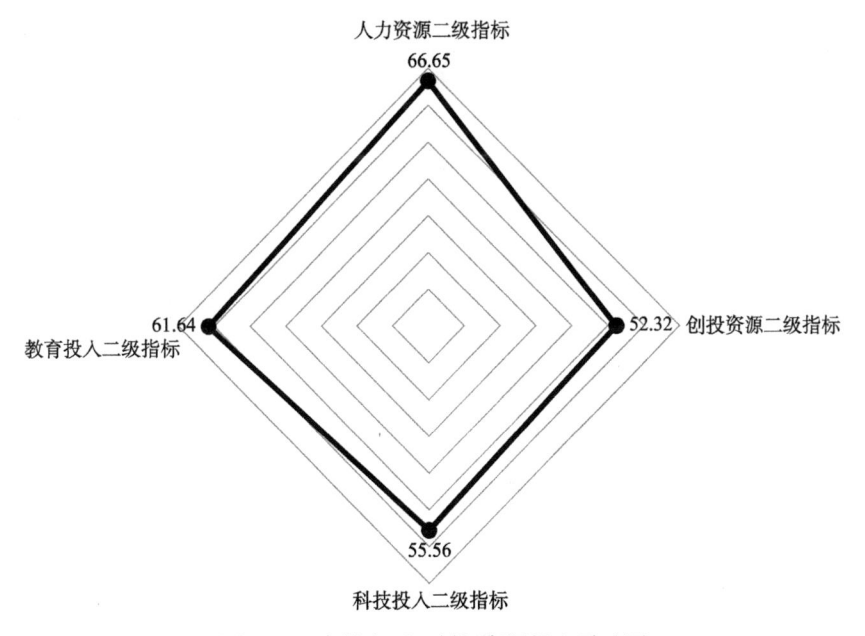

图 7-33　吉林省"三创"资源投入雷达图

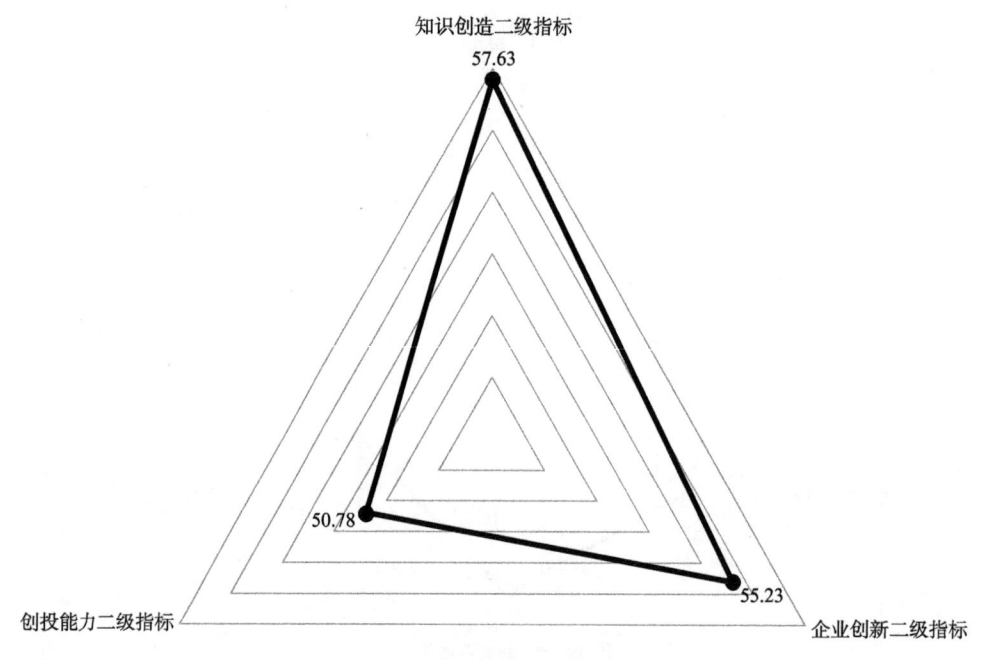

图 7-34　吉林省"三创"主体能力雷达图

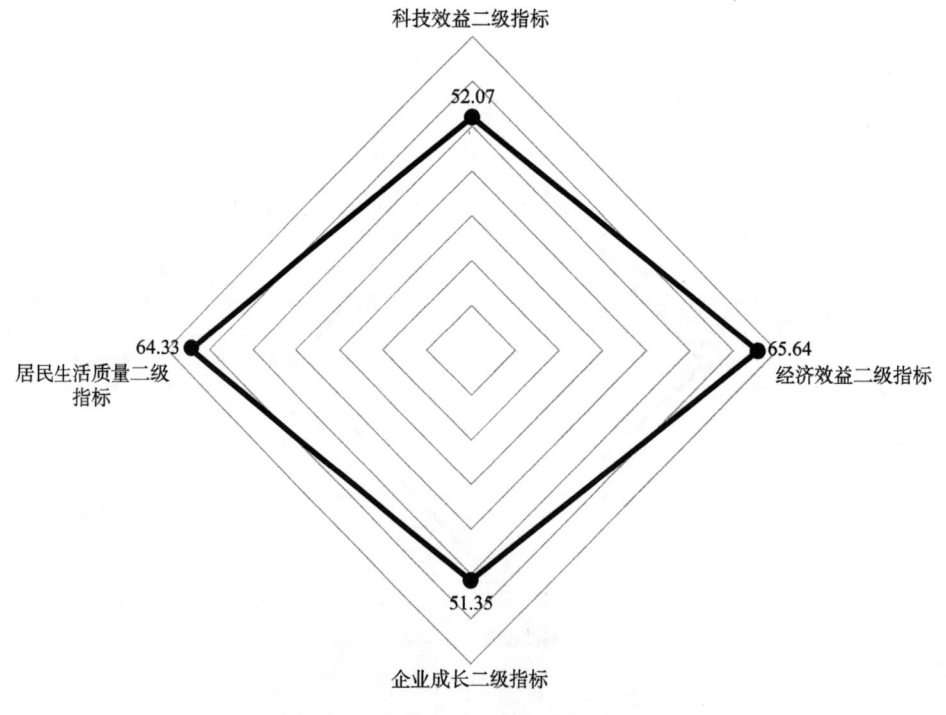

图 7-35　吉林省"三创"效益雷达图

7.8 黑 龙 江 省

2015 年，黑龙江省地区生产总值 15 083.67 亿元，同比增长 0.29%；人口 3 812.00 万，人均地区生产总值 39 462.00 元；社会全要素生产率 6.57%。高新技术产业主营业务收入 622.25 亿元，同比增长-1.60%，占地区生产总值比重 4.13%。早期、创业、成长基金规模 38.55 亿元，接受投资 65.43 亿元。新增企业数 16 269 家，新增创业板、中小板、新三板上市企业 24 家。

2018 年，黑龙江省"三创"能力综合排名位于全国第 21 位。分项指标中，外部环境排名位于第 18 位，其是中国重要的商品粮基地，注重绿色发展，政策制度环境与政府效率方面较有优势，基础设施与条件、市场环境与社会服务保障好，对外开放等方面有待提高；资源投入排名第 24 位，人力资源数量较充足，但创投资源缺乏，教育投入和科技投入力度较为不足；主体能力排名第 23 位，知识创造与创投能力强，企业创新还有一定的提升空间；"三创"效益排名第 25 位，科技效益处于中等水平，经济效益与企业成长有较大提升空间，居民生活质量处于中等水平。

黑龙江省"三创"能力各级指标具体数值及国内排名见表 7-8。图 7-36~图 7-40 为一、二级指标数据雷达示意图。

表 7-8 黑龙江省"三创"能力各级指标具体数值及国内排名

指标名称	指标值	排名
"三创"综合指数	60.30	21
1.外部环境	73.13	18
1.1 基础设施与条件	65.32	24
1.2 政策制度环境与政府效率	90.63	8
1.3 经济基础	59.49	25
1.4 市场环境与社会服务保障	79.40	15
1.5 绿色发展	85.26	9
1.6 对外开放	51.55	24
2.资源投入	57.81	24
2.1 人力资源	67.61	11
2.2 创投资源	50.00	30

续表

指标名称	指标值	排名
2.3 科技投入	55.60	22
2.4 教育投入	58.99	29
3.主体能力	53.51	23
3.1 知识创造	57.59	15
3.2 企业创新	53.23	30
3.3 创投能力	50.82	20
4."三创"效益	56.67	25
4.1 科技效益	53.53	15
4.2 经济效益	56.22	29
4.3 企业成长	53.51	24
4.4 居民生活质量	64.47	15

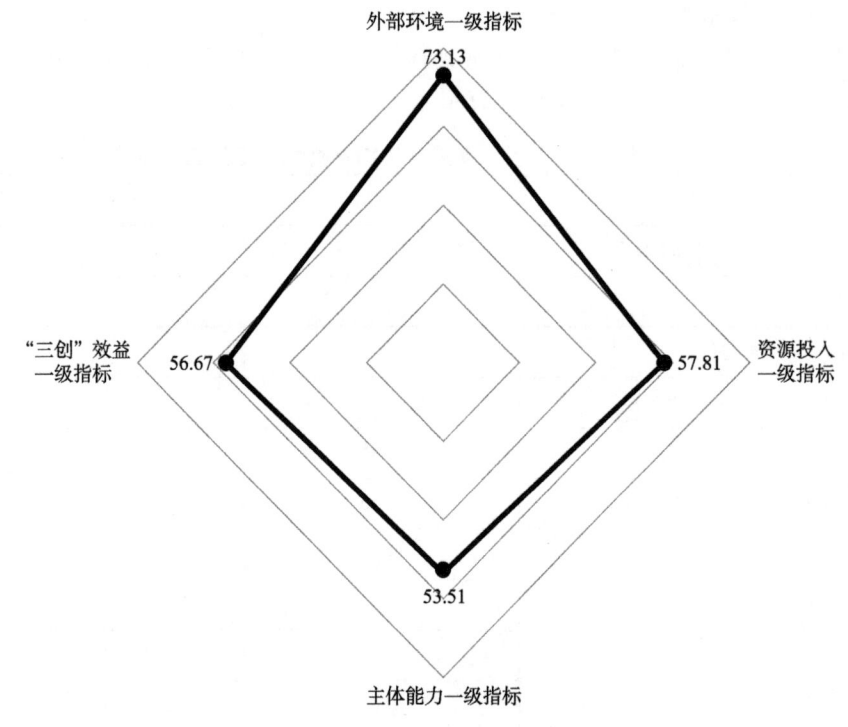

图 7-36 黑龙江省"三创"能力雷达图

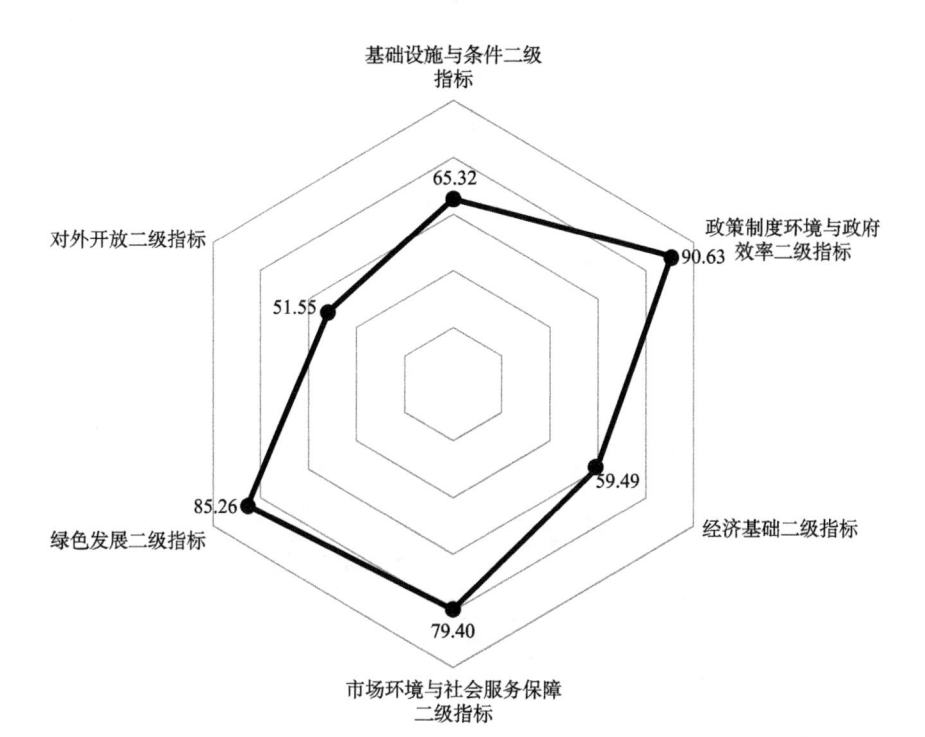

图 7-37 黑龙江省"三创"外部环境雷达图

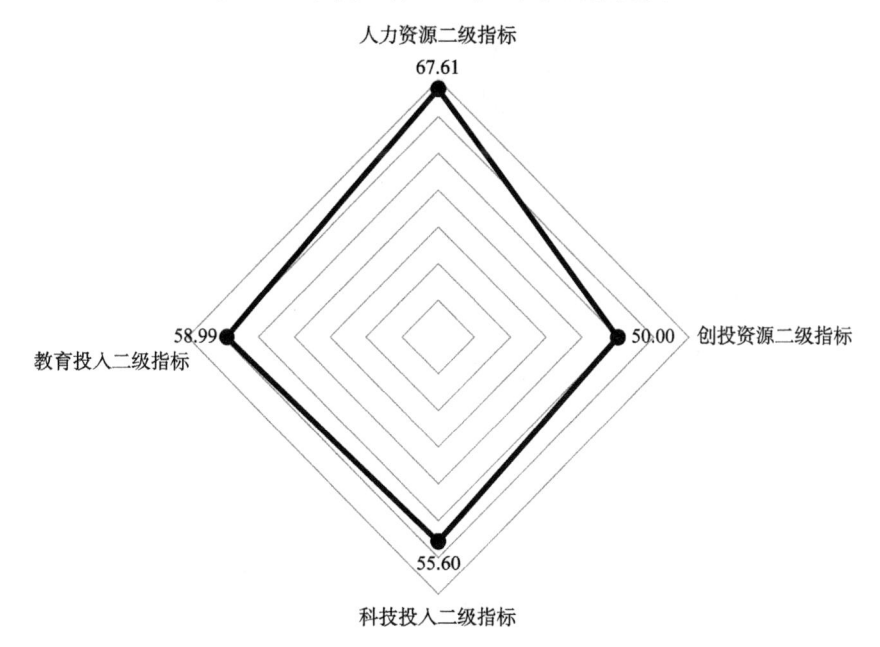

图 7-38 黑龙江省"三创"资源投入雷达图

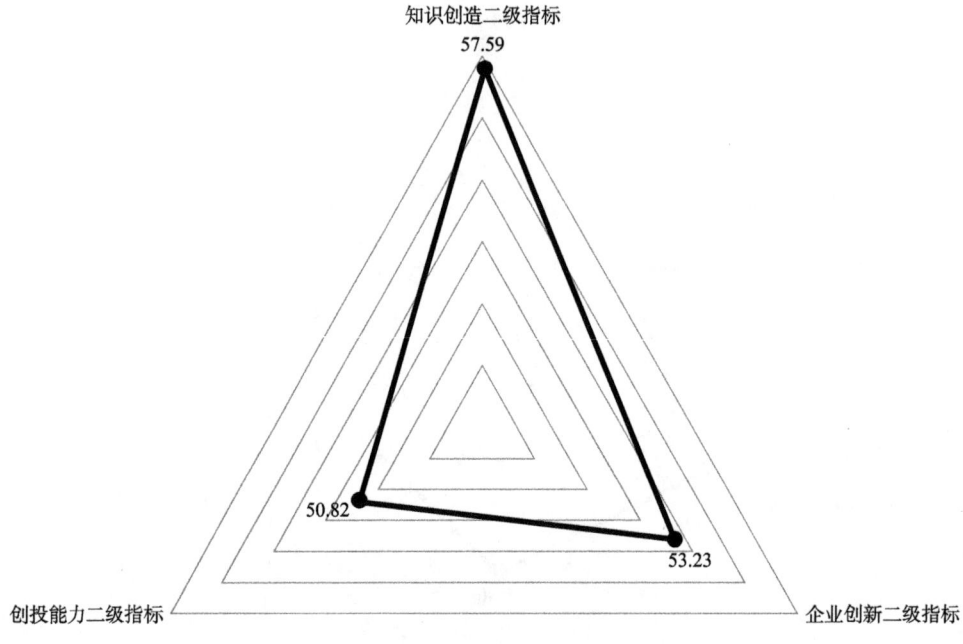

图 7-39　黑龙江省"三创"主体能力雷达图

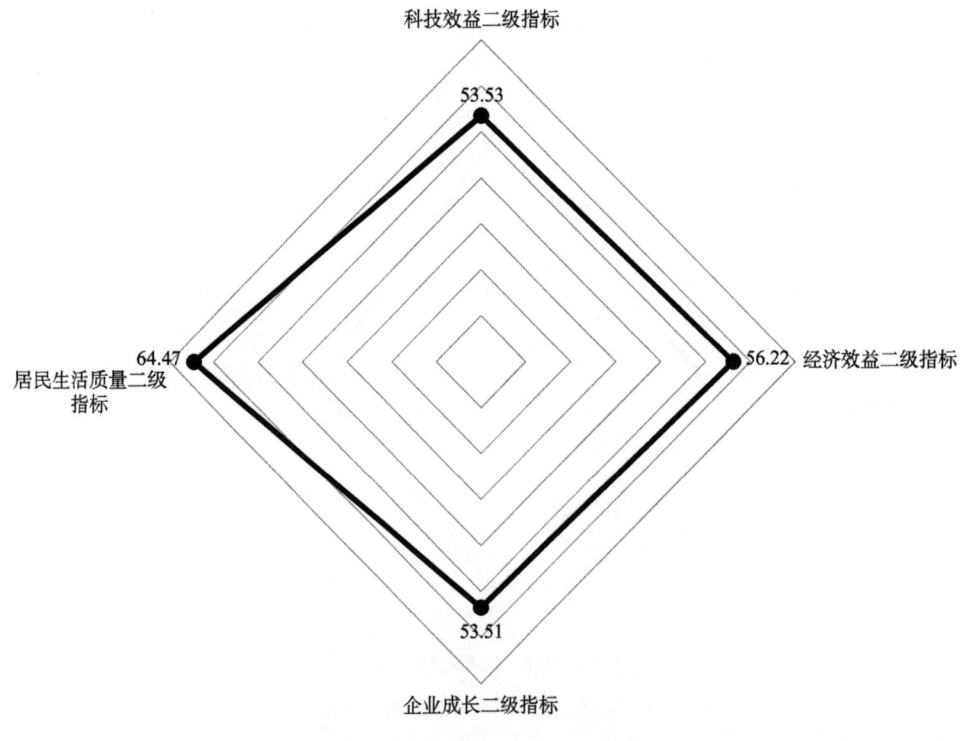

图 7-40　黑龙江省"三创"效益雷达图

7.9 上海市

2015 年，上海市地区生产总值 25 123.45 亿元，同比增长 6.60%；人口 2 415.00 万，人均地区生产总值 103 796.00 元；社会全要素生产率 9.82%。高新技术产业主营业务收入 7 213.01 亿元，同比增长 2.21%，占地区生产总值比重 28.71%。早期、创业、成长基金规模 19 064.33 亿元，接受投资 15 847.68 亿元。新增企业数 14 485 家，新增创业板、中小板、新三板上市企业 162 家。

2018年，上海市"三创"能力综合排名位于全国第 3 位。分项指标中，外部环境排名位于第 1 位，作为国际经济、金融、贸易、航运、科技创新中心，其基础设施与条件、市场环境与社会服务保障好，对外开放程度高，政策制度环境好，政府效率高，但在绿色发展和经济基础方面仍有一定的提高空间；资源投入排名第 4 位，人力资源和创投资源数量充足，拥有众多高校和科研机构，科技投入力度稳居前列，教育投入力度有待加强；主体能力排名第 3 位，上海市开展各类创新创业计划，知识创造与创投能力强，企业创新还有一定的提升空间；"三创"效益排名第 4 位，经济效益位居前列，科技效益与企业成长有待提高，居民生活质量水平处于领先位置。

上海市"三创"能力各级指标具体数值及国内排名见表7-9。图 7-41~图 7-45 为一、二级指标数据雷达示意图。

表 7-9 上海市"三创"能力各级指标具体数值及国内排名

指标名称	指标值	排名
"三创"综合指数	78.30	3
1.外部环境	86.93	1
1.1 基础设施与条件	80.72	2
1.2 政策制度环境与政府效率	96.07	3
1.3 经济基础	75.03	6
1.4 市场环境与社会服务保障	94.01	2
1.5 绿色发展	85.74	7
1.6 对外开放	88.06	2
2.资源投入	74.85	4
2.1 人力资源	76.89	2
2.2 创投资源	75.10	3

续表

指标名称	指标值	排名
2.3 科技投入	80.26	4
2.4 教育投入	66.28	19
3.主体能力	76.25	3
3.1 知识创造	72.39	3
3.2 企业创新	67.71	6
3.3 创投能力	88.12	2
4."三创"效益	73.28	4
4.1 科技效益	59.62	8
4.2 经济效益	70.78	4
4.3 企业成长	65.38	6
4.4 居民生活质量	100.00	1

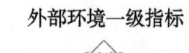

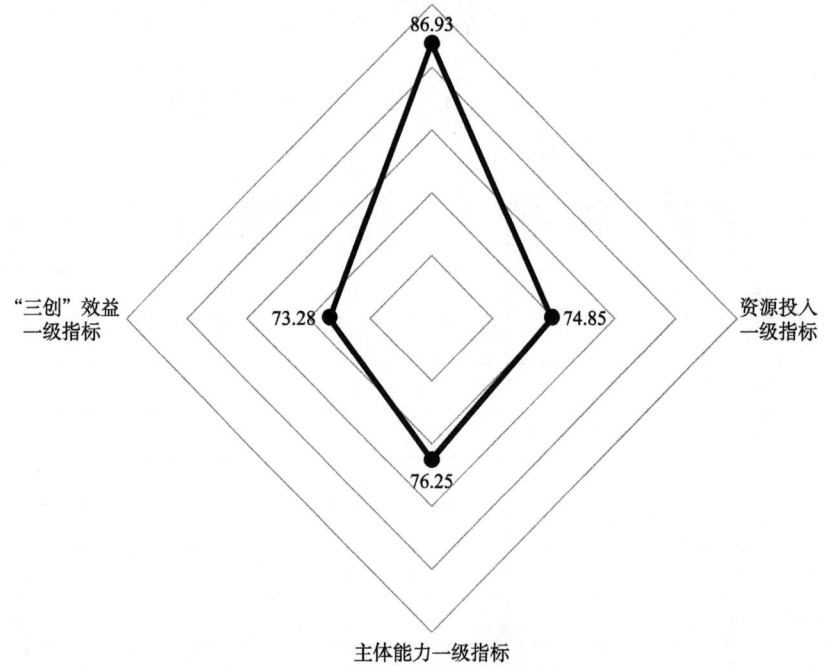

图 7-41　上海市"三创"能力雷达图

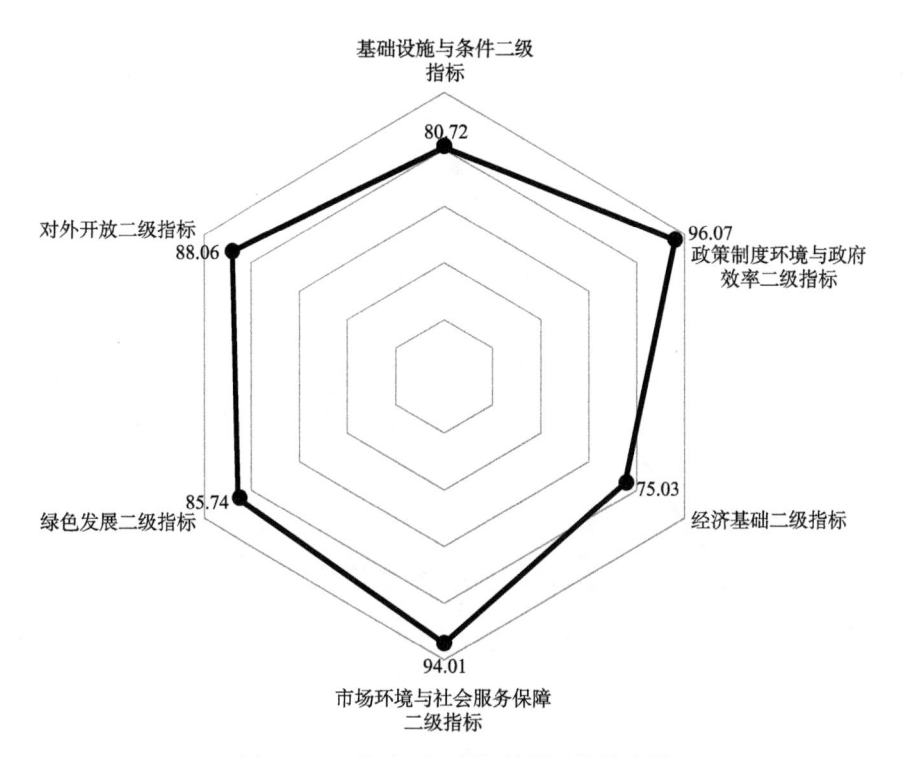

第7章 31个省级区域"三创"能力报告 109

图 7-42 上海市"三创"外部环境雷达图

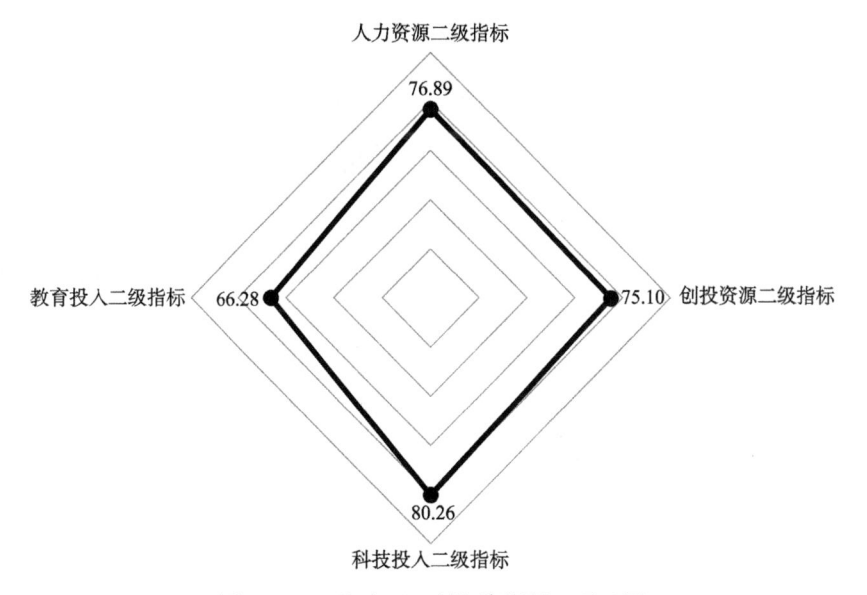

图 7-43 上海市"三创"资源投入雷达图

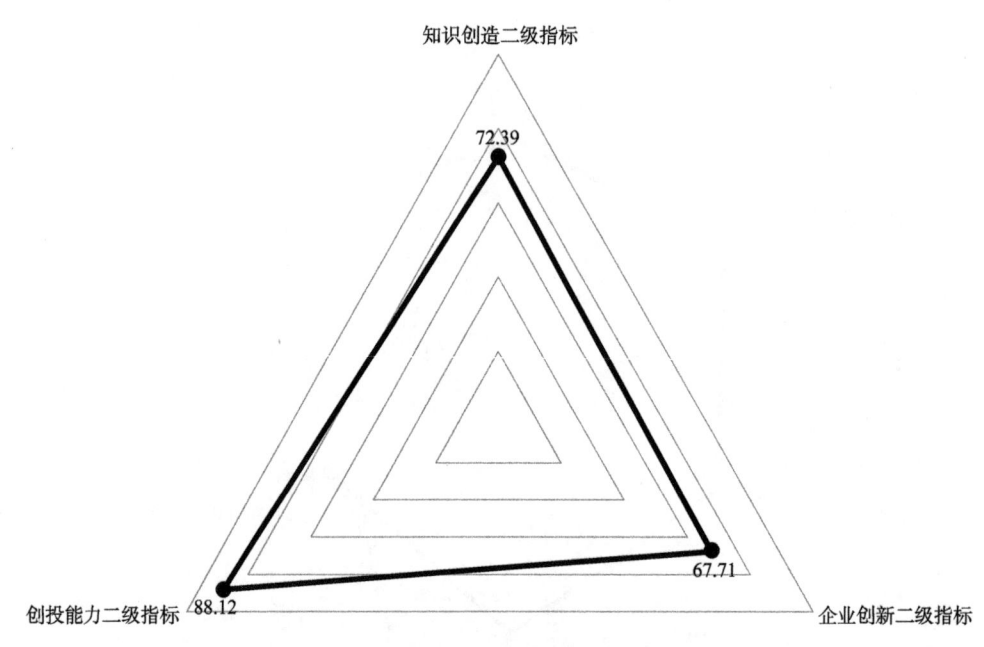

图 7-44　上海市"三创"主体能力雷达图

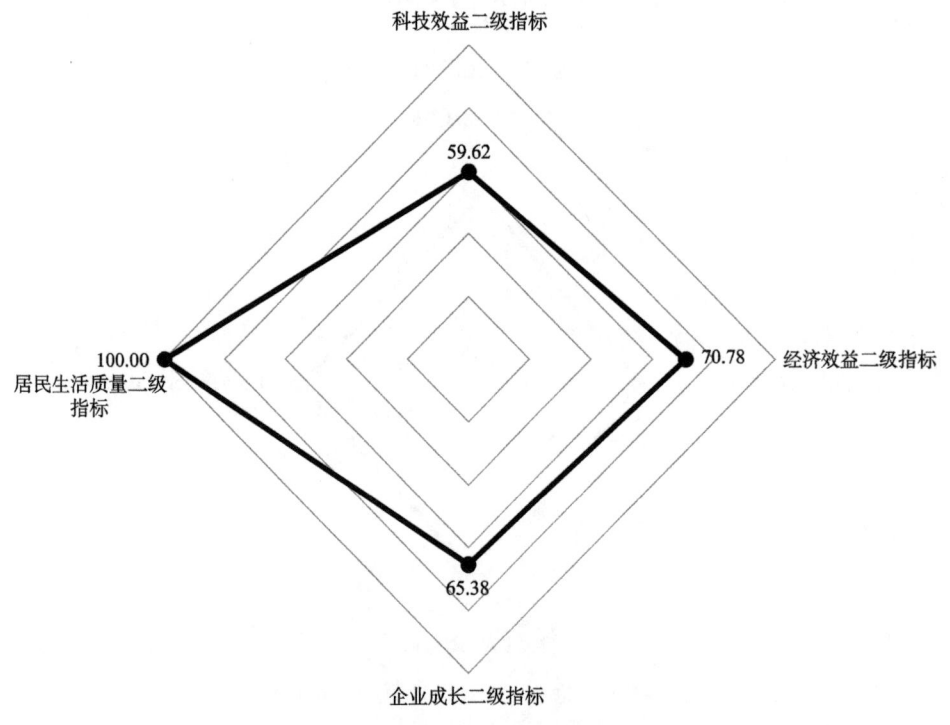

图 7-45　上海市"三创"效益雷达图

7.10 江 苏 省

2015 年，江苏省地区生产总值 70 116.38 亿元，同比增长 7.72%；人口 7 976.00 万，人均地区生产总值 87 995.00 元；社会全要素生产率 10.82%。高新技术产业主营业务收入 28 530.17 亿元，同比增长 9.25%，占地区生产总值比重 40.69%。早期、创业、成长基金规模 6 384.46 亿元，接受投资 4 406.86 亿元。新增企业数 206 653 家，新增创业板、中小板、新三板上市企业 318 家。

2018年，江苏省"三创"能力综合排名位于全国第4位。分项指标中，外部环境排名位于第 4 位，位于东部沿海中心，作为中国经济最活跃的省份之一，其经济基础好，对外开放程度高，政策制度环境好，政府效率较高，基础设施与条件、市场环境与社会服务保障较好，但是绿色发展方面有待较大提高；资源投入排名第 5 位，拥有众多高等院校，教育投入和科技投入力度稳居前列，人力资源和创投资源数量充足；主体能力排名第 4 位，知识创造与企业创新强，创投能力较强；"三创"效益排名第 2 位，经济效益和科技效益好，企业成长水平位居前列，居民生活质量水平较高。

江苏省"三创"能力各级指标具体数值及国内排名见表 7-10。图 7-46~图 7-50 为一、二级指标数据雷达示意图。

表 7-10　江苏省"三创"能力各级指标具体数值及国内排名

指标名称	指标值	排名
"三创"综合指数	77.52	4
1.外部环境	82.69	4
1.1 基础设施与条件	69.57	8
1.2 政策制度环境与政府效率	92.21	4
1.3 经济基础	88.06	2
1.4 市场环境与社会服务保障	81.89	12
1.5 绿色发展	79.38	22
1.6 对外开放	76.52	3
2.资源投入	72.99	5
2.1 人力资源	71.36	5
2.2 创投资源	57.49	9
2.3 科技投入	83.45	3

续表

指标名称	指标值	排名
2.4 教育投入	80.22	2
3.主体能力	75.28	4
3.1 知识创造	75.39	2
3.2 企业创新	82.28	2
3.3 创投能力	67.79	5
4."三创"效益	79.34	2
4.1 科技效益	79.13	2
4.2 经济效益	82.90	2
4.3 企业成长	76.09	3
4.4 居民生活质量	79.63	5

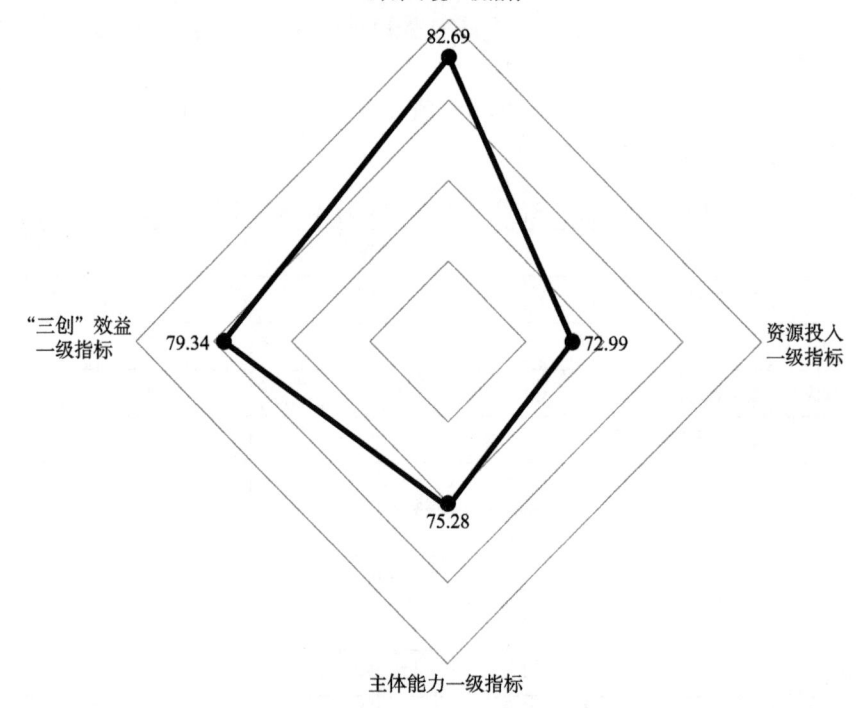

图 7-46　江苏省"三创"能力雷达图

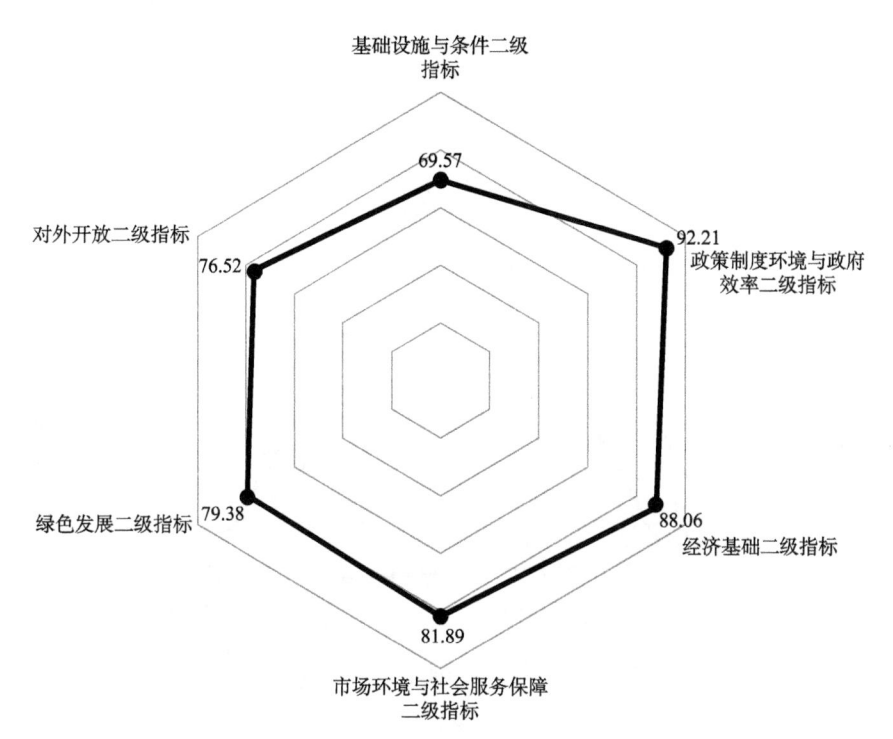

图 7-47　江苏省"三创"外部环境雷达图

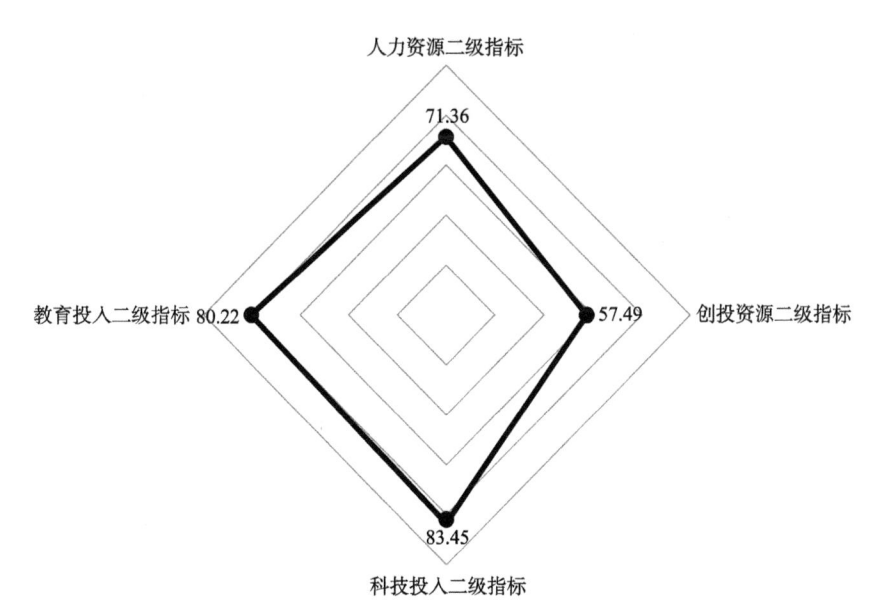

图 7-48　江苏省"三创"资源投入雷达图

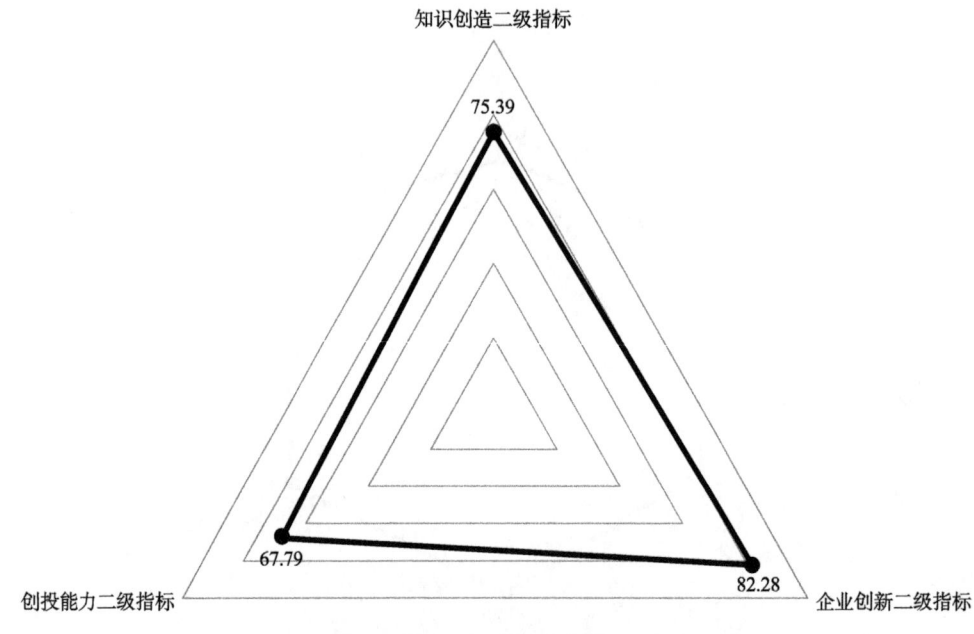

图 7-49 江苏省"三创"主体能力雷达图

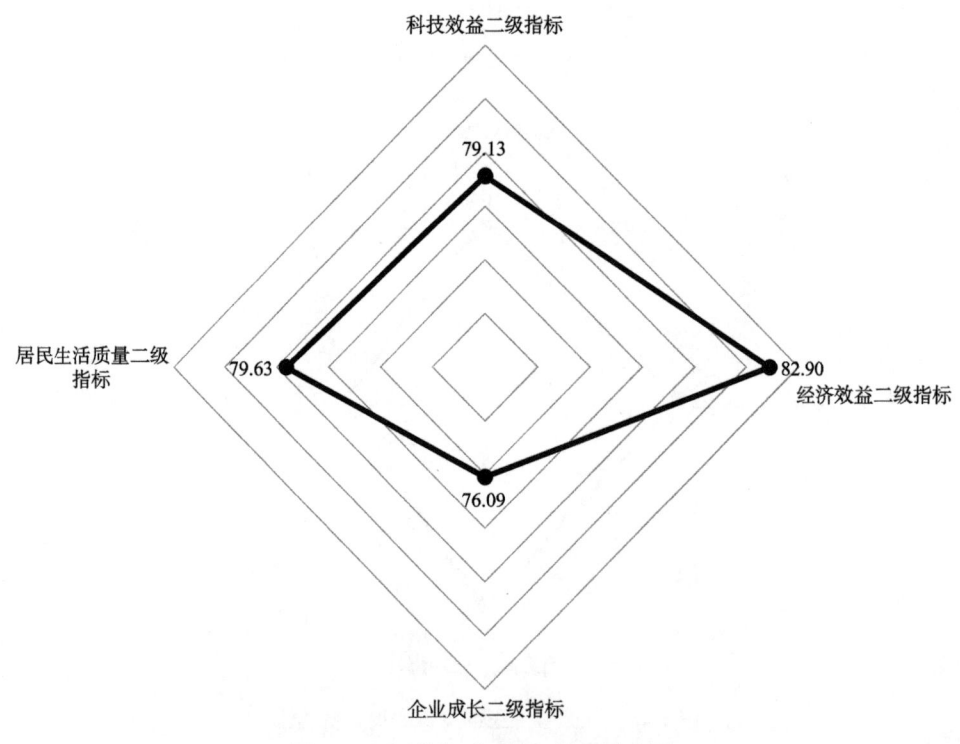

图 7-50 江苏省"三创"效益雷达图

7.11 浙 江 省

2015 年，浙江省地区生产总值 42 886.49 亿元，同比增长 6.75%；人口 5 539.00 万，人均地区生产总值 77 644.00 元；社会全要素生产率 9.62%。高新技术产业主营业务收入 5 288.07 亿元，同比增长 10.34%，占地区生产总值比重 12.33%。早期、创业、成长基金规模 10 236.54 亿元，接受投资 9 919.36 亿元。新增企业数 110 695 家，新增创业板、中小板、新三板上市企业 284 家。

2018年，浙江省"三创"能力综合排名位于全国第5位。分项指标中，外部环境排名位于第 5 位，作为中国经济最活跃的省份之一，浙江省基础设施与条件、市场环境与社会服务保障好，地处沿海，对外开放程度高，政策制度环境好、政府效率高，但绿色发展方面有较大提升空间；资源投入排名第 6 位，人力资源和创投资源数量较充足，教育投入力度稳居前列；主体能力排名第 5 位，知识创造、创投能力及企业创新均处于较高水平，形成了以"国有经济"主导下的"民营经济"发展带动经济起飞的浙江模式；"三创"效益排名第 5 位，经济效益、科技效益与企业成长位居前列，居民生活质量水平高，人均居民可支配收入连续多年位居全国首位。

浙江省"三创"能力各级指标具体数值及国内排名见表7-11。图 7-51~图 7-55 为一、二级指标数据雷达示意图。

表 7-11 浙江省"三创"能力各级指标具体数值及国内排名

指标名称	指标值	排名
"三创"综合指数	73.87	5
1.外部环境	82.62	5
1.1 基础设施与条件	72.56	4
1.2 政策制度环境与政府效率	96.38	2
1.3 经济基础	77.98	4
1.4 市场环境与社会服务保障	89.37	3
1.5 绿色发展	81.68	20
1.6 对外开放	66.32	5
2.资源投入	71.56	6
2.1 人力资源	68.73	8
2.2 创投资源	68.47	5

续表

指标名称	指标值	排名
2.3 科技投入	71.46	6
2.4 教育投入	78.13	3
3. 主体能力	69.21	5
3.1 知识创造	67.36	5
3.2 企业创新	69.03	5
3.3 创投能力	70.75	4
4. "三创"效益	72.18	5
4.1 科技效益	59.82	6
4.2 经济效益	74.31	3
4.3 企业成长	70.64	4
4.4 居民生活质量	83.54	3

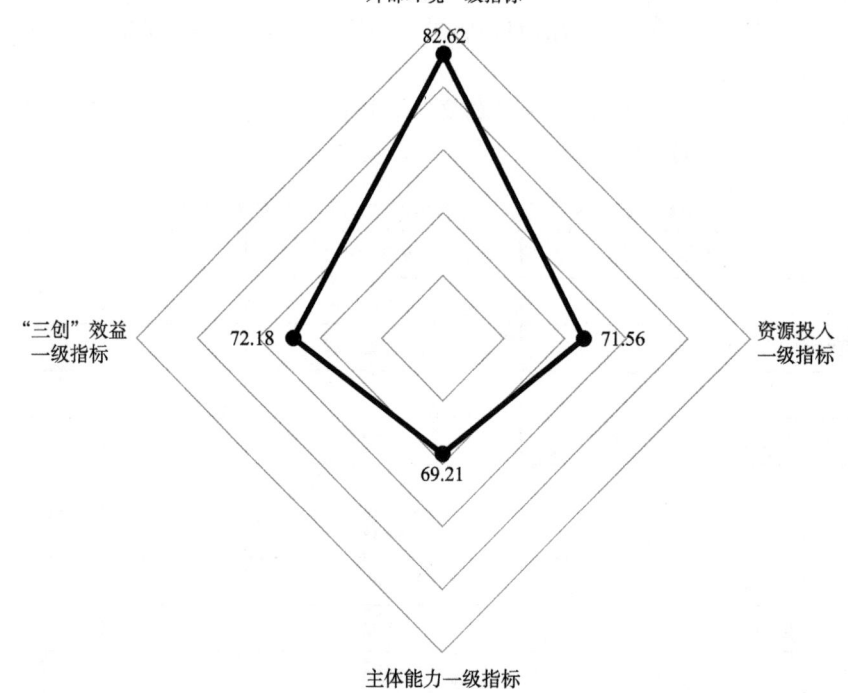

图 7-51 浙江省"三创"能力雷达图

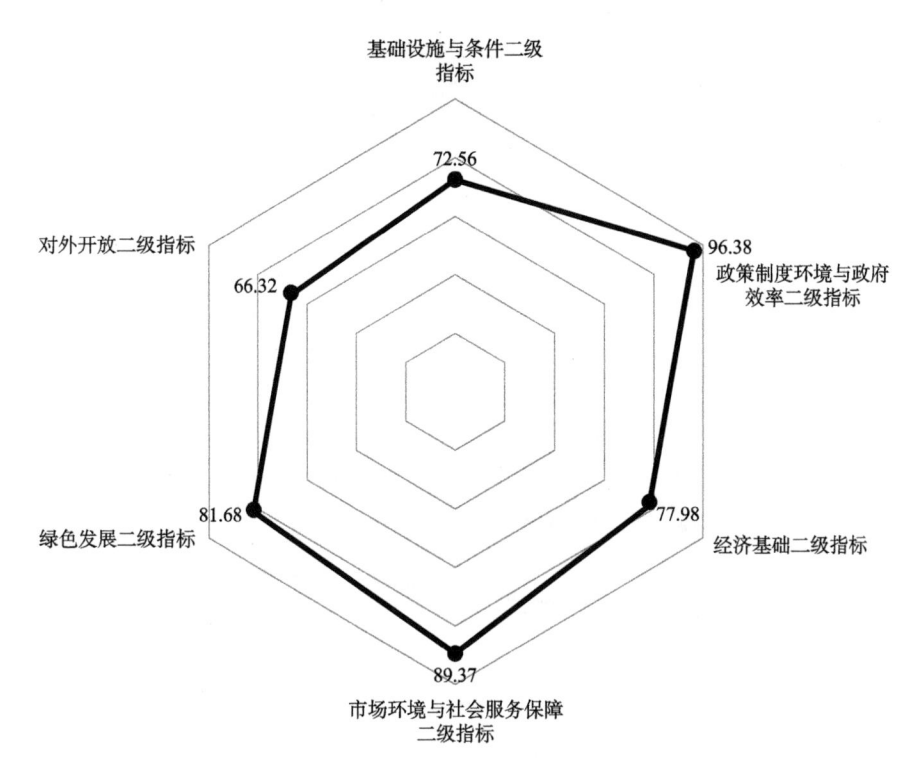

图 7-52 浙江省"三创"外部环境雷达图

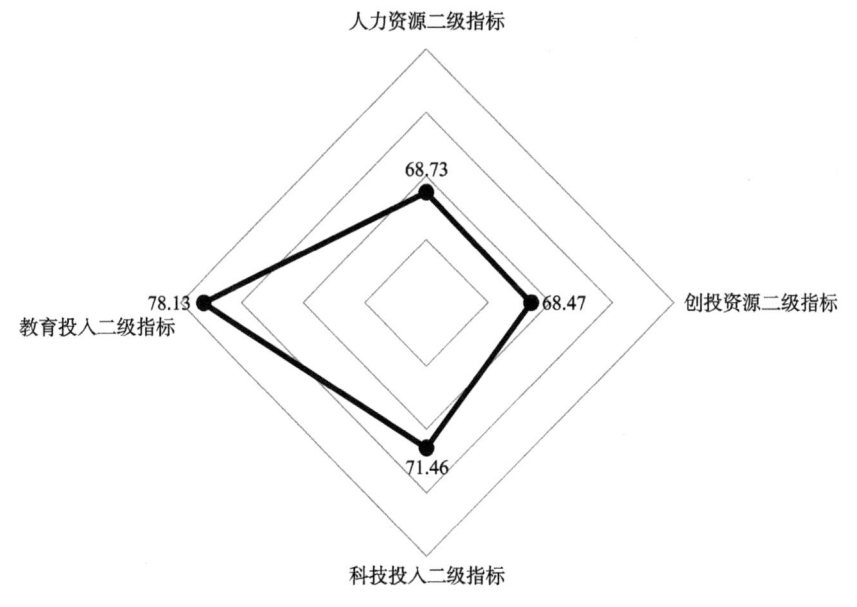

图 7-53 浙江省"三创"资源投入雷达图

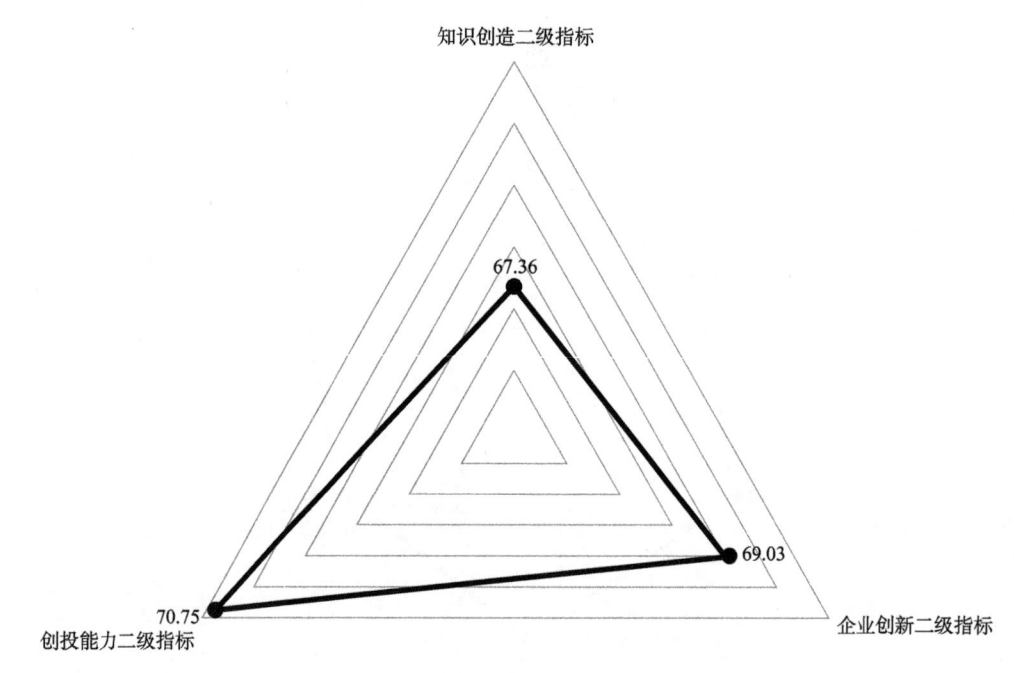

图 7-54 浙江省"三创"主体能力雷达图

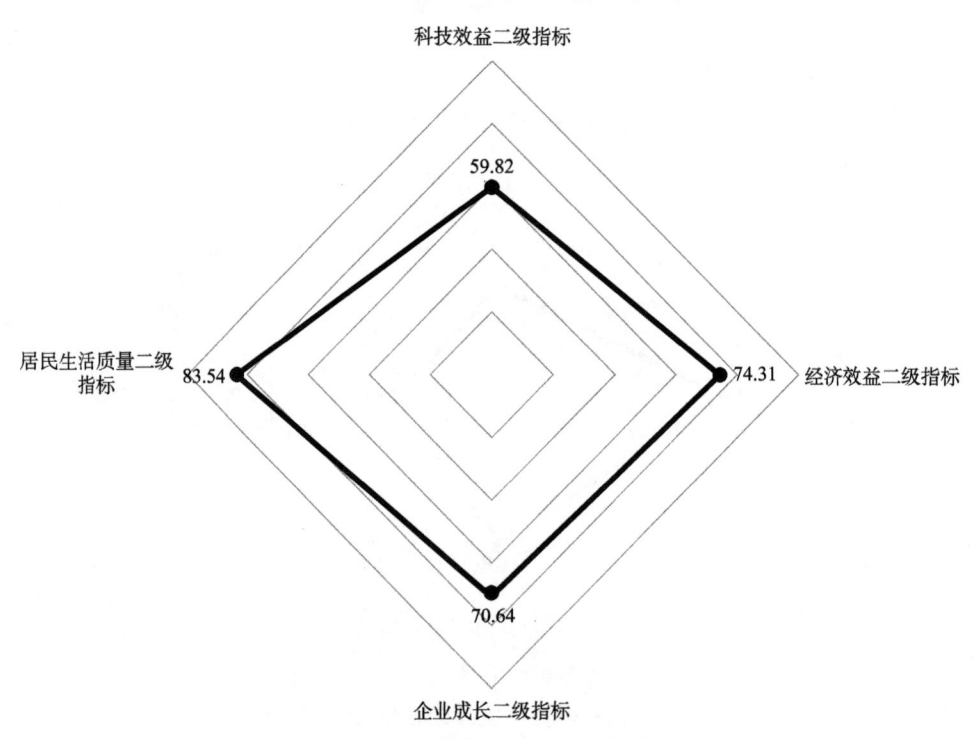

图 7-55 浙江省"三创"效益雷达图

7.12 安　徽　省

2015 年，安徽省地区生产总值 22 005.63 亿元，同比增长 5.55%；人口 6 144.00 万，人均地区生产总值 35 997 元；社会全要素生产率 6.87%。高新技术产业主营业务收入 3 064.15 亿元，同比增长 20.97%，占地区生产总值比重 13.92%。早期、创业、成长基金规模 2 769.54 亿元，接受投资 521.58 亿元。新增企业数 97 192 家，新增创业板、中小板、新三板上市企业 79 家。

2018 年，安徽省"三创"能力综合排名位于全国第 11 位，处于中等偏上位置。分项指标中，外部环境排名位于第 13 位，政策制度环境较好，政府效率较高，对外开放程度较高，由于安徽处于华东地区非沿海位置，与领先地区仍有一定的差距，安徽是重要的农产品生产、能源、原材料和加工制造业基地，经济基础与绿色发展方面有待提高，基础设施与条件，以及市场环境与社会服务保障方面有较大的提升空间；资源投入排名第 13 位，创投资源数量较充足，拥有中国科学技术大学等顶尖高校，科技投入力度较强，受地区位置影响，人力资源和教育投入有待提高；主体能力排名第 8 位，企业创新能力较强，知识创造与创投能力还有一定的提升空间；"三创"效益排名第 11 位，经济效益和企业成长方面发展较好，居民生活质量处于中等偏下水平，有待后续提高。

安徽省"三创"能力各级指标具体数值及国内排名见表 7-12。图 7-56~图 7-60 为一、二级指标数据雷达示意图。

表 7-12　安徽省"三创"能力各级指标具体数值及国内排名

指标名称	指标值	排名
"三创"综合指数	64.01	11
1.外部环境	73.75	13
1.1 基础设施与条件	62.67	29
1.2 政策制度环境与政府效率	90.06	9
1.3 经济基础	67.62	15
1.4 市场环境与社会服务保障	76.99	23
1.5 绿色发展	82.20	18
1.6 对外开放	53.98	10
2.资源投入	62.35	13
2.1 人力资源	62.14	21

续表

指标名称	指标值	排名
2.2 创投资源	58.89	8
2.3 科技投入	62.72	12
2.4 教育投入	66.08	21
3. 主体能力	58.63	8
3.1 知识创造	59.26	12
3.2 企业创新	63.74	8
3.3 创投能力	52.77	12
4. "三创"效益	61.39	11
4.1 科技效益	55.66	13
4.2 经济效益	65.34	11
4.3 企业成长	60.25	10
4.4 居民生活质量	63.67	17

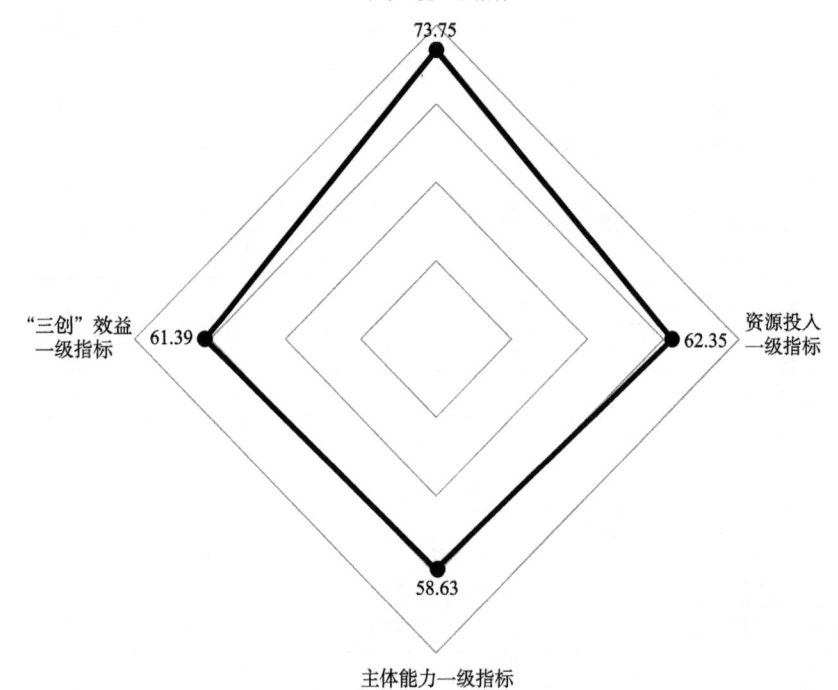

图 7-56 安徽省"三创"能力雷达图

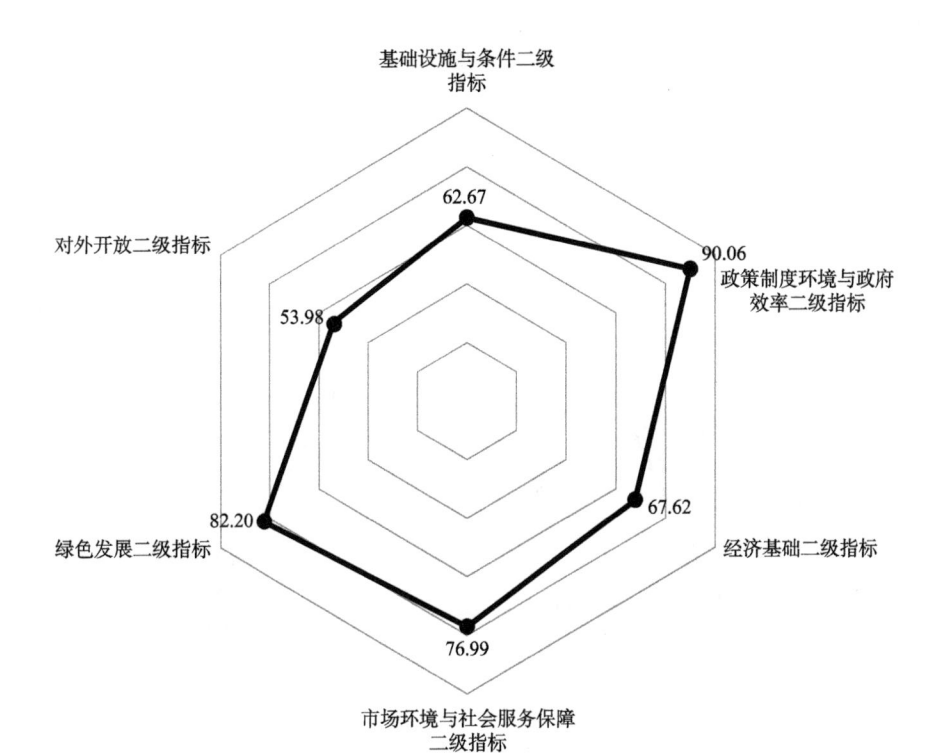

图 7-57 安徽省"三创"外部环境雷达图

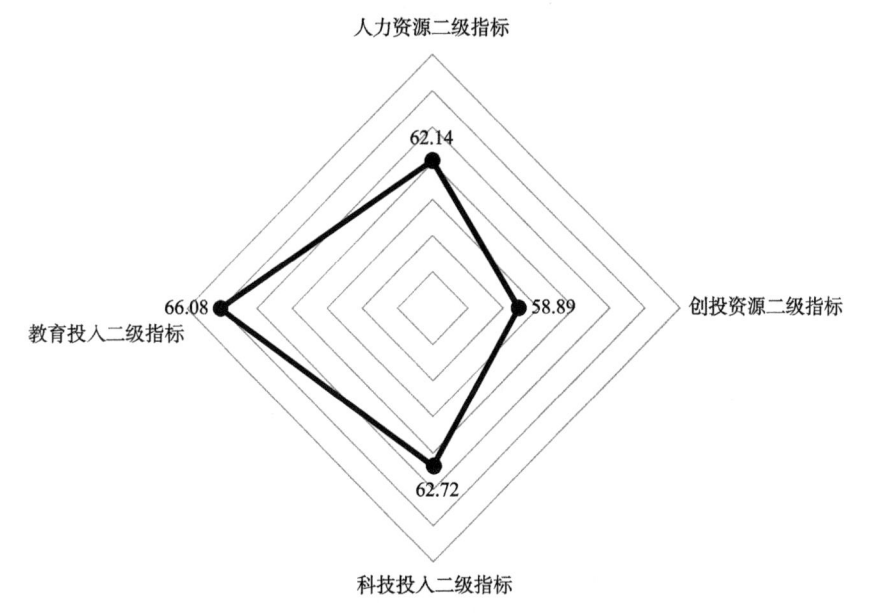

图 7-58 安徽省"三创"资源投入雷达图

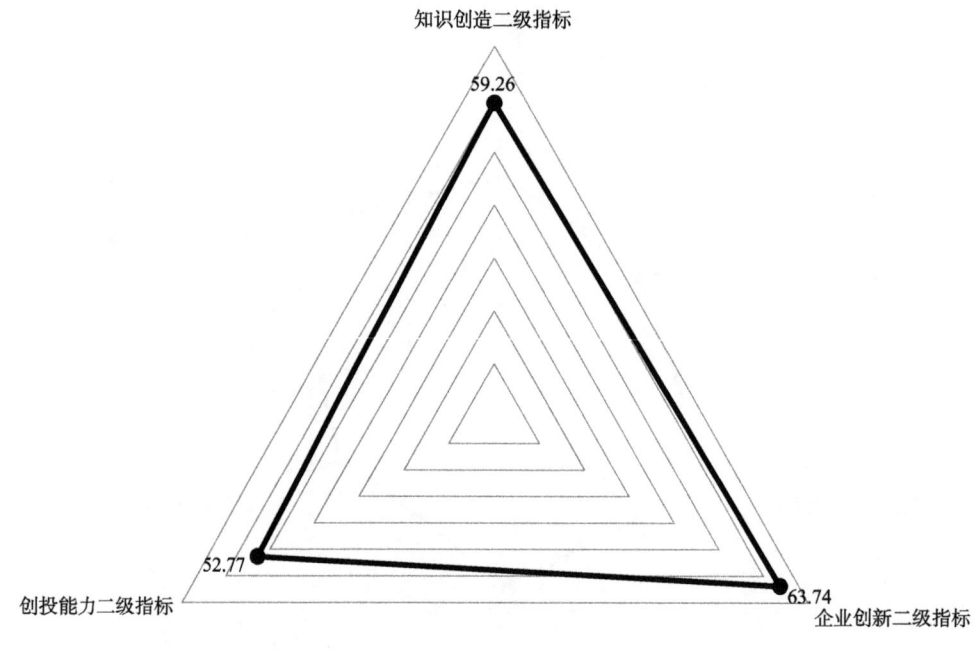

图 7-59 安徽省"三创"主体能力雷达图

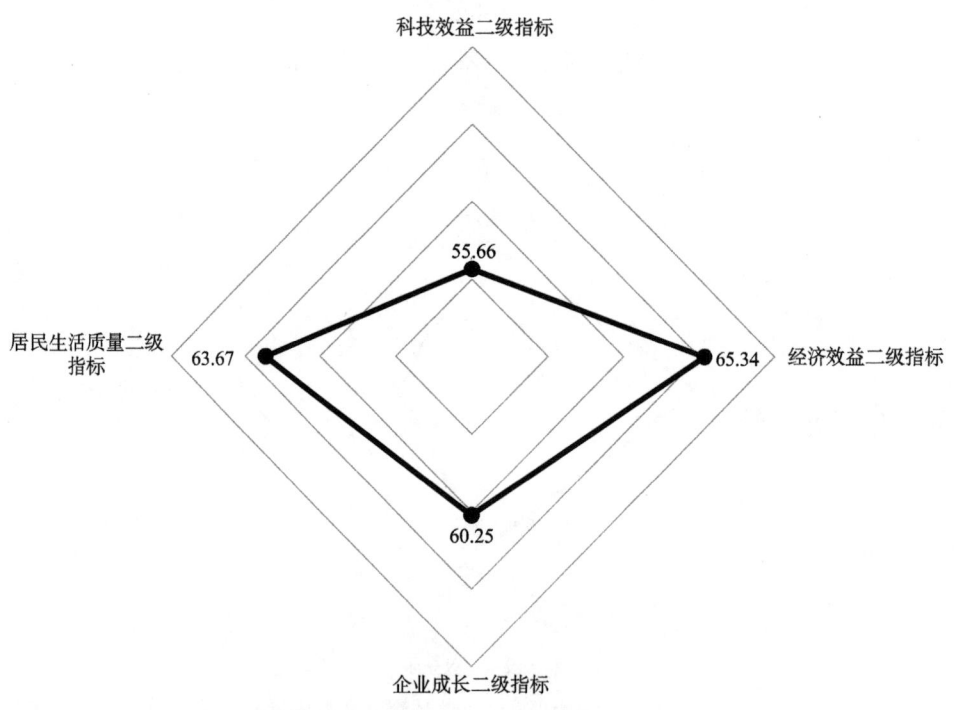

图 7-60 安徽省"三创"效益雷达图

7.13 福建省

2015年，福建省地区生产总值25 979.82亿元，同比增长8.00%；人口3 839万，人均地区生产总值67 966元；社会全要素生产率7.79%。高新技术产业主营业务收入3 962.34亿元，同比增长9.22%，占地区生产总值比重15.25%。早期、创业、成长基金规模2 734.85亿元，接受投资1 654.07亿元。新增企业数98 345家，新增创业板、中小板、新三板上市企业87家。

2018年，福建省"三创"能力综合排名位于全国第9位。分项指标中，外部环境排名位于第8位，基础设施与条件、市场环境与社会服务保障较好，作为沿海省份，其对外开放程度高，较注重绿色发展，但是政策制度环境与政府效率方面有待提高；资源投入排名第11位，教育投入力度较大，人力资源、创投资源数量及科技投入力度均需要有所加强和提高；主体能力排名第11位，创投能力较强，知识创造与企业创新还有较大的提升空间；"三创"效益排名第9位，居民生活质量水平较高，企业成长能力较强，科技效益与经济效益有待提高。

福建省"三创"能力各级指标具体数值及国内排名见表7-13。图7-61~图7-65为一、二级指标数据雷达示意图。

表7-13 福建省"三创"能力各级指标具体数值及国内排名

指标名称	指标值	排名
"三创"综合指数	64.97	9
1.外部环境	78.09	8
1.1 基础设施与条件	69.58	7
1.2 政策制度环境与政府效率	88.11	11
1.3 经济基础	72.65	9
1.4 市场环境与社会服务保障	85.73	5
1.5 绿色发展	85.25	10
1.6 对外开放	58.78	7
2.资源投入	62.83	11
2.1 人力资源	63.39	17
2.2 创投资源	56.02	13
2.3 科技投入	60.88	15

续表

指标名称	指标值	排名
2.4 教育投入	72.15	8
3.主体能力	57.20	11
3.1 知识创造	55.68	20
3.2 企业创新	59.35	15
3.3 创投能力	56.04	6
4."三创"效益	62.30	9
4.1 科技效益	53.76	14
4.2 经济效益	62.54	17
4.3 企业成长	61.46	8
4.4 居民生活质量	71.32	8

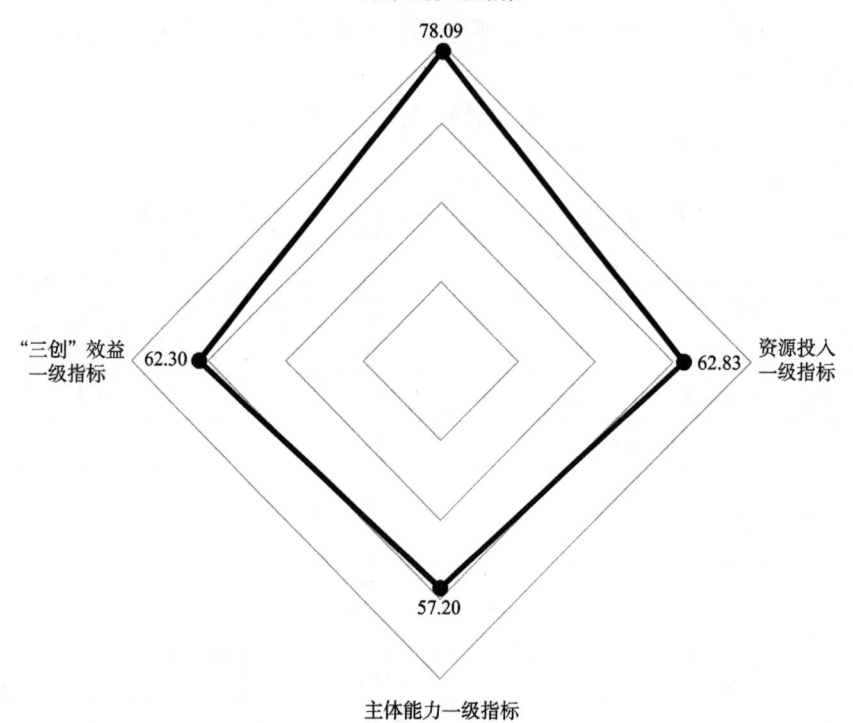

图 7-61 福建省"三创"能力雷达图

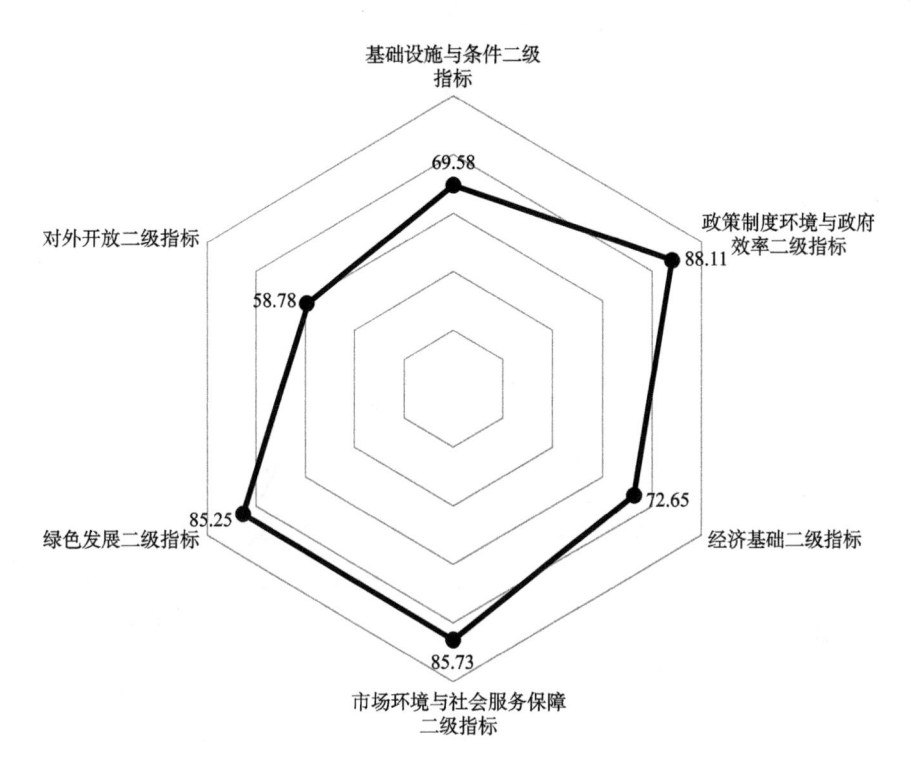

图 7-62 福建省"三创"外部环境雷达图

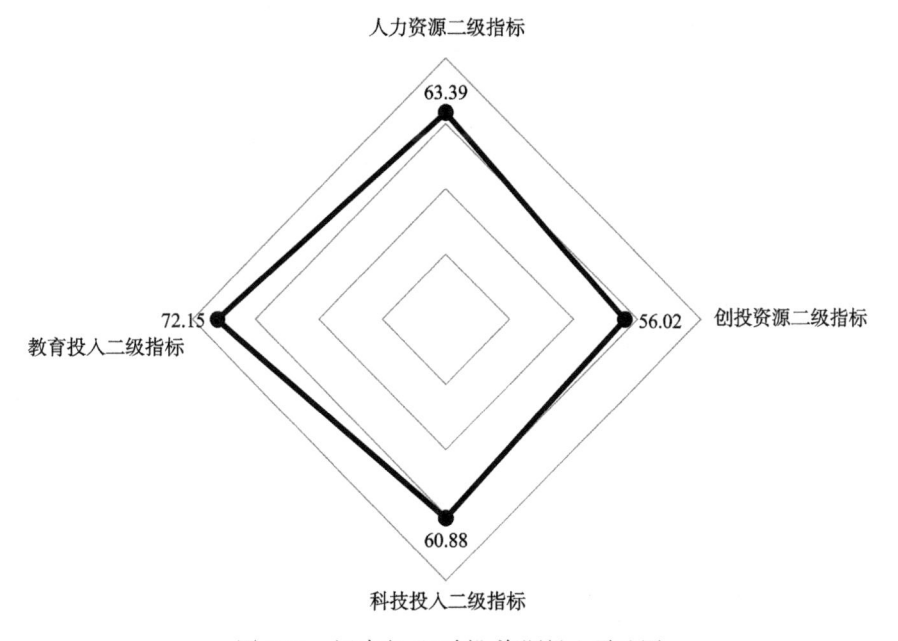

图 7-63 福建省"三创"资源投入雷达图

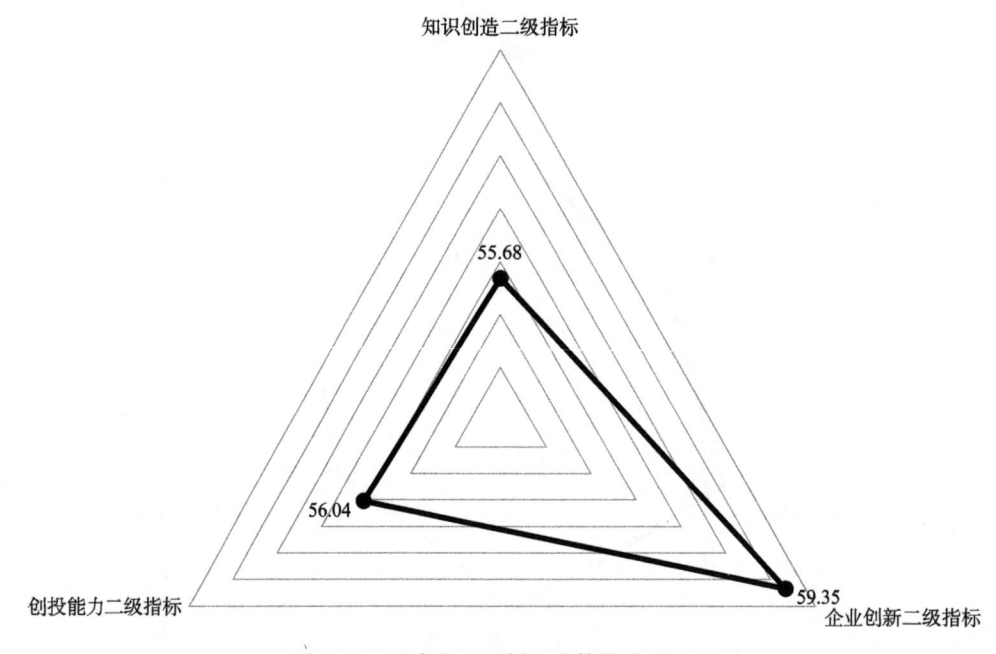

图 7-64　福建省"三创"主体能力雷达图

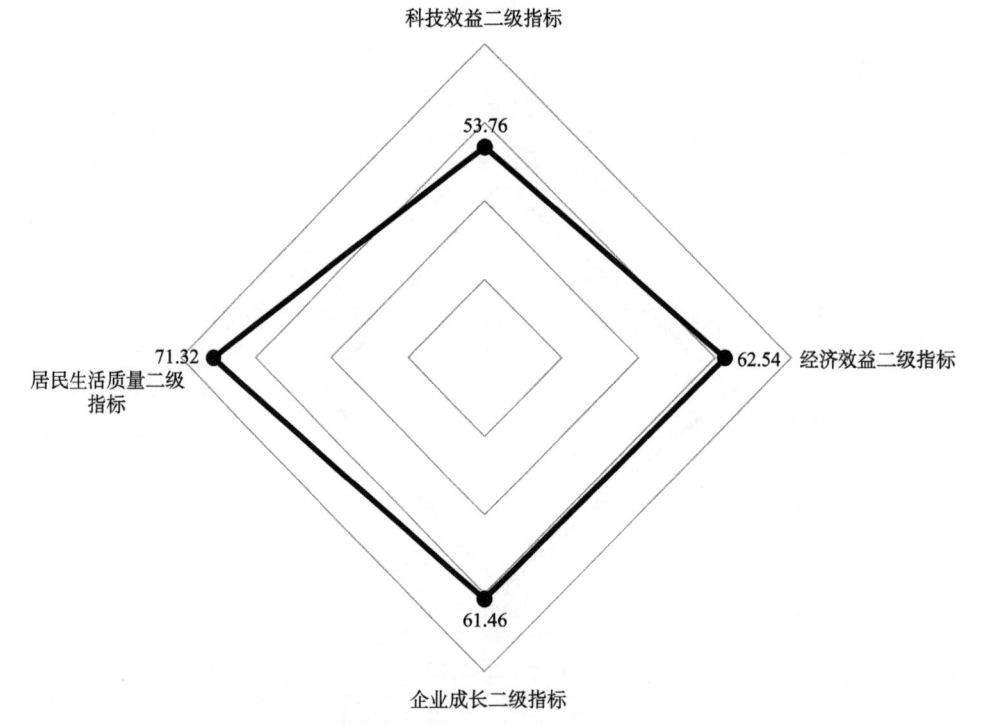

图 7-65　福建省"三创"效益雷达图

7.14 江 西 省

2015年，江西省地区生产总值16 723.78亿元，同比增长6.42%；人口4 566万，人均地区生产总值36 724元；社会全要素生产率6.72%。高新技术产业主营业务收入3 318.12亿元，同比增长27.04%，占地区生产总值比重19.84%。早期、创业、成长基金规模1 702.63亿元，接受投资287.46亿元。新增企业数58 954家，新增创业板、中小板、新三板上市企业38家。

2018年，江西省"三创"能力综合排名位于全国第17位。分项指标中，外部环境排名位于第17位，地处中国东南部，是长江经济带的重要组成部分，政策制度环境和政策效率处于中上水平，基础设施与条件、市场环境与社会服务保障、绿色发展和对外开放方面均有待提高；资源投入排名第19位，高校数量较少，教育投入处于中上水平，科技投入、人力资源和创投资源数量均有较大的提高空间；主体能力排名第16位，创投能力较强，企业创新还有一定的提升空间，知识创造存在严重不足；"三创"效益排名第18位，经济效益处于中等水平，科技效益与企业成长有待提高，居民生活质量水平较低。

江西省"三创"能力各级指标具体数值及国内排名见表7-14。图7-66~图7-70为一、二级指标数据雷达示意图。

表7-14 江西省"三创"能力各级指标具体数值及国内排名

指标名称	指标值	排名
"三创"综合指数	61.88	17
1.外部环境	73.36	17
1.1 基础设施与条件	66.25	18
1.2 政策制度环境与政府效率	86.97	13
1.3 经济基础	65.72	19
1.4 市场环境与社会服务保障	78.41	18
1.5 绿色发展	82.02	19
1.6 对外开放	52.68	18
2.资源投入	59.66	19
2.1 人力资源	60.18	23
2.2 创投资源	51.16	23
2.3 科技投入	58.72	18

续表

指标名称	指标值	排名
2.4 教育投入	69.80	14
3.主体能力	55.90	16
3.1 知识创造	52.28	31
3.2 企业创新	60.00	14
3.3 创投能力	54.23	9
4."三创"效益	58.43	18
4.1 科技效益	52.10	21
4.2 经济效益	62.66	15
4.3 企业成长	56.06	19
4.4 居民生活质量	62.63	22

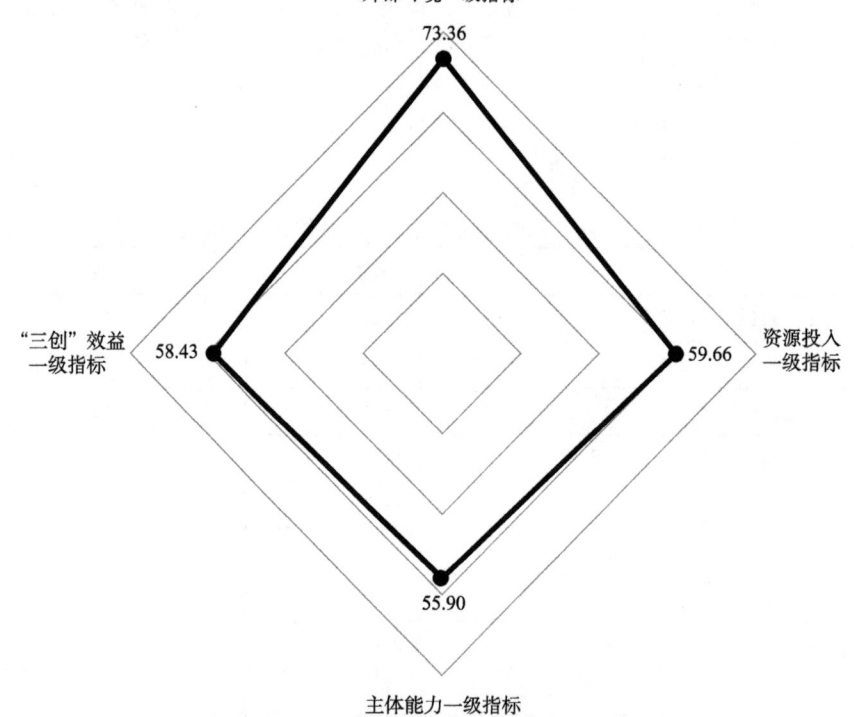

图 7-66 江西省"三创"能力雷达图

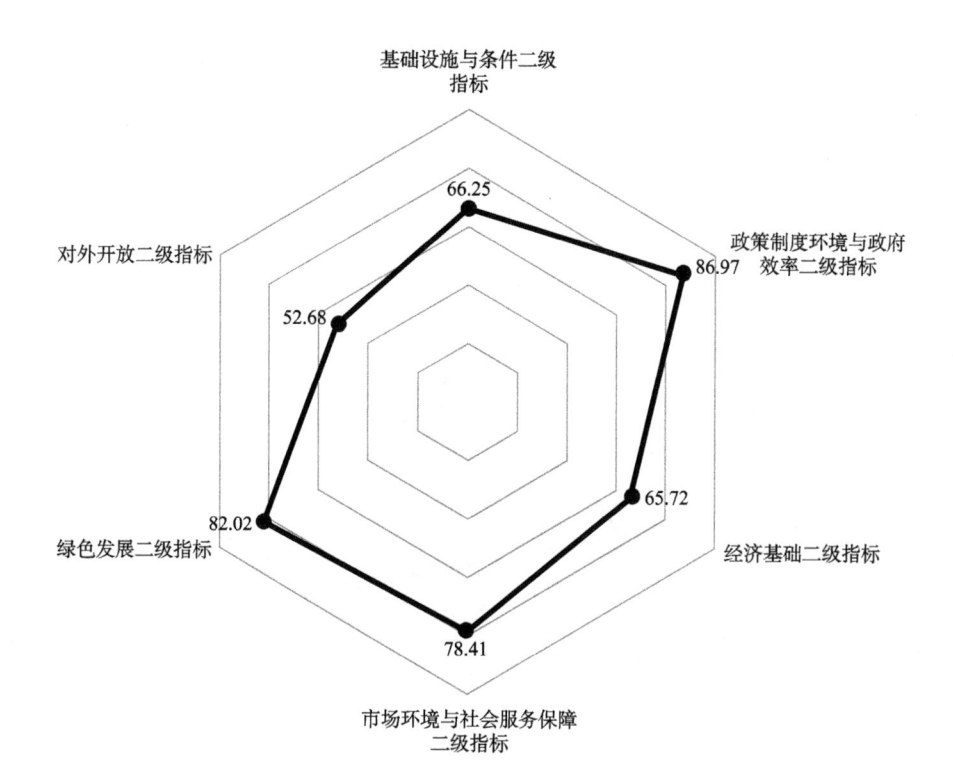

图 7-67 江西省"三创"外部环境雷达图

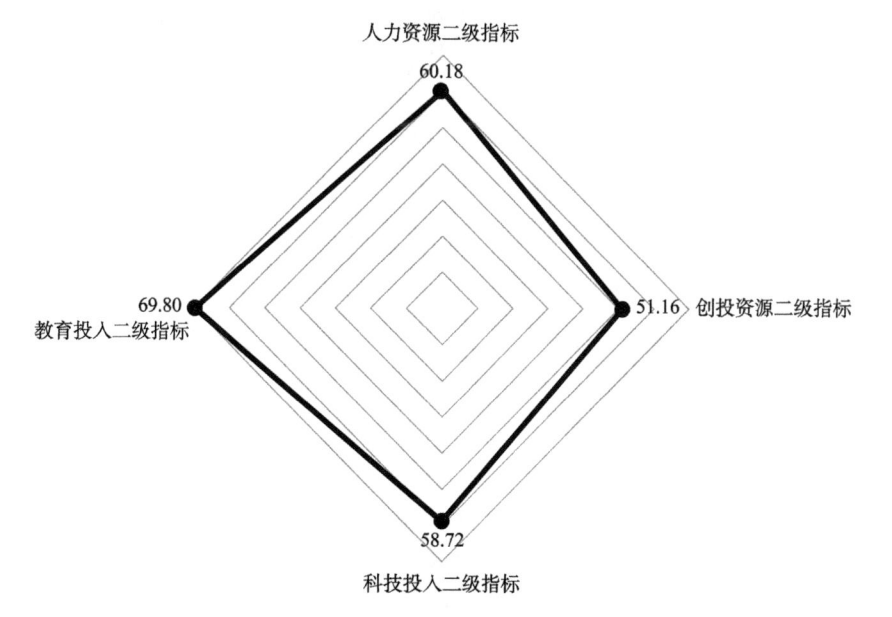

图 7-68 江西省"三创"资源投入雷达图

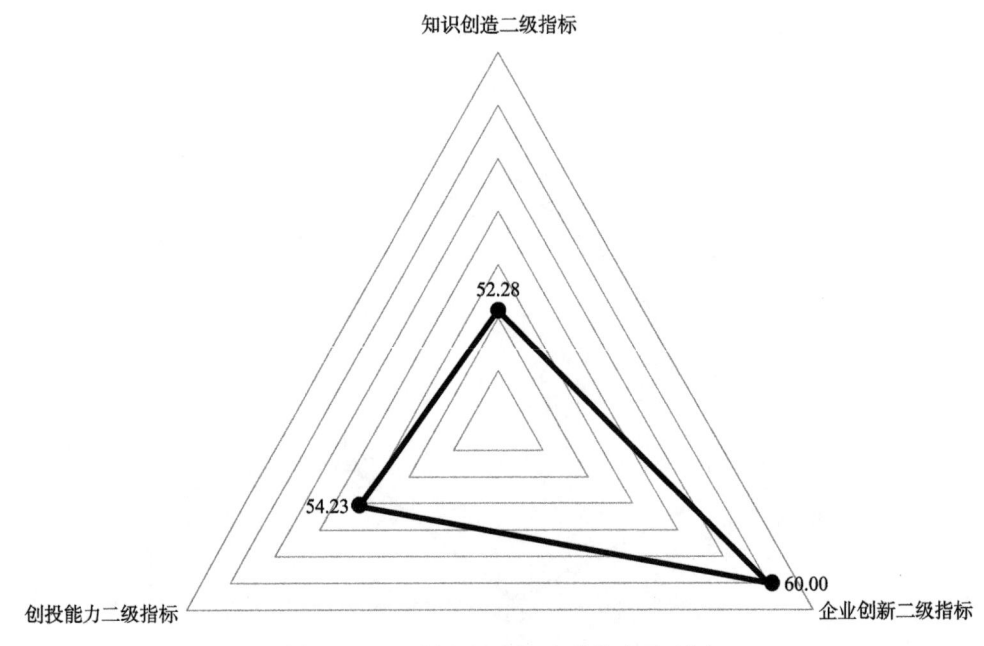

图 7-69 江西省"三创"主体能力雷达图

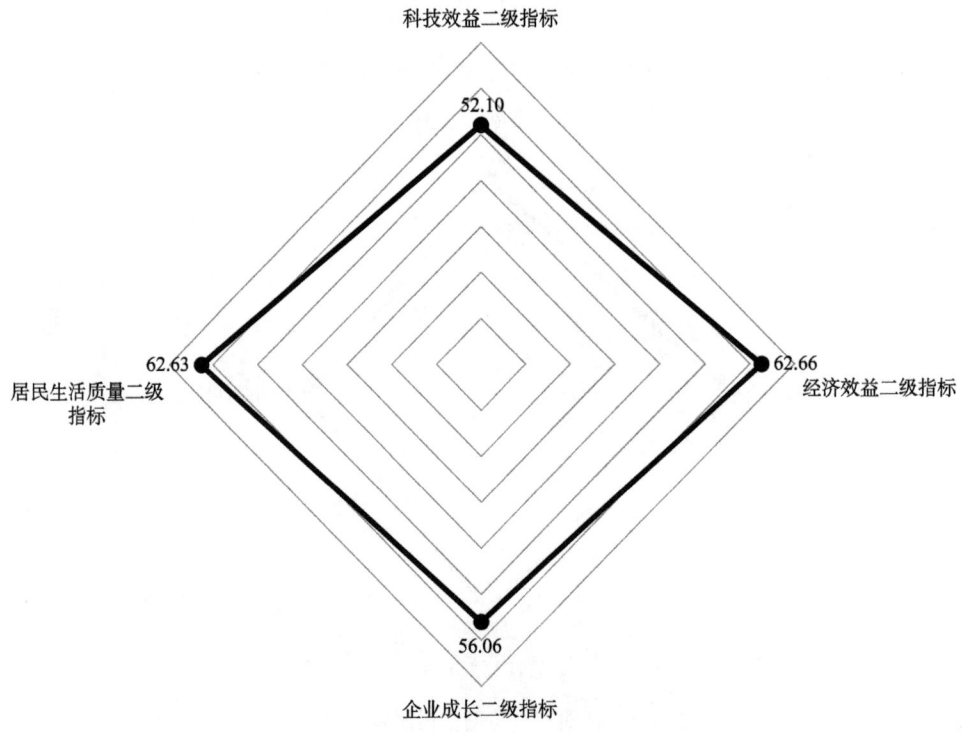

图 7-70 江西省"三创"效益雷达图

7.15 山 东 省

2015年,山东省地区生产总值63 002.33亿元,同比增长6.02%;人口9 847万,人均地区生产总值64 168.00元;社会全要素生产率9.23%。高新技术产业主营业务收入11 535.26亿元,同比增长12.96%,占地区生产总值比重18.31%。早期、创业、成长基金规模2 139.80亿元,接受投资899.24亿元。新增企业数227 064家,新增创业板、中小板、新三板上市企业146家。

2018年,山东省"三创"能力综合排名位于全国第6位。分项指标中,外部环境排名位于第7位,作为中国经济大省,其经济基础好,位于东部沿海,对外开放程度高,基础设施与条件、市场环境与社会服务保障以及政策制度环境与政府效率方面均有待提高,绿色发展方面需要大幅提高;资源投入排名第3位,教育投入和科技投入大,人力资源和创投资源数量充足;主体能力排名第6位,山东大力推进大众创业、万众创新,形成了"换位思考、主动服务、有求必应、无需不扰、结果评价"的良好环境,知识创造、创投能力及企业创新方面均处于较高水平;"三创"效益排名第6位,科技效益与经济效益好,企业成长位居前列,居民生活质量水平高。

山东省"三创"能力各级指标具体数值及国内排名见表7-15。图7-71~图7-75为一、二级指标数据雷达示意图。

表7-15 山东省"三创"能力各级指标具体数值及国内排名

指标名称	指标值	排名
"三创"综合指数	70.70	6
1.外部环境	79.47	7
1.1 基础设施与条件	66.06	19
1.2 政策制度环境与政府效率	89.78	10
1.3 经济基础	83.88	3
1.4 市场环境与社会服务保障	82.67	10
1.5 绿色发展	77.86	25
1.6 对外开放	64.57	6
2.资源投入	75.48	3
2.1 人力资源	68.63	9
2.2 创投资源	71.61	4

续表

指标名称	指标值	排名
2.3 科技投入	79.91	5
2.4 教育投入	81.90	1
3. 主体能力	62.11	6
3.1 知识创造	62.22	6
3.2 企业创新	69.33	4
3.3 创投能力	54.40	7
4. "三创"效益	67.80	6
4.1 科技效益	63.02	4
4.2 经济效益	69.35	6
4.3 企业成长	67.27	5
4.4 居民生活质量	71.23	9

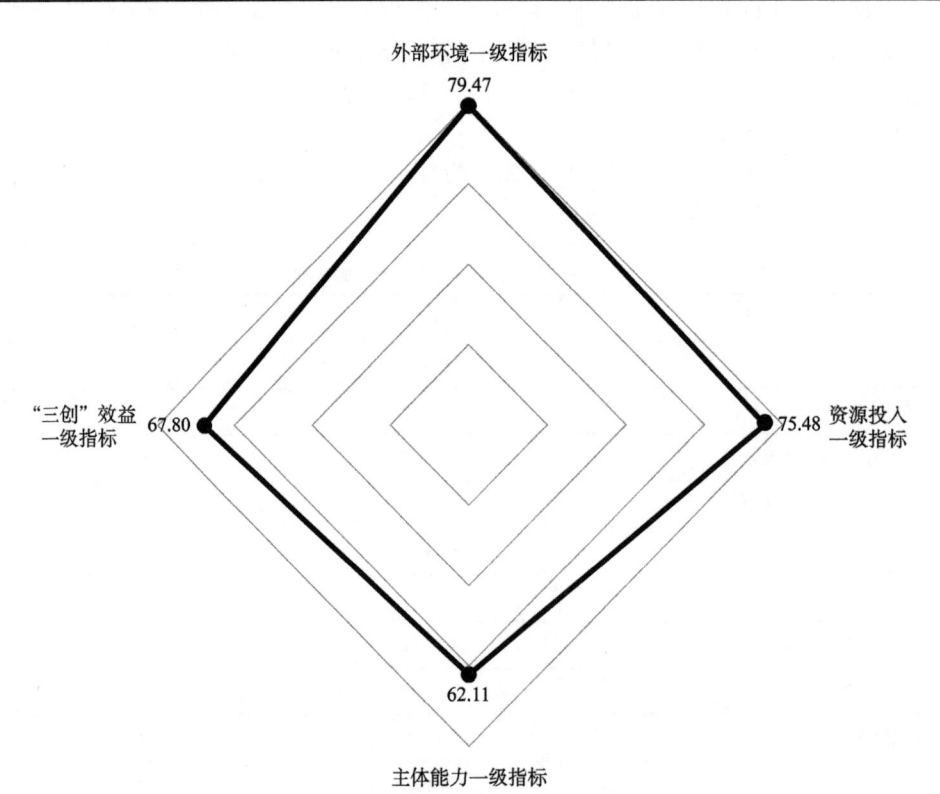

图 7-71 山东省"三创"能力雷达图

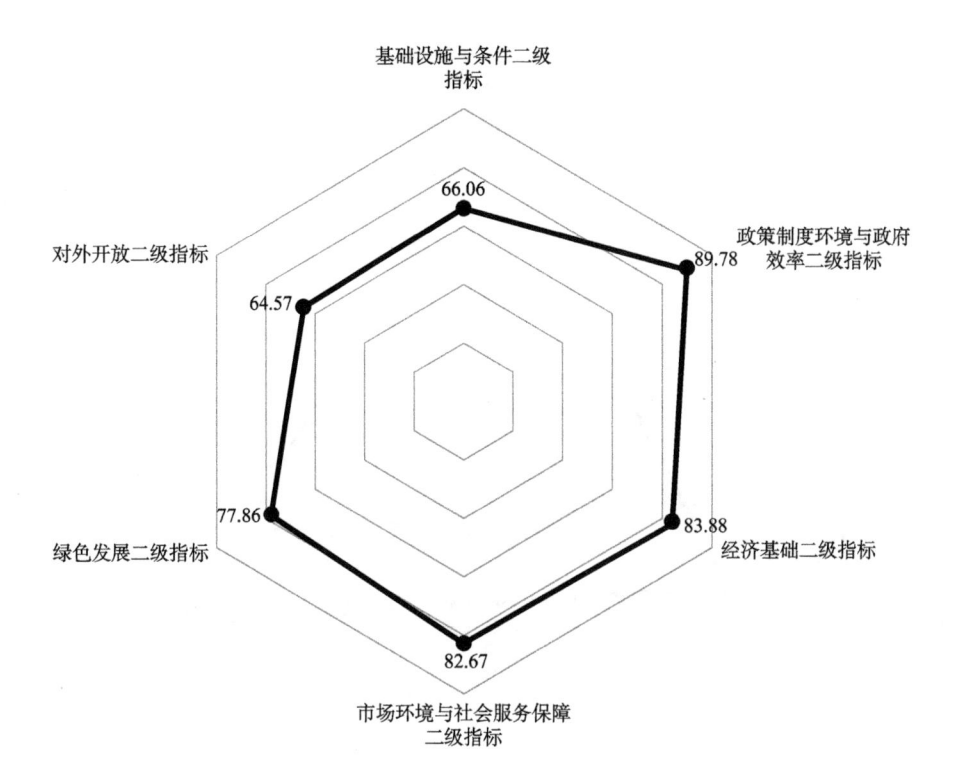

图 7-72　山东省"三创"外部环境雷达图

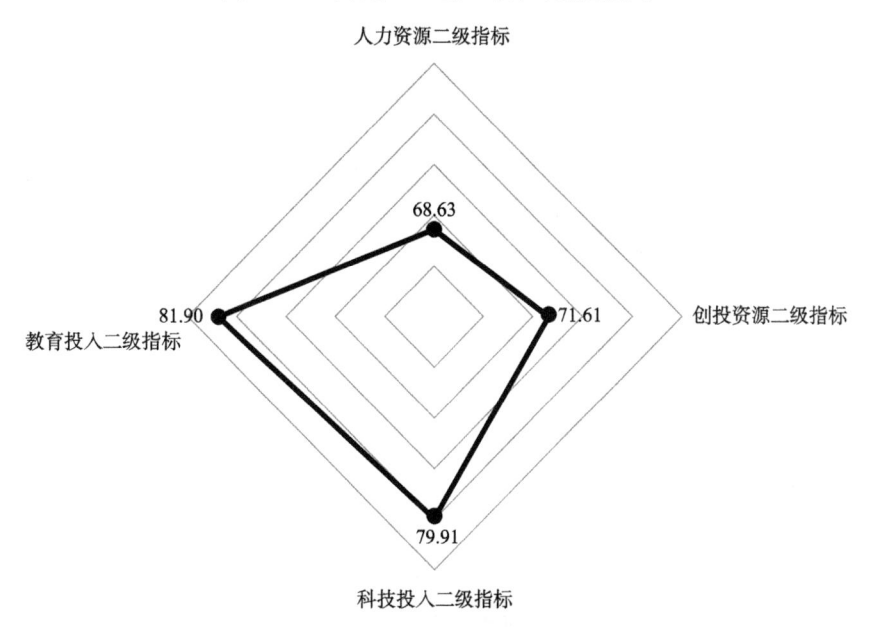

图 7-73　山东省"三创"资源投入雷达图

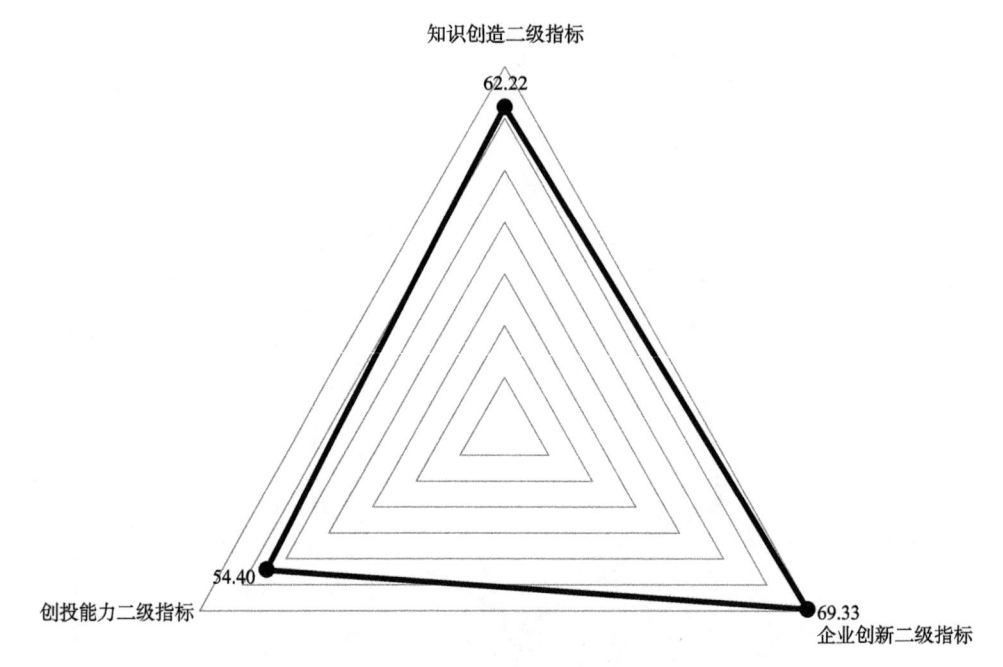

图 7-74　山东省"三创"主体能力雷达图

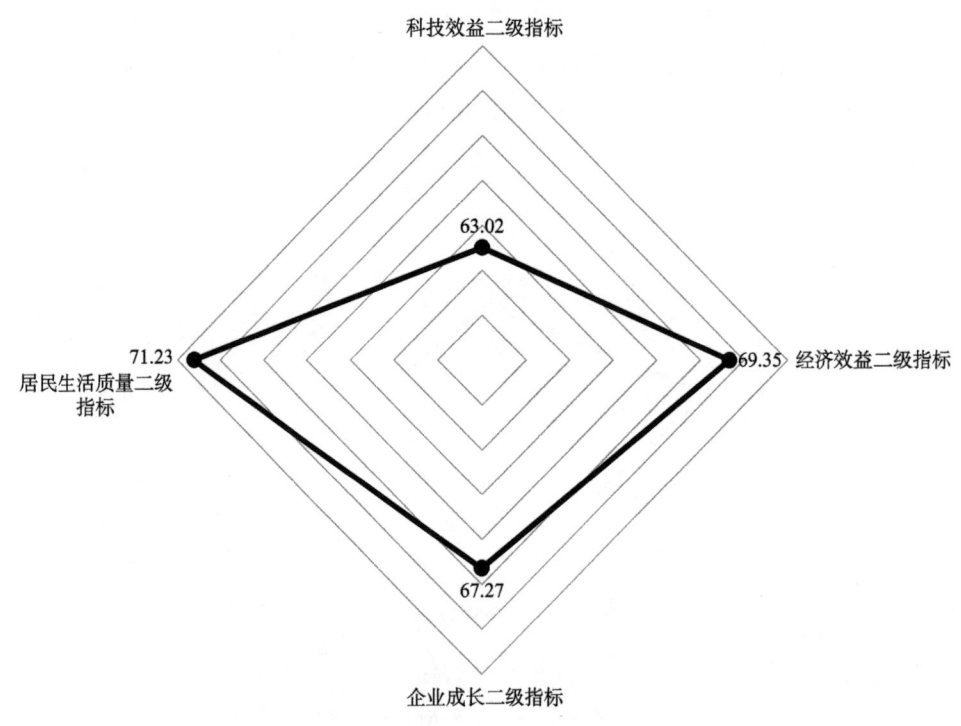

图 7-75　山东省"三创"效益雷达图

7.16 河　南　省

2015 年，河南省地区生产总值 37 002.16 亿元，同比增长 5.91%；人口 9 480 万，人均地区生产总值 39 123 元；社会全要素生产率 6.47%。高新技术产业主营业务收入 6 653.76 亿元，同比增长 25.71%，占地区生产总值比重 17.98%。早期、创业、成长基金规模 788.56 亿元，接受投资 206.44 亿元。新增企业数 139 438 家，新增创业板、中小板、新三板上市企业 87 家。

2018 年，河南省"三创"能力综合排名位于全国第 16 位。分项指标中，外部环境排名位于第 15 位，作为中国主要的经济大省，其经济基础较好，对外开放程度较高，但是基础设施与条件、市场环境与社会服务保障差，需要进一步提升，绿色发展水平较低，政策制度环境与政府效率方面也有待提高；资源投入排名第 14 位，教育投入水平较高，但是人力资源和创投资源数量处于中等水平，科技投入力度较低；主体能力排名第 17 位，创投能力较强，知识创造与企业创新还有一定的提升空间；"三创"效益排名第 12 位，经济效益与科技效益较好，企业成长水平较高，居民生活质量水平较低。

河南省"三创"能力各级指标具体数值及国内排名见表 7-16。图 7-76~图 7-80 为一、二级指标数据雷达示意图。

表 7-16　河南省"三创"能力各级指标具体数值及国内排名

指标名称	指标值	排名
"三创"综合指数	62.79	16
1.外部环境	73.64	15
1.1 基础设施与条件	63.75	27
1.2 政策制度环境与政府效率	84.60	17
1.3 经济基础	74.99	7
1.4 市场环境与社会服务保障	76.05	26
1.5 绿色发展	78.63	23
1.6 对外开放	53.39	12
2.资源投入	62.06	14
2.1 人力资源	63.84	16
2.2 创投资源	52.92	17

续表

指标名称	指标值	排名
2.3 科技投入	59.47	17
2.4 教育投入	73.49	7
3. 主体能力	55.30	17
3.1 知识创造	56.01	17
3.2 企业创新	58.03	17
3.3 创投能力	51.90	14
4. "三创"效益	61.34	12
4.1 科技效益	58.28	10
4.2 经济效益	64.29	13
4.3 企业成长	60.05	11
4.4 居民生活质量	62.44	24

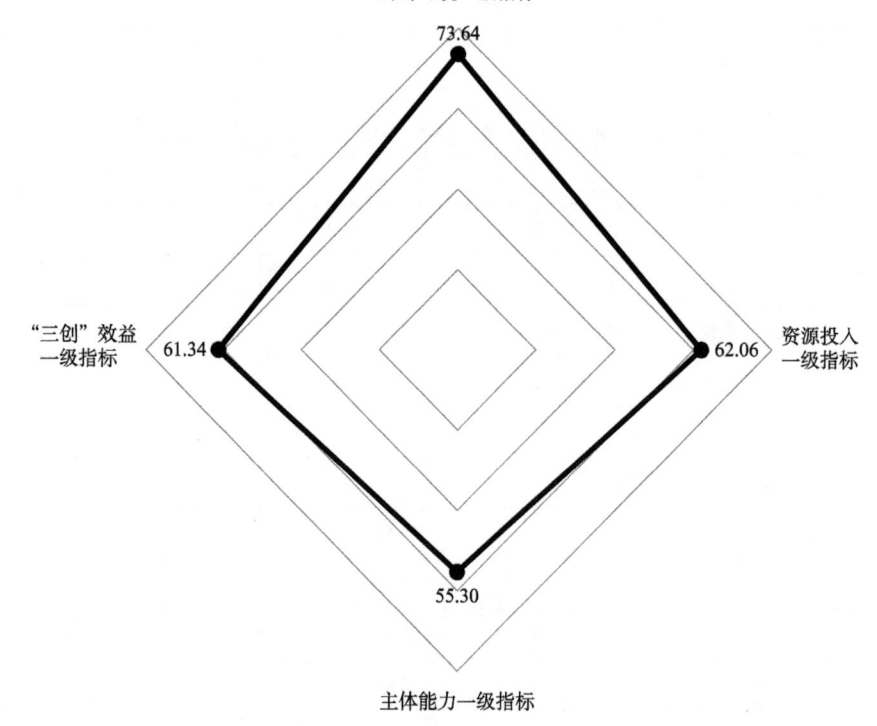

图 7-76　河南省"三创"能力雷达图

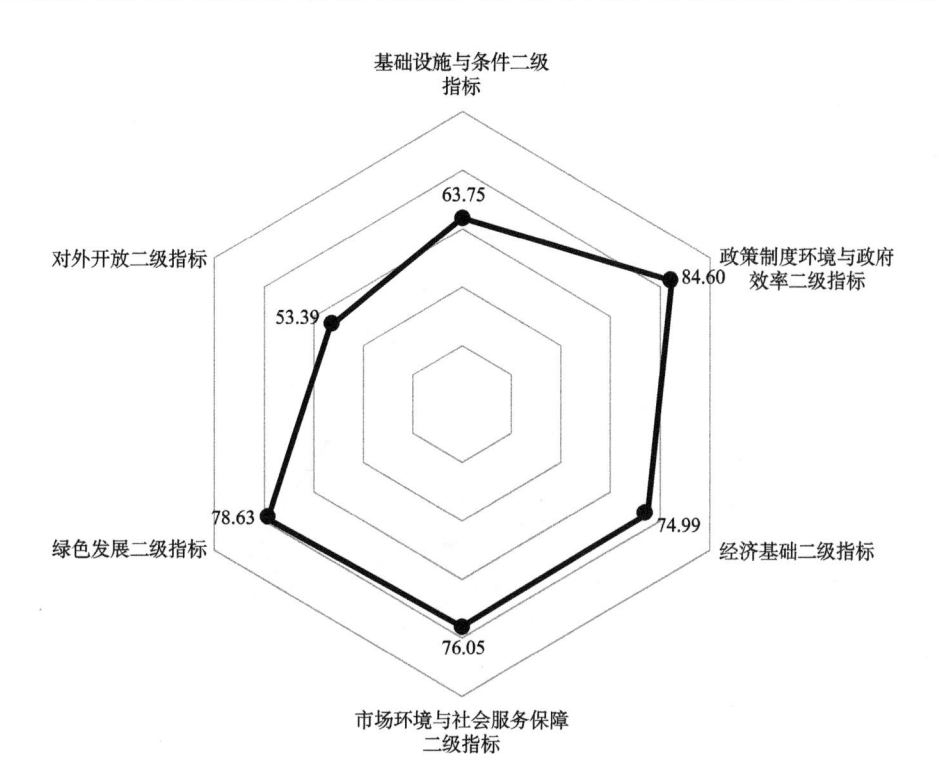

第 7 章　31 个省级区域"三创"能力报告　　137

图 7-77　河南省"三创"外部环境雷达图

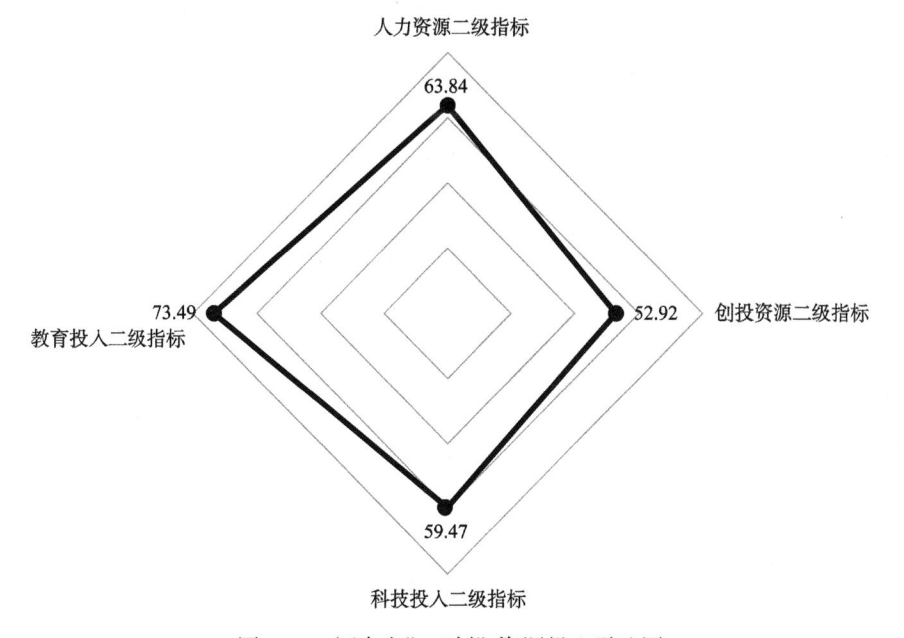

图 7-78　河南省"三创"资源投入雷达图

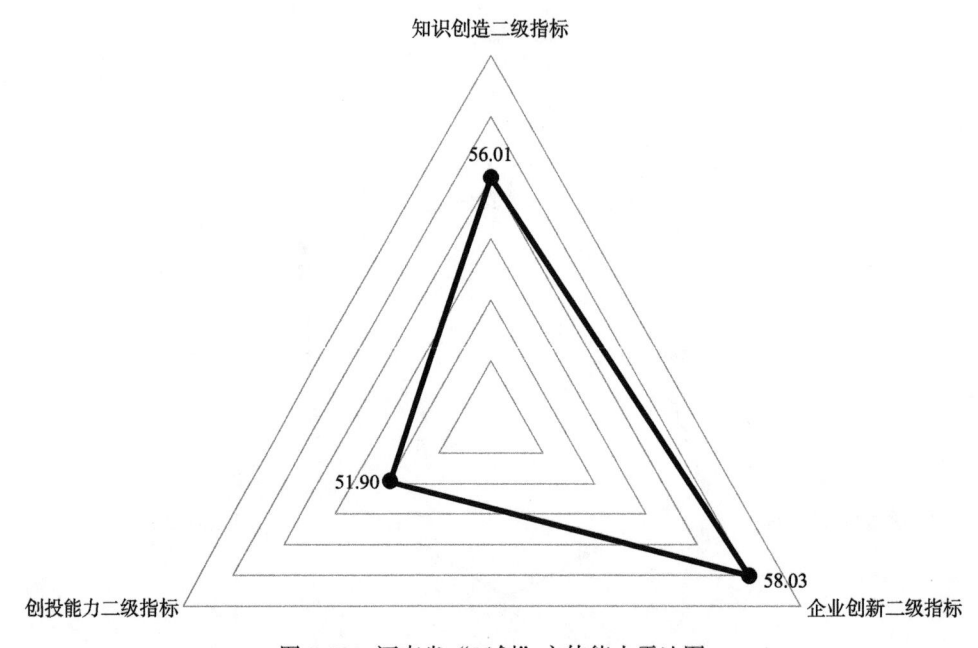

图 7-79　河南省"三创"主体能力雷达图

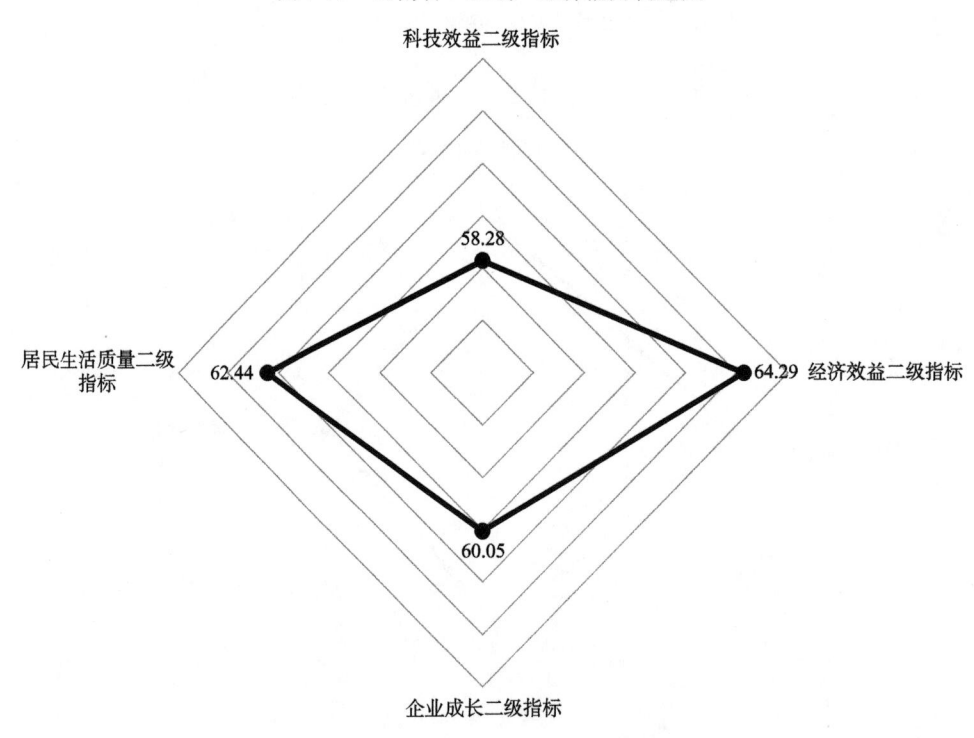

图 7-80　河南省"三创"效益雷达图

7.17 湖北省

2015年，湖北省地区生产总值29 550.19亿元，同比增长7.93%；人口5 852万，人均地区生产总值50 654元；社会全要素生产率7.56%。高新技术产业主营业务收入3 655.11亿元，同比增长23.98%，占地区生产总值比重12.37%。早期、创业、成长基金规模2 585.78亿元，接受投资786.42亿元。新增企业数110 589家，新增创业板、中小板、新三板上市企业55家。

2018年，湖北省"三创"能力综合排名位于全国第8位。分项指标中，外部环境排名位于第10位，位居华中腹地，经济基础、市场环境与社会服务保障较好，基础设施与条件、政策制度环境与政府效率方面有待提高，对外开放程度有待提高；资源投入排名第9位，人力资源和创投资源数量较为充足，作为中国重要的科教基地，科技投入力度较大，教育投入有较大提升空间；主体能力排名第9位，高校数量和毕业生人数位居全国前列，知识创造与创投能力较强，企业创新水平处于前列；"三创"效益排名第8位，科技效益好，经济效益与企业成长较好，居民生活质量处于中等水平。

湖北省"三创"能力各级指标具体数值及国内排名见表7-17。图7-81~图7-85为一、二级指标数据雷达示意图。

表7-17 湖北省"三创"能力各级指标具体数值及国内排名

指标名称	指标值	排名
"三创"综合指数	65.38	8
1.外部环境	76.42	10
1.1 基础设施与条件	68.01	13
1.2 政策制度环境与政府效率	87.24	12
1.3 经济基础	72.95	8
1.4 市场环境与社会服务保障	82.68	9
1.5 绿色发展	84.85	11
1.6 对外开放	52.95	17
2.资源投入	65.14	9
2.1 人力资源	68.58	10
2.2 创投资源	60.22	7
2.3 科技投入	67.18	8

续表

指标名称	指标值	排名
2.4 教育投入	64.78	23
3.主体能力	58.23	9
3.1 知识创造	60.81	9
3.2 企业创新	60.56	11
3.3 创投能力	53.86	10
4."三创"效益	62.41	8
4.1 科技效益	60.46	5
4.2 经济效益	64.78	12
4.3 企业成长	59.75	12
4.4 居民生活质量	65.01	14

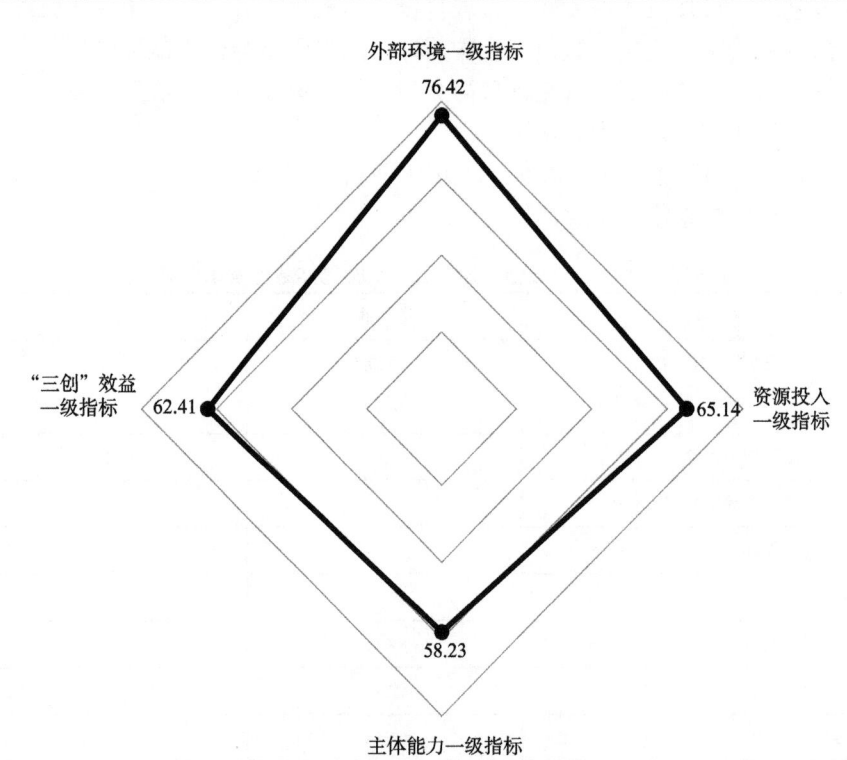

图 7-81　湖北省"三创"能力雷达图

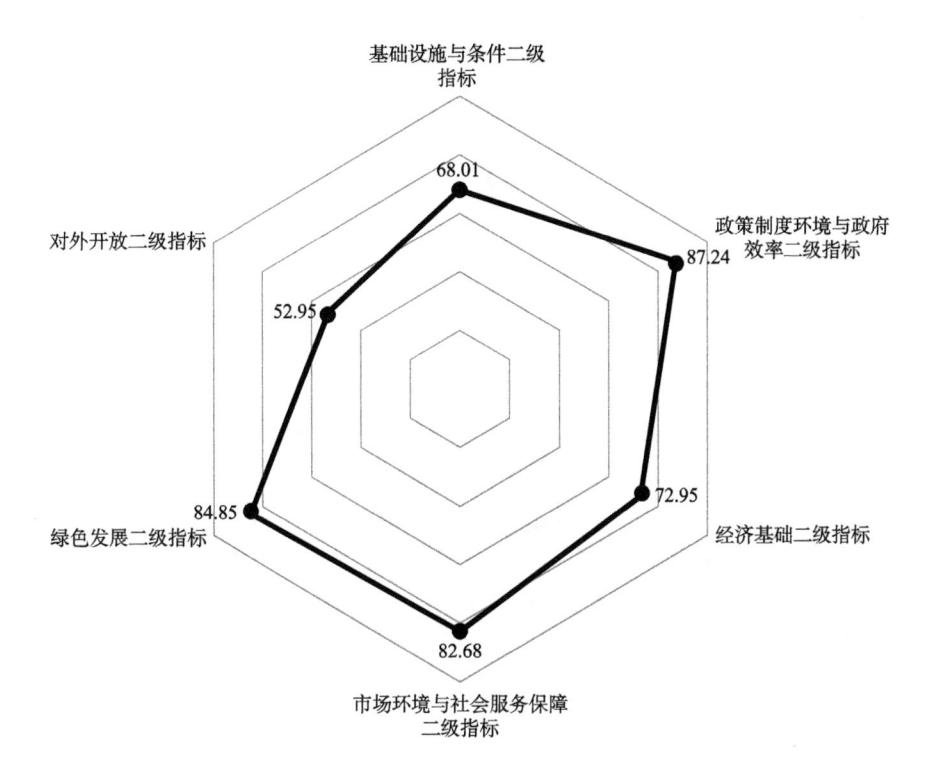

图 7-82 湖北省"三创"外部环境雷达图

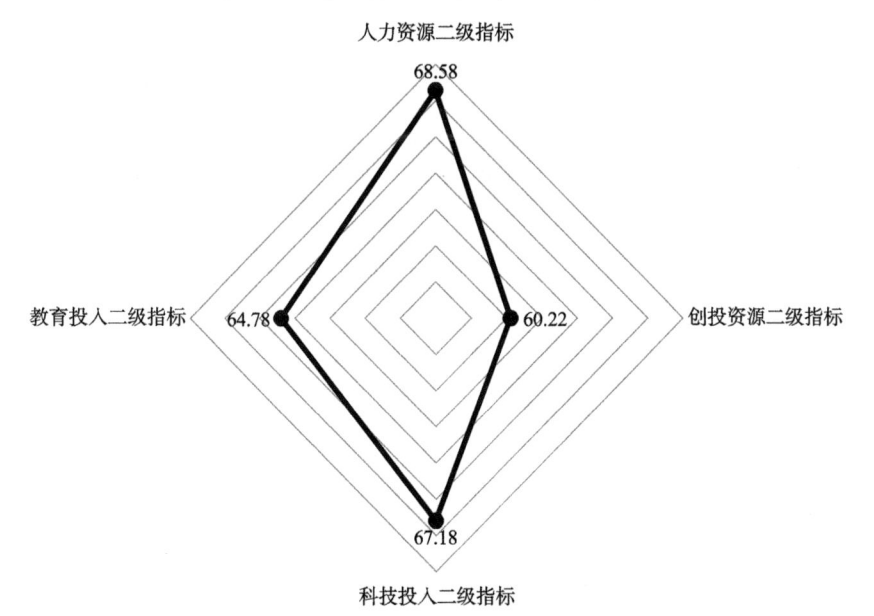

图 7-83 湖北省"三创"资源投入雷达图

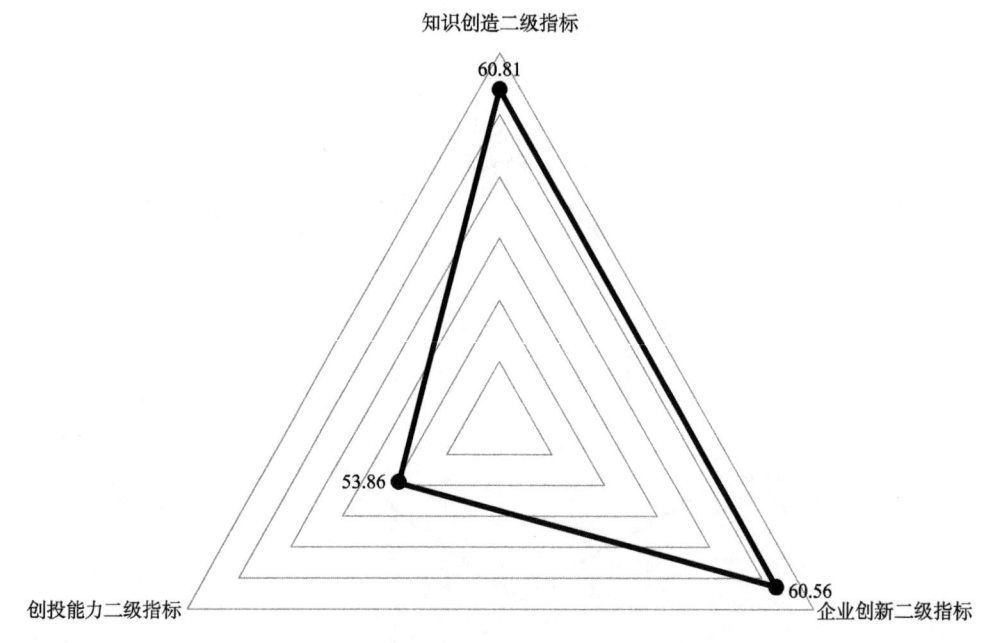

图 7-84　湖北省"三创"主体能力雷达图

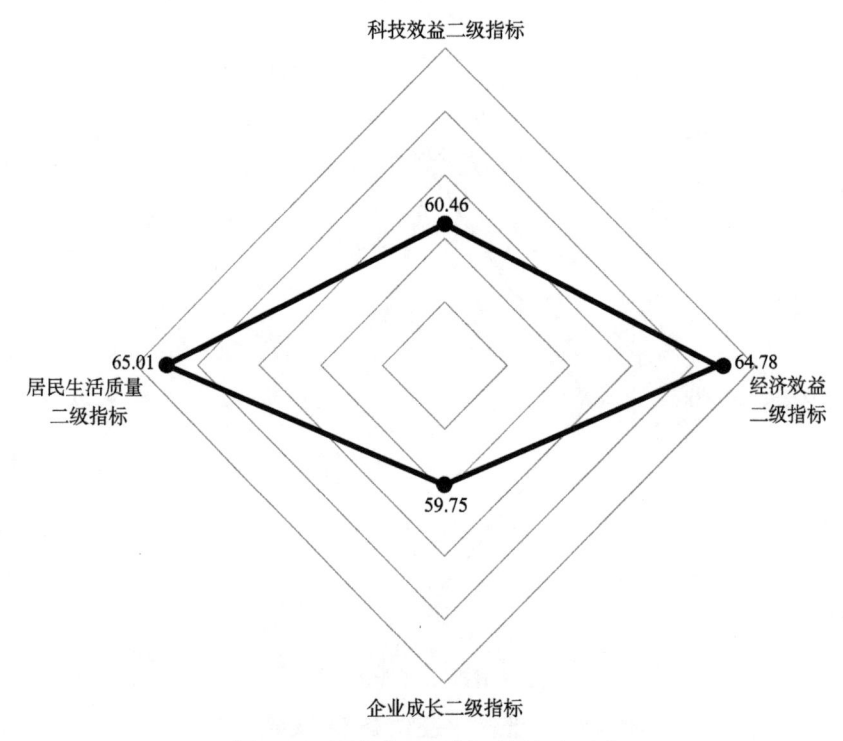

图 7-85　湖北省"三创"效益雷达图

7.18 湖南省

2015年，湖南省地区生产总值28 902.21亿元，同比增长6.90%；人口6 783万，人均地区生产总值42 754元；社会全要素生产率7.60%。高新技术产业主营业务收入3 280.24亿元，同比增长15.73%，占地区生产总值比重11.35%。早期、创业、成长基金规模656.80亿元，接受投资372.45亿元。新增企业数43 015家，新增创业板、中小板、新三板上市企业48家。

2018年，湖南省"三创"能力综合排名位于全国第14位。分项指标中，外部环境排名第11位，注重绿色发展，经济基础、市场环境与社会服务保障处于中上水平，基础设施与条件、对外开放程度、政策制度环境与政府效率方面有待提高；资源投入排名第17位，科技投入力度居中上水平，人力资源和创投资源数量处于中等偏下水平，需要加强相关资源的引入力度；主体能力排名第14位，知识创造与企业创新能力较强，创投能力还有一定的提升空间；"三创"效益排名第15位，经济效益较好，科技效益有待提高，应加强众多科研中心的成果转化力度，企业成长居中下水平，居民生活质量水平较高。

湖南省"三创"能力各级指标具体数值及国内排名见表7-18。图7-86~图7-90为一、二级指标数据雷达示意图。

表7-18 湖南省"三创"能力各级指标具体数值及国内排名

指标名称	指标值	排名
"三创"综合指数	63.03	14
1.外部环境	75.15	11
1.1 基础设施与条件	66.79	17
1.2 政策制度环境与政府效率	84.47	18
1.3 经济基础	71.82	11
1.4 市场环境与社会服务保障	81.06	13
1.5 绿色发展	85.53	8
1.6 对外开放	53.04	16
2.资源投入	60.11	17
2.1 人力资源	62.25	20
2.2 创投资源	50.58	24
2.3 科技投入	62.11	13

续表

指标名称	指标值	排名
2.4 教育投入	66.35	18
3.主体能力	56.54	14
3.1 知识创造	58.24	13
3.2 企业创新	60.14	13
3.3 创投能力	51.47	16
4."三创"效益	60.45	15
4.1 科技效益	53.21	17
4.2 经济效益	66.95	8
4.3 企业成长	56.21	17
4.4 居民生活质量	65.28	13

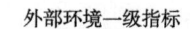

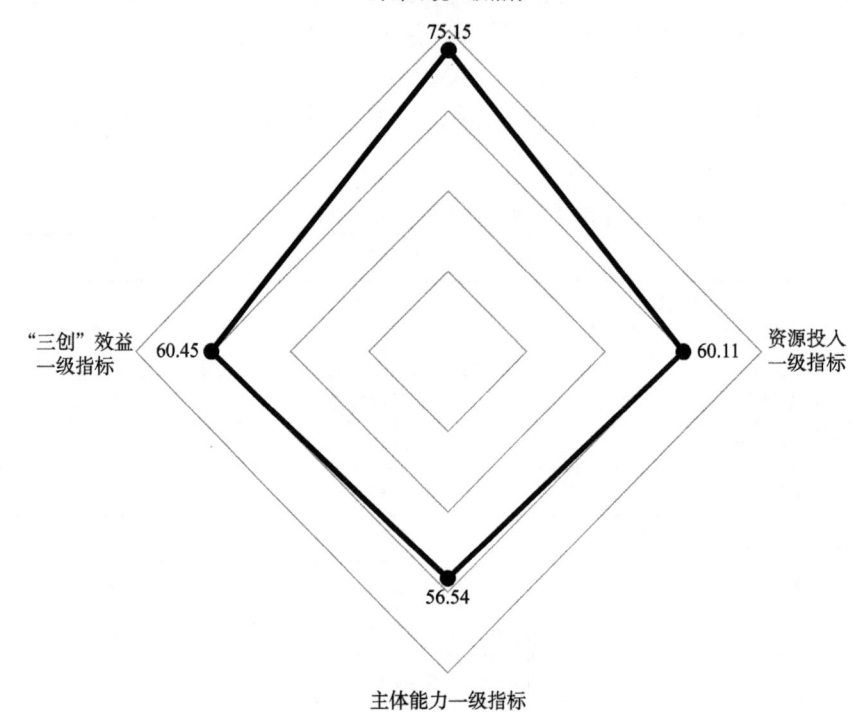

图 7-86　湖南省"三创"能力雷达图

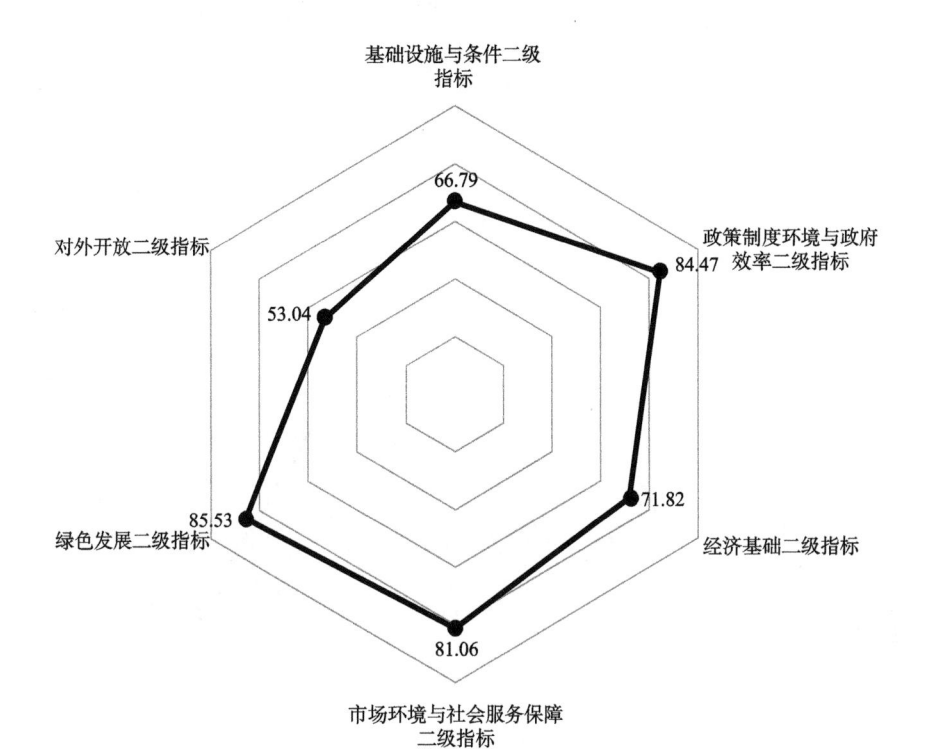

图 7-87　湖南省"三创"外部环境雷达图

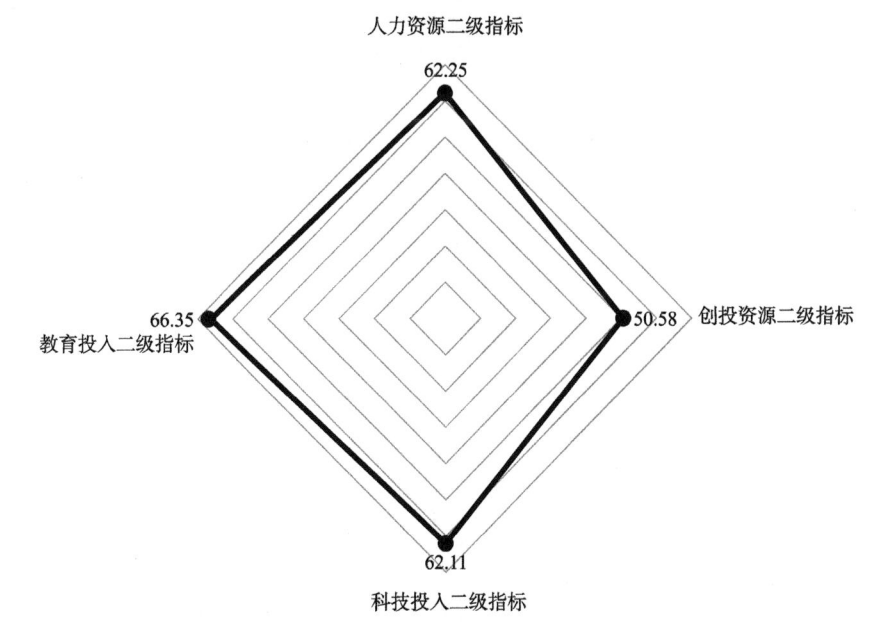

图 7-88　湖南省"三创"资源投入雷达图

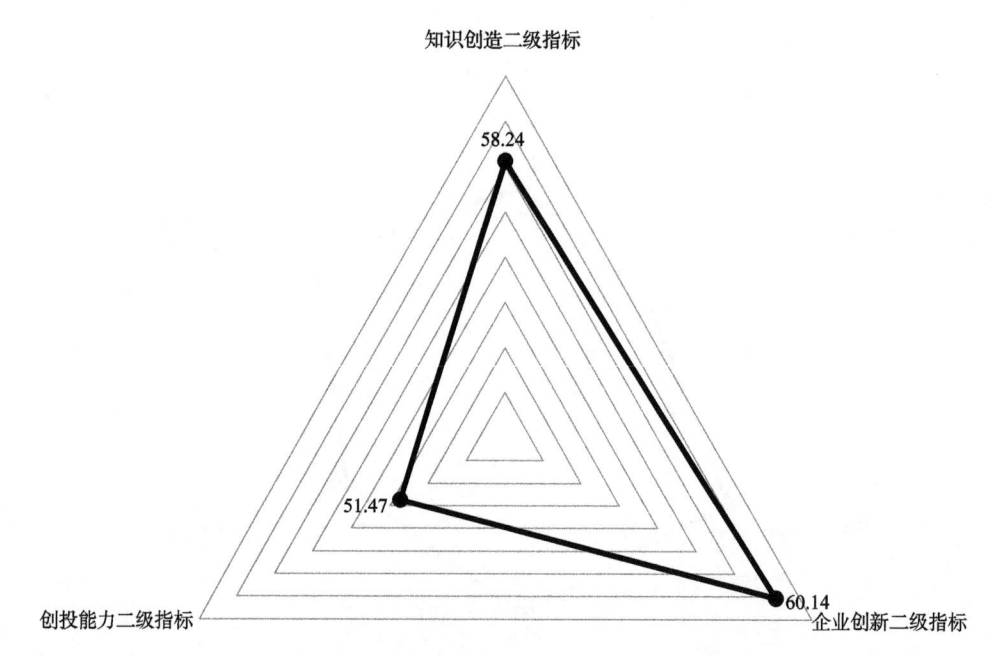

图 7-89　湖南省"三创"主体能力雷达图

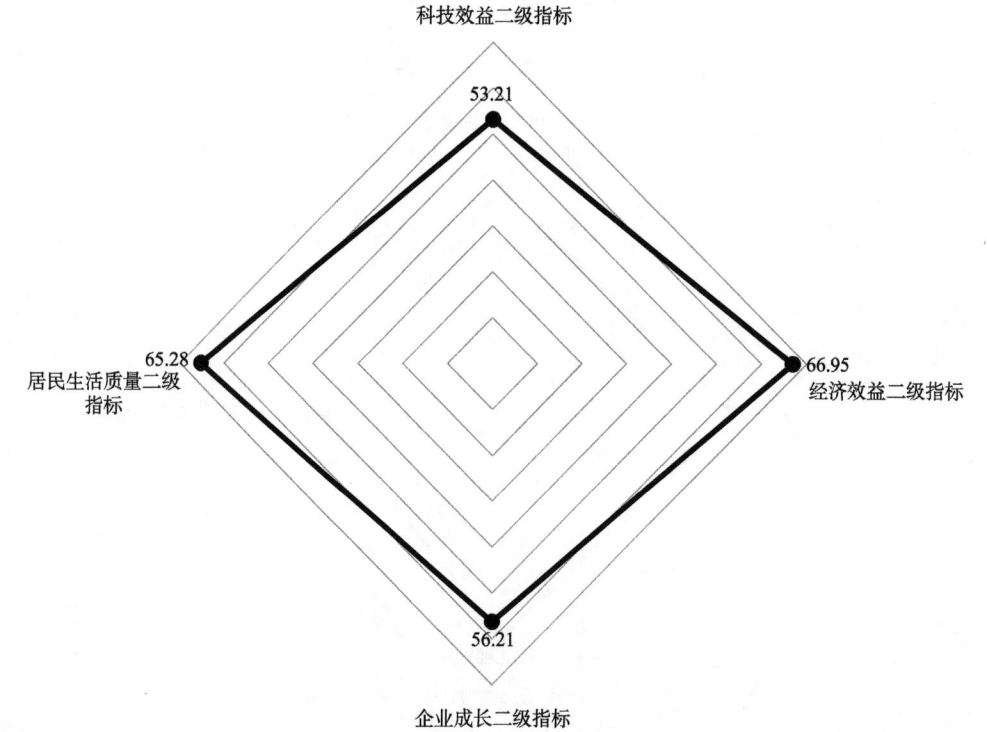

图 7-90　湖南省"三创"效益雷达图

7.19 广 东 省

2015年，广东省地区生产总值72 812.55亿元，同比增长7.38%；人口10 849万，人均地区生产总值 67 503 元；社会全要素生产率 12.23%。高新技术产业主营业务收入 33 308.07 亿元，同比增长 9.82%，占地区生产总值比重 45.74%。早期、创业、成长基金规模 19 064.33 亿元，接受投资 8 888.61 亿元。新增企业数 101 751 家，新增创业板、中小板、新三板上市企业 413 家。

2018年，广东省"三创"能力综合排名位于全国第2位。分项指标中，外部环境排名第 3 位，作为粤港澳大湾区的重要组成部分，拥有众多优良港口资源，其经济基础与对外开放程度遥遥领先，市场环境与社会服务保障好，绿色发展方面较为落后，急需加大力度解决；资源投入排名第 2 位，高等院校数量居于全国前列，人力资源和创投资源数量较为充足，科技投入力度稳居前列；主体能力排名第 2 位，企业创新能力极强，知识创造与创投能力均处于国内前列；"三创"效益排名第 3 位，经济效益和科技效益较好，企业成长能力位居前列，居民生活质量水平较高。

广东省"三创"能力各级指标具体数值及国内排名见表7-19。图 7-91~图 7-95 为一、二级指标数据雷达示意图。

表 7-19　广东省"三创"能力各级指标具体数值及国内排名

指标名称	指标值	排名
"三创"综合指数	82.28	2
1.外部环境	85.14	3
1.1 基础设施与条件	67.20	15
1.2 政策制度环境与政府效率	91.83	5
1.3 经济基础	88.50	1
1.4 市场环境与社会服务保障	88.75	4
1.5 绿色发展	75.01	28
1.6 对外开放	93.51	1
2.资源投入	83.22	2
2.1 人力资源	73.73	4
2.2 创投资源	96.14	1

续表

指标名称	指标值	排名
2.3 科技投入	83.78	2
2.4 教育投入	77.83	4
3. 主体能力	81.16	2
3.1 知识创造	70.01	4
3.2 企业创新	87.66	1
3.3 创投能力	82.47	3
4. "三创"效益	78.98	3
4.1 科技效益	71.05	3
4.2 经济效益	85.83	1
4.3 企业成长	80.97	2
4.4 居民生活质量	75.66	6

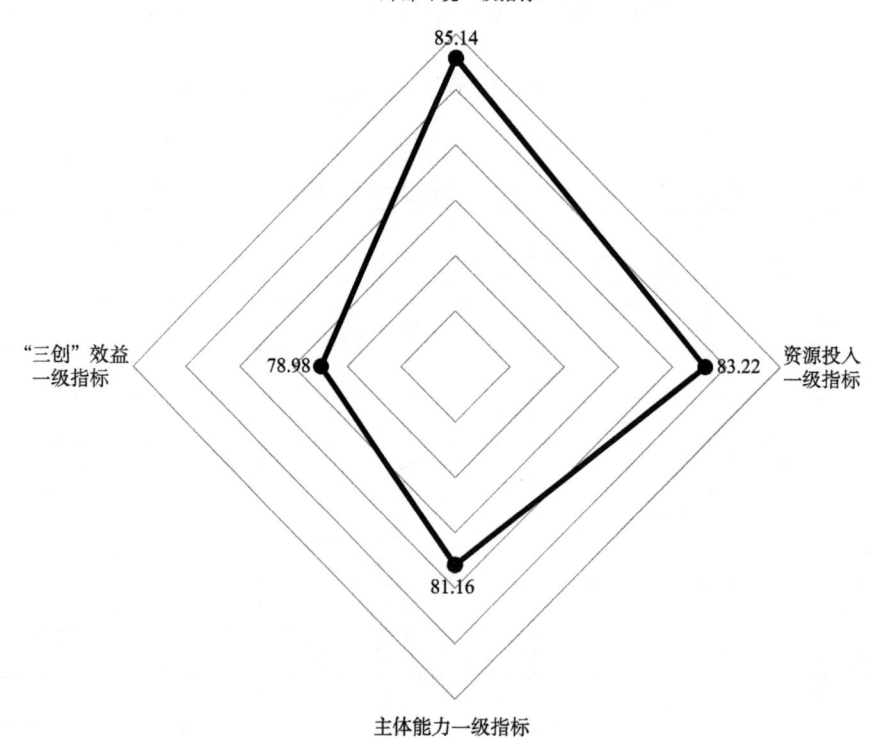

图 7-91 广东省"三创"能力雷达图

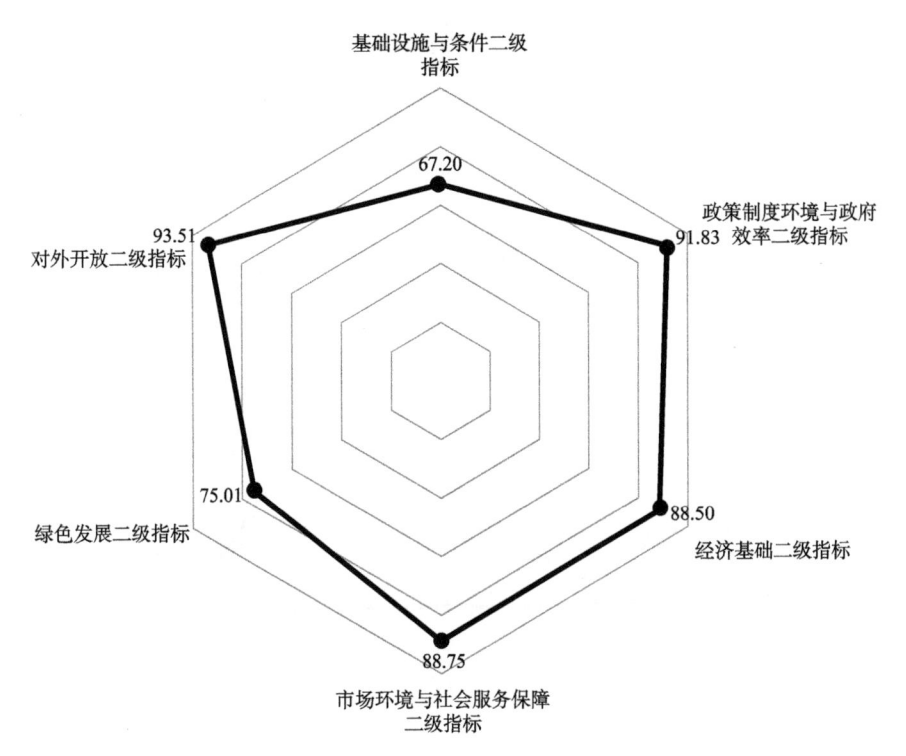

第 7 章　31 个省级区域 "三创" 能力报告　149

图 7-92　广东省 "三创" 外部环境雷达图

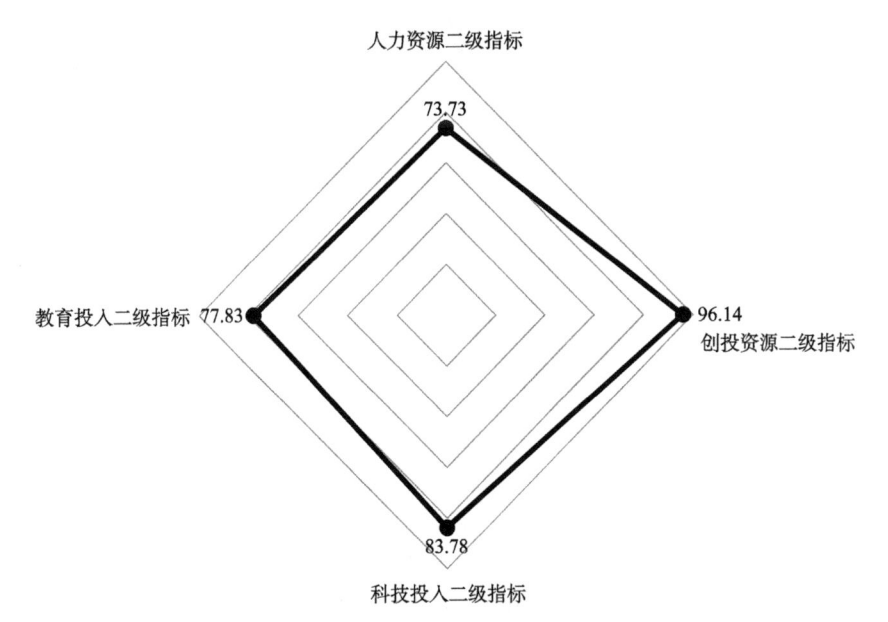

图 7-93　广东省 "三创" 资源投入雷达图

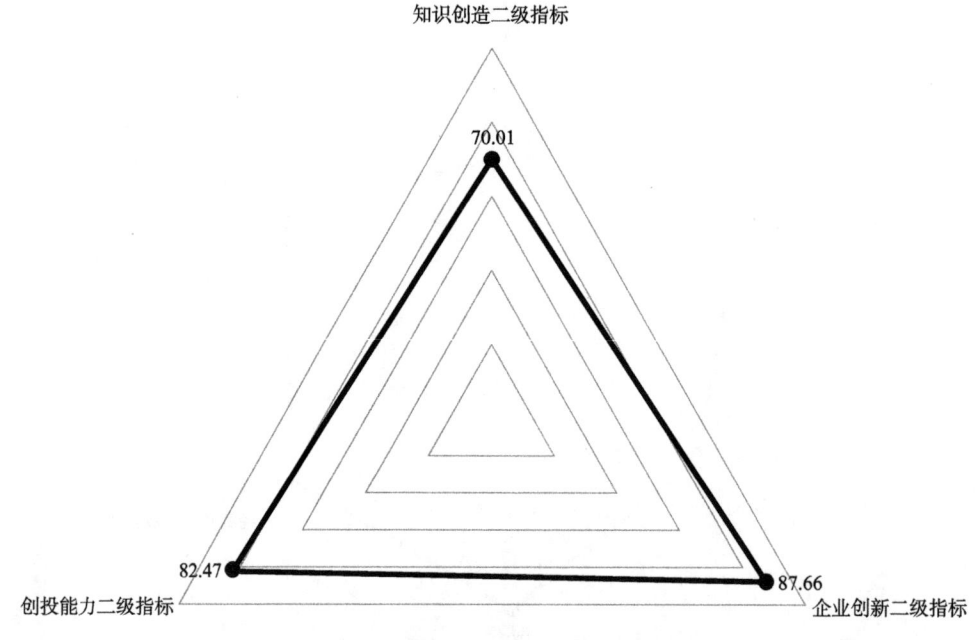

图 7-94　广东省"三创"主体能力雷达图

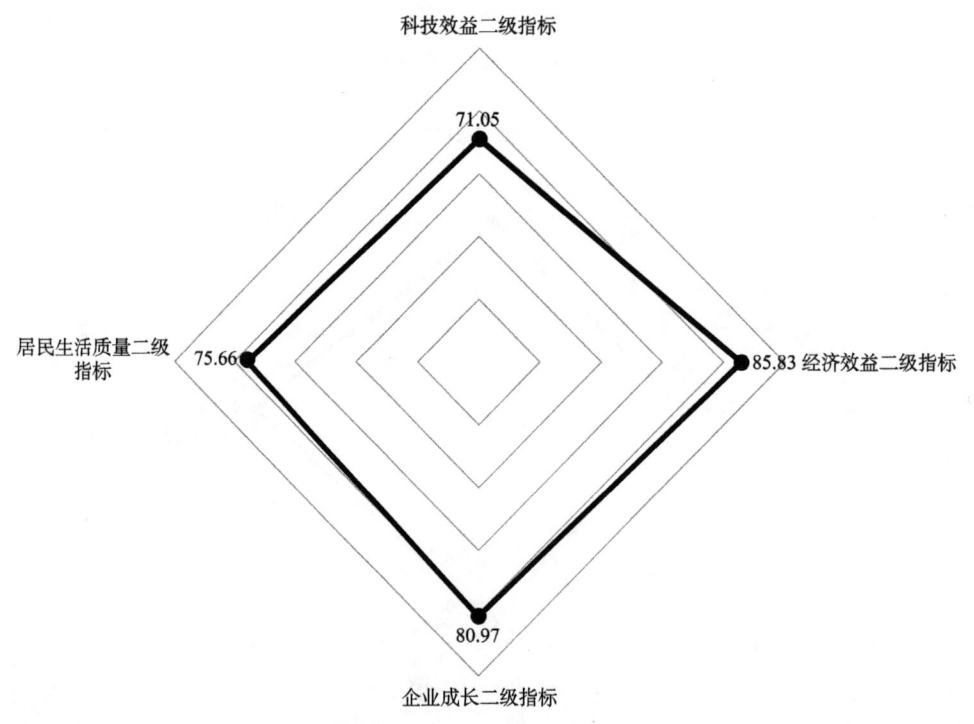

图 7-95　广东省"三创"效益雷达图

7.20 广西壮族自治区

2015 年，广西壮族自治区地区生产总值 16 803.12 亿元，同比增长 7.21%；人口 4 796 万，人均地区生产总值 35 190 元；社会全要素生产率 5.45%。高新技术产业主营业务收入 1 791.02 亿元，同比增长 28.45%，占地区生产总值比重 10.66%。早期、创业、成长基金规模 71.97 亿元，接受投资 21.57 亿元。新增企业数 68 024 家，新增创业板、中小板、新三板上市企业 22 家。

2018 年，广西壮族自治区"三创"能力综合排名位于全国第 20 位。分项指标中，外部环境排名位于第 16 位，作为中国唯一沿海的自治区，其政策制度环境与政府效率方面表现较好，但是基础设施与条件、市场环境与社会服务保障以及对外开放程度方面较为落后，还存在很大的提升空间；资源投入排名第 23 位，教育投入力度较大，但高等院校和毕业生数量极少，人力资源、创投资源及科技投入力度较为不足，需要加大这些方面的投入；主体能力排名第 19 位，知识创造与创投能力及企业创新均处于中等偏下水平，都还有一定的提升空间；"三创"效益排名第 21 位，科技效益、经济效益与企业成长排名靠后，居民生活质量处于中等偏低水平。

广西壮族自治区"三创"能力各级指标具体数值及国内排名见表 7-20。图 7-96~图 7-100 为一、二级指标数据雷达示意图。

表 7-20 广西壮族自治区"三创"能力各级指标具体数值及国内排名

指标名称	指标值	排名
"三创"综合指数	60.95	20
1.外部环境	73.62	16
1.1 基础设施与条件	64.04	26
1.2 政策制度环境与政府效率	90.86	7
1.3 经济基础	66.47	17
1.4 市场环境与社会服务保障	76.02	27
1.5 绿色发展	83.77	14
1.6 对外开放	51.77	22
2.资源投入	57.86	23
2.1 人力资源	57.05	28
2.2 创投资源	50.58	25

续表

指标名称	指标值	排名
2.3 科技投入	53.55	26
2.4 教育投入	71.85	9
3.主体能力	54.53	19
3.1 知识创造	57.36	16
3.2 企业创新	56.63	20
3.3 创投能力	50.22	27
4."三创"效益	57.59	21
4.1 科技效益	51.56	24
4.2 经济效益	59.67	21
4.3 企业成长	55.74	20
4.4 居民生活质量	63.37	19

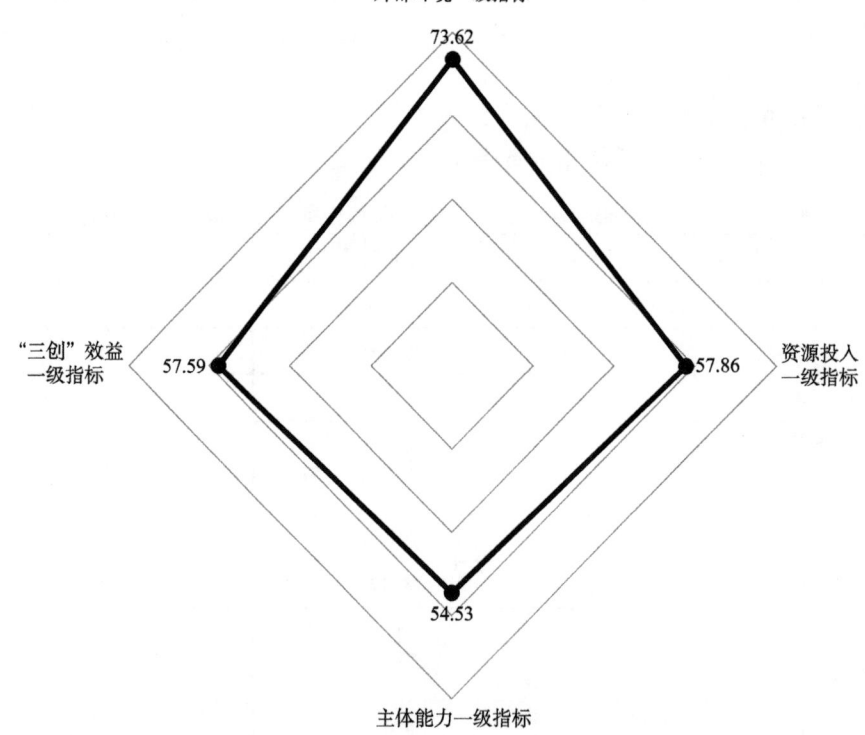

图 7-96 广西壮族自治区"三创"能力雷达图

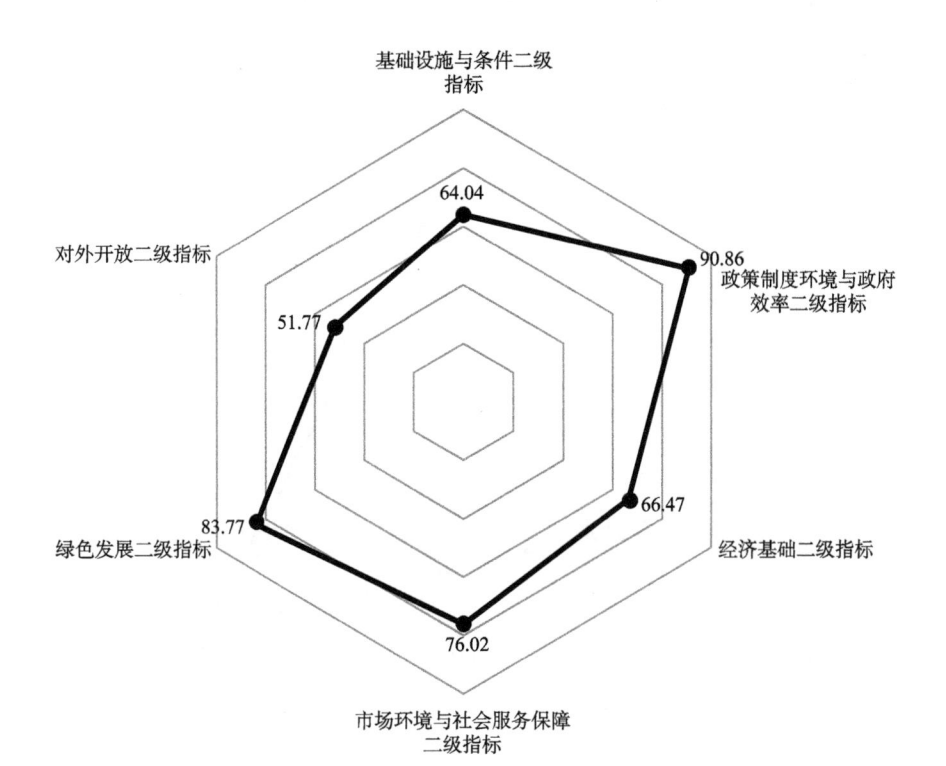

第 7 章 31 个省级区域"三创"能力报告

图 7-97 广西壮族自治区"三创"外部环境雷达图

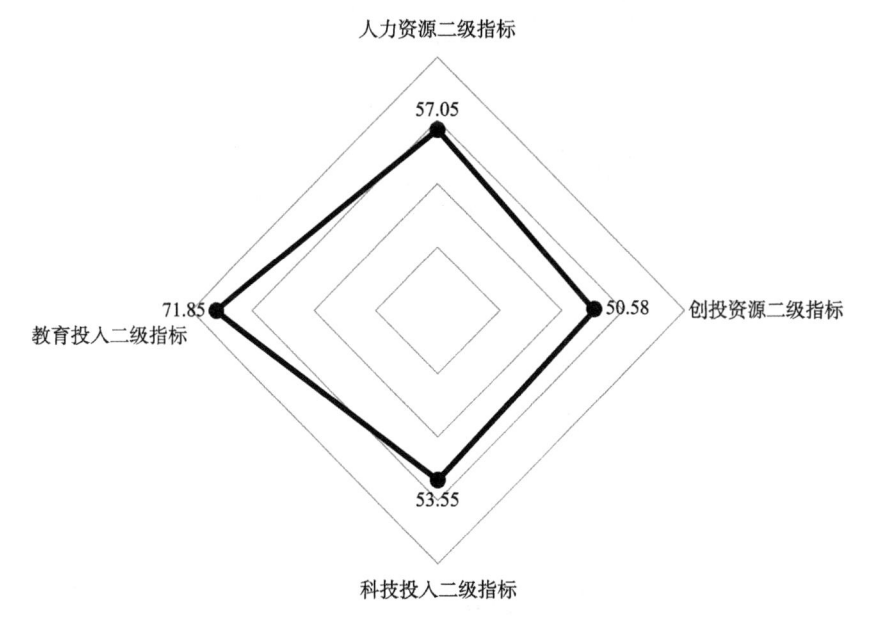

图 7-98 广西壮族自治区"三创"资源投入雷达图

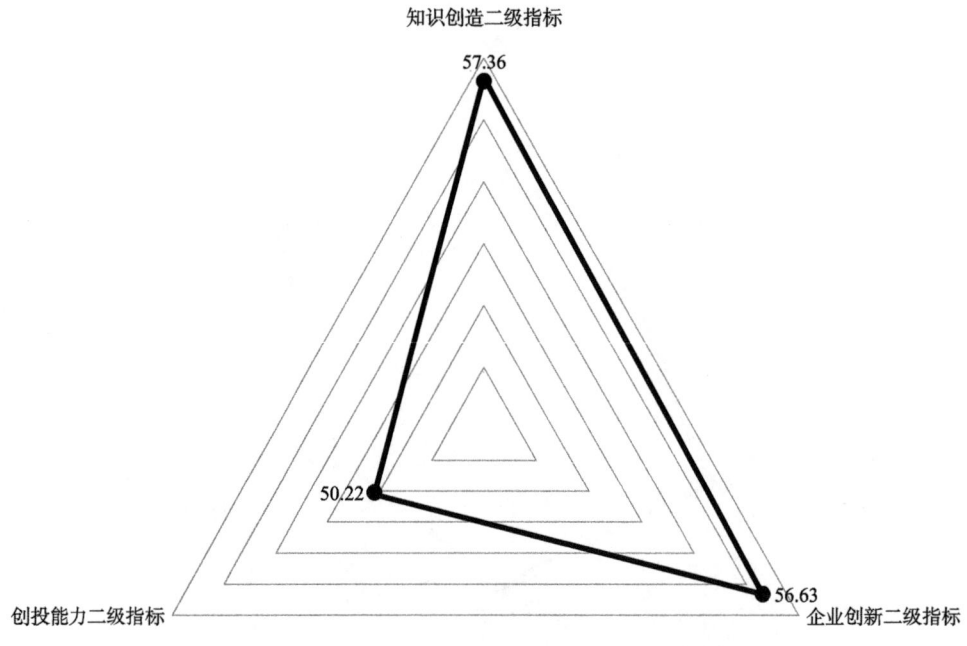

图 7-99　广西壮族自治区"三创"主体能力雷达图

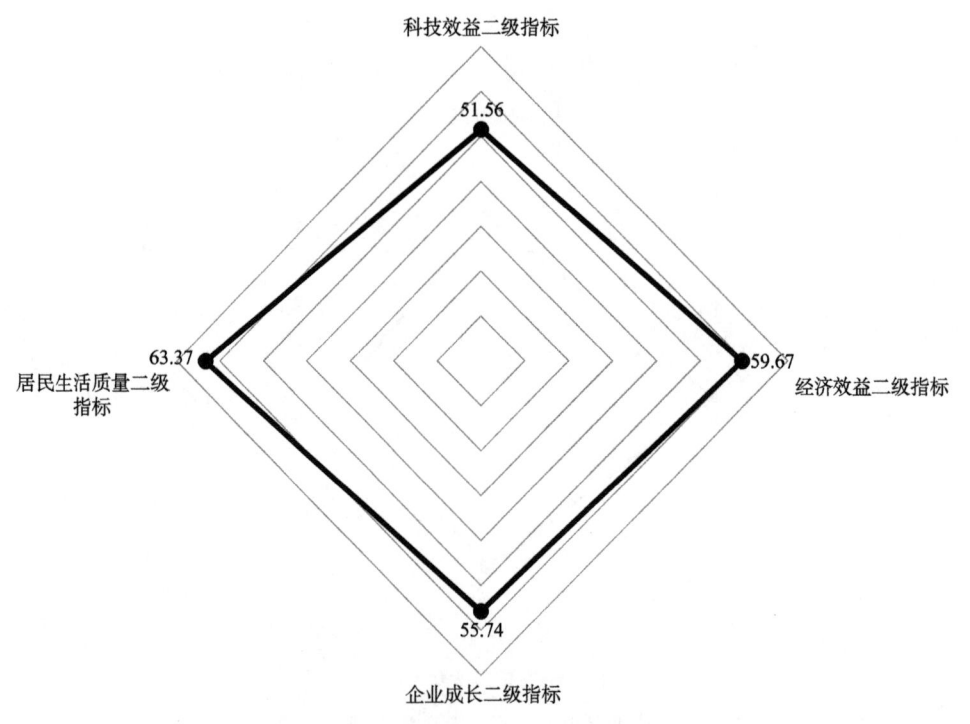

图 7-100　广西壮族自治区"三创"效益雷达图

7.21 海　南　省

2015 年，海南省地区生产总值 3 702.76 亿元，同比增长 5.77%；人口 911 万，人均地区生产总值 40 818 元；社会全要素生产率 4.07%。高新技术产业主营业务收入 155.88 亿元，同比增长 18.31%，占地区生产总值比重 4.21%。早期、创业、成长基金规模 96.82 亿元，接受投资 5.17 亿元。新增企业数 12 476 家，新增创业板、中小板、新三板上市企业 10 家。

2018 年，海南省"三创"能力综合排名位于全国第 23 位。分项指标中，外部环境排名第 23 位，海南省处于中国最南端，是中国唯一的省级经济特区，但是基础设施与条件、政策制度环境与政府效率、市场环境与社会服务保障以及对外开放等方面发展均较为缓慢，有较大的提升空间，相比而言，海南省由于其特殊地理位置，素有"天然大温室"之称，环境保护工作执行较为出色，排名靠前；资源投入排名第 29 位，高校及研究机构极少，人力资源和创投资源数量相当匮乏，科技投入和教育投入力度不足；主体能力排名第 22 位，创投能力严重不足，知识创造和企业创新方面亟待提高；"三创"效益排名第 26 位，科技效益与经济效益存在非常大的提升空间，居民生活质量水平较高。

海南省"三创"能力各级指标具体数值及国内排名见表 7-21。图 7-101~图 7-105 为一、二级指标数据雷达示意图。

表 7-21　海南省"三创"能力各级指标具体数值及国内排名

指标名称	指标值	排名
"三创"综合指数	59.38	23
1.外部环境	71.39	23
1.1 基础设施与条件	65.99	21
1.2 政策制度环境与政府效率	79.52	24
1.3 经济基础	59.15	27
1.4 市场环境与社会服务保障	79.24	16
1.5 绿色发展	90.93	4
1.6 对外开放	51.94	21
2.资源投入	55.53	29
2.1 人力资源	57.70	27
2.2 创投资源	50.25	28

续表

指标名称	指标值	排名
2.3 科技投入	50.69	31
2.4 教育投入	64.76	24
3.主体能力	53.98	22
3.1 知识创造	53.94	25
3.2 企业创新	57.61	19
3.3 创投能力	50.16	30
4."三创"效益	56.00	26
4.1 科技效益	50.32	28
4.2 经济效益	55.56	31
4.3 企业成长	52.72	28
4.4 居民生活质量	66.40	12

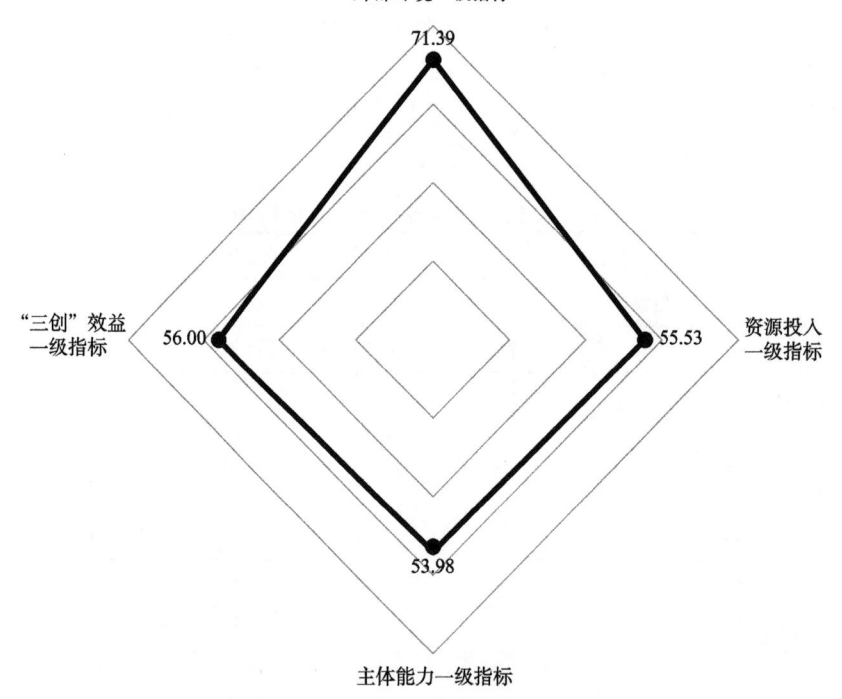

图 7-101　海南省"三创"能力雷达图

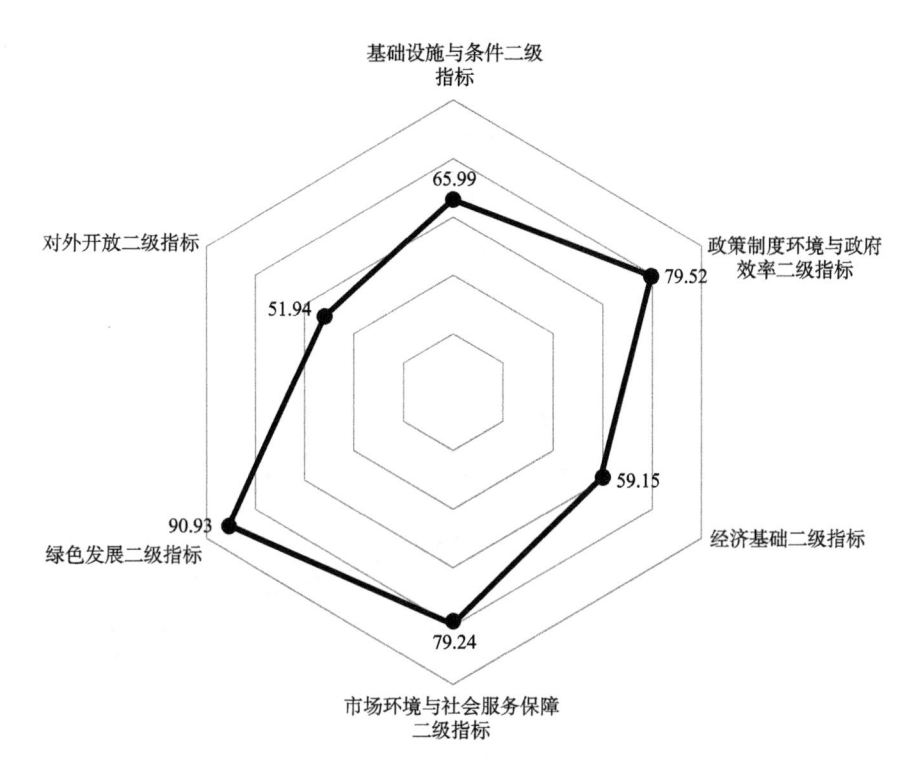

第 7 章 31 个省级区域"三创"能力报告

图 7-102 海南省"三创"外部环境雷达图

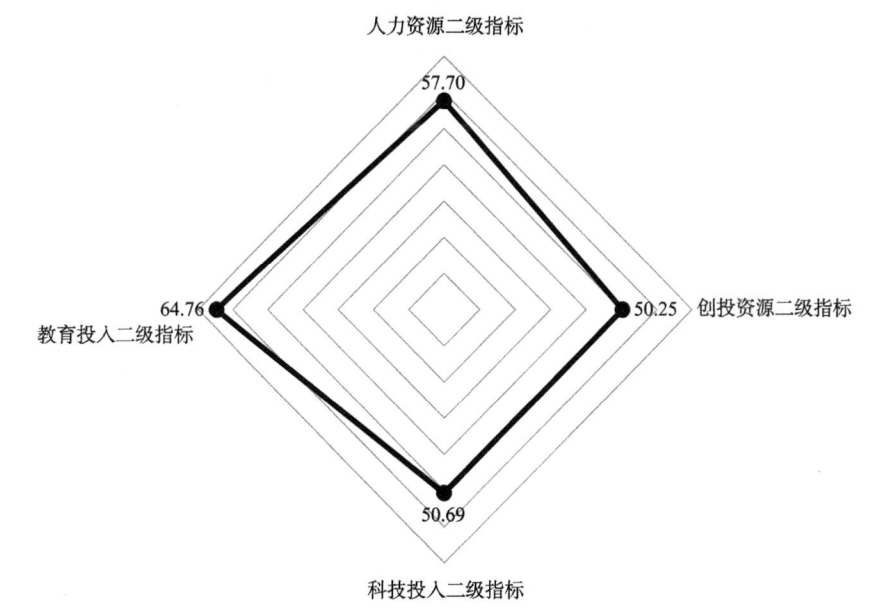

图 7-103 海南省"三创"资源投入雷达图

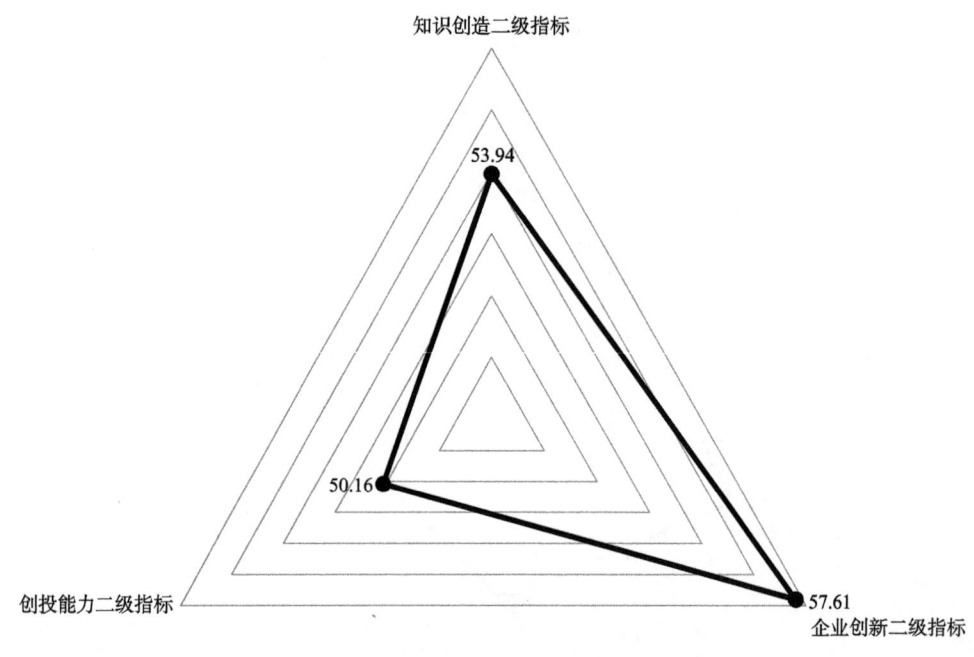

图 7-104　海南省"三创"主体能力雷达图

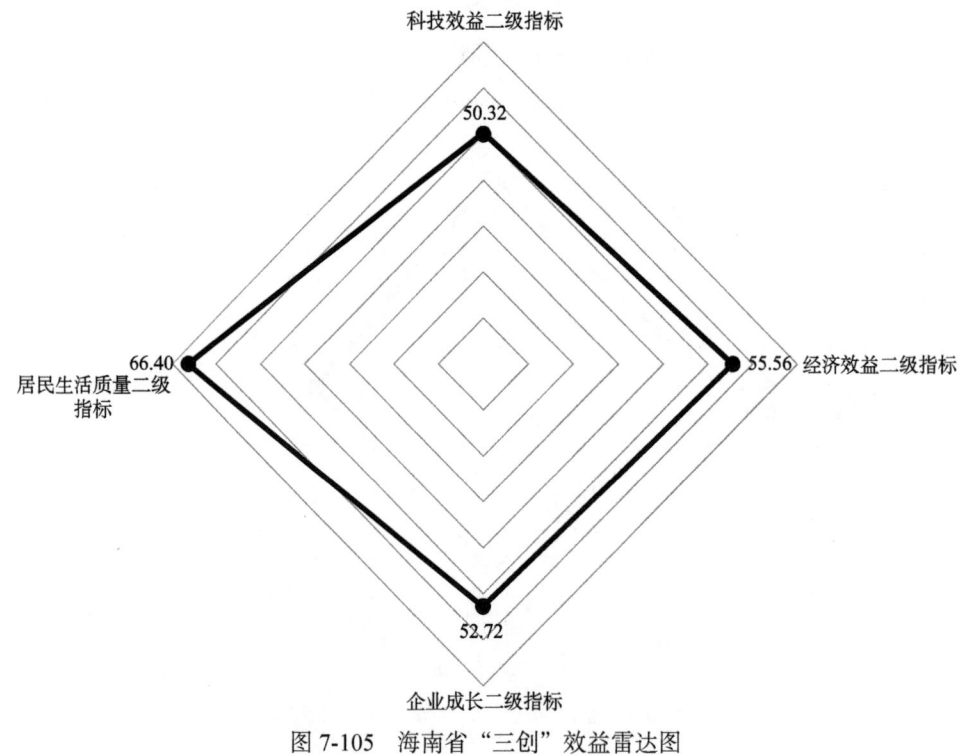

图 7-105　海南省"三创"效益雷达图

7.22 重 庆 市

2015年，重庆市地区生产总值15 717.27亿元，同比增长10.20%；人口3 017万，人均地区生产总值52 321元；社会全要素生产率6.85%。高新技术产业主营业务收入 4 028.81 亿元，同比增长 17.33%，占地区生产总值比重 25.63%。早期、创业、成长基金规模854.95亿元，接受投资942.45亿元。新增企业数76 874家，新增创业板、中小板、新三板上市企业16家。

2018 年，重庆市"三创"能力综合排名位于全国第 12 位。分项指标中，外部环境排名位于第 9 位，基础设施与条件相较于其他方面相对薄弱、有待提高，重庆市政府也在加快推进实施基础设施建设提升战略行动，将农村小康路、高速铁路、高速公路、干线公路作为其重点。政策制度环境较好，政府效率较高，经济基础较好，市场环境与社会服务保障、绿色发展、对外开放等方面做得较好，为"三创"工作的开展提供了良好的政策、制度、环境基础；资源投入排名第 16 位，人力资源仍需加强，教育投入力度需要加大，一方面吸引外来人才，另一方面加强教育投入力度培养本地中坚力量，促进重庆市整体人才库的构建与完善；主体能力排名第 15 位，企业创新能力较强，知识创造与创投能力可再加强；"三创"效益排名第 10 位，经济效益突出，居民生活质量水平高，为人才的吸引与培养创造了优越的经济条件。

重庆市"三创"能力各级指标具体数值及国内排名见表 7-22。图 7-106~图 7-110 为一、二级指标数据雷达示意图。

表 7-22 重庆市"三创"能力各级指标具体数值及国内排名

指标名称	指标值	排名
"三创"综合指数	63.86	12
1.外部环境	77.12	9
1.1 基础设施与条件	65.64	22
1.2 政策制度环境与政府效率	91.24	6
1.3 经济基础	69.45	13
1.4 市场环境与社会服务保障	85.50	7
1.5 绿色发展	87.66	5
1.6 对外开放	53.29	13

续表

指标名称	指标值	排名
2.资源投入	60.65	16
2.1 人力资源	62.56	19
2.2 创投资源	57.41	10
2.3 科技投入	61.67	14
2.4 教育投入	61.14	26
3.主体能力	56.24	15
3.1 知识创造	55.94	18
3.2 企业创新	60.99	10
3.3 创投能力	51.42	17
4."三创"效益	61.97	10
4.1 科技效益	52.97	18
4.2 经济效益	69.72	5
4.3 企业成长	57.77	15
4.4 居民生活质量	66.91	11

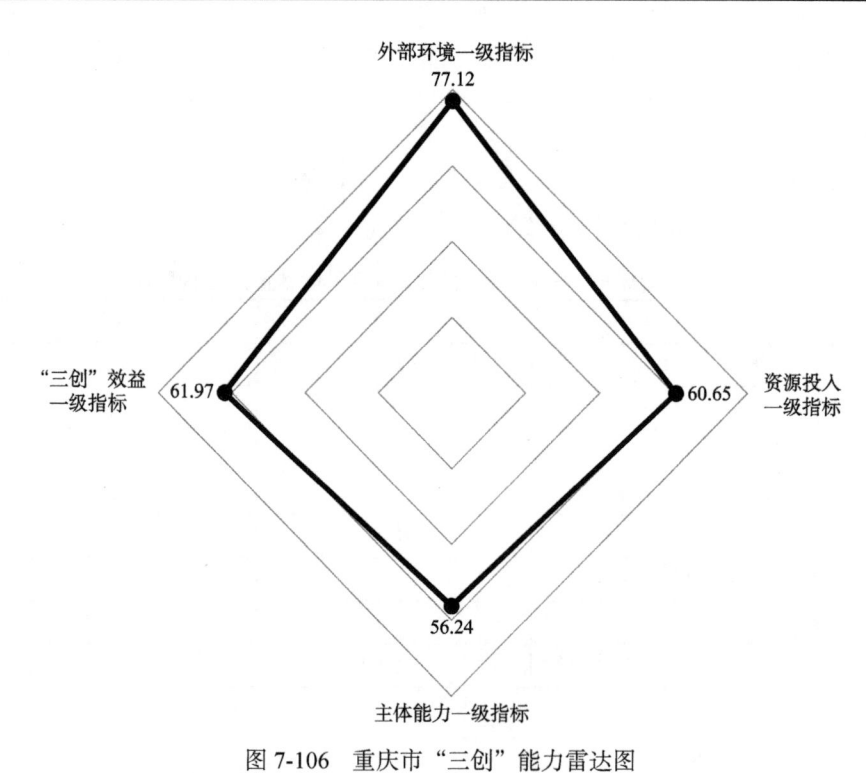

图 7-106 重庆市"三创"能力雷达图

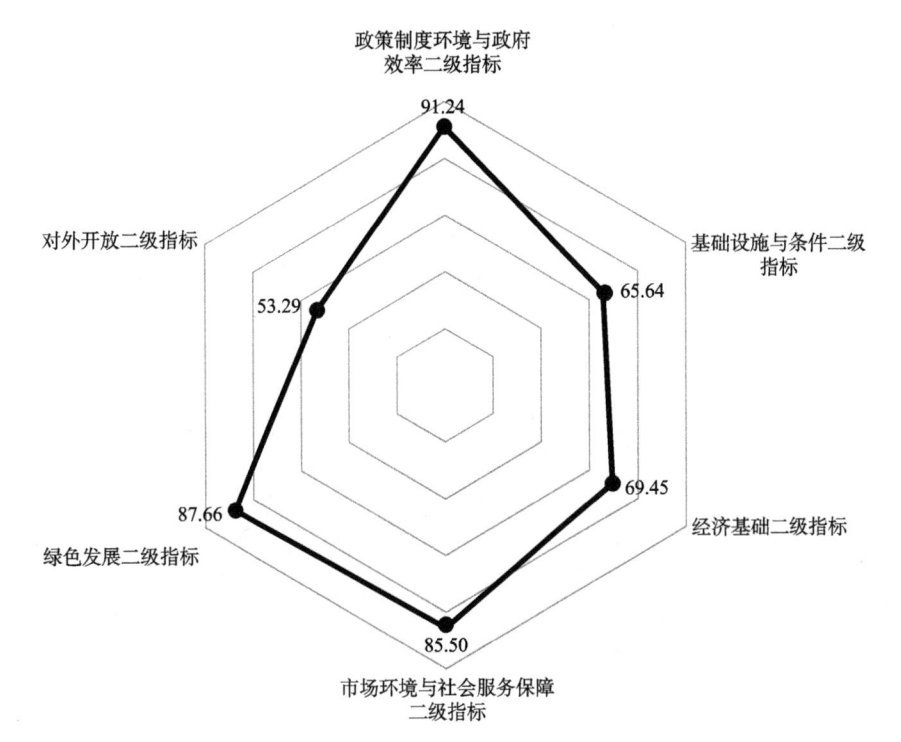

第 7 章　31 个省级区域"三创"能力报告　　161

图 7-107　重庆市"三创"外部环境雷达图

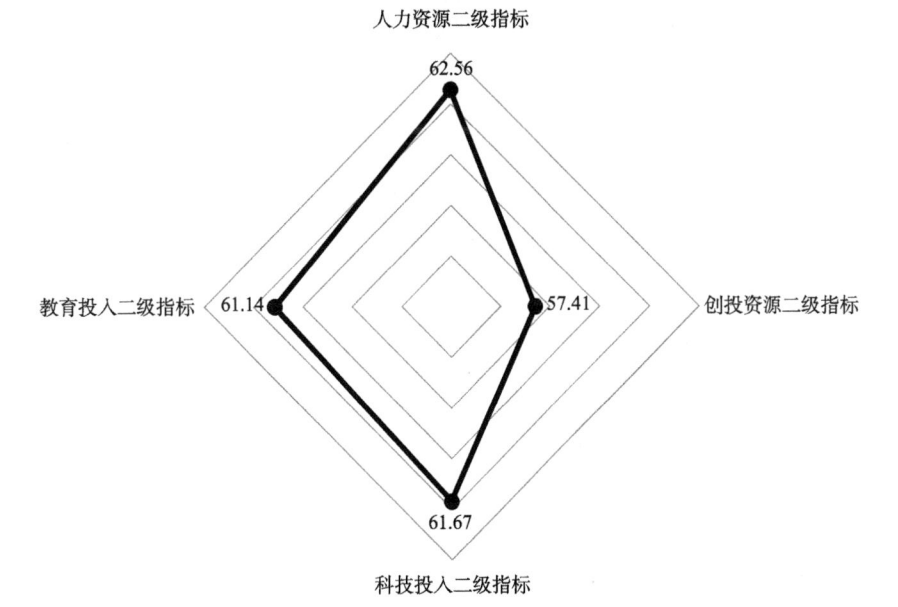

图 7-108　重庆市"三创"资源投入雷达图

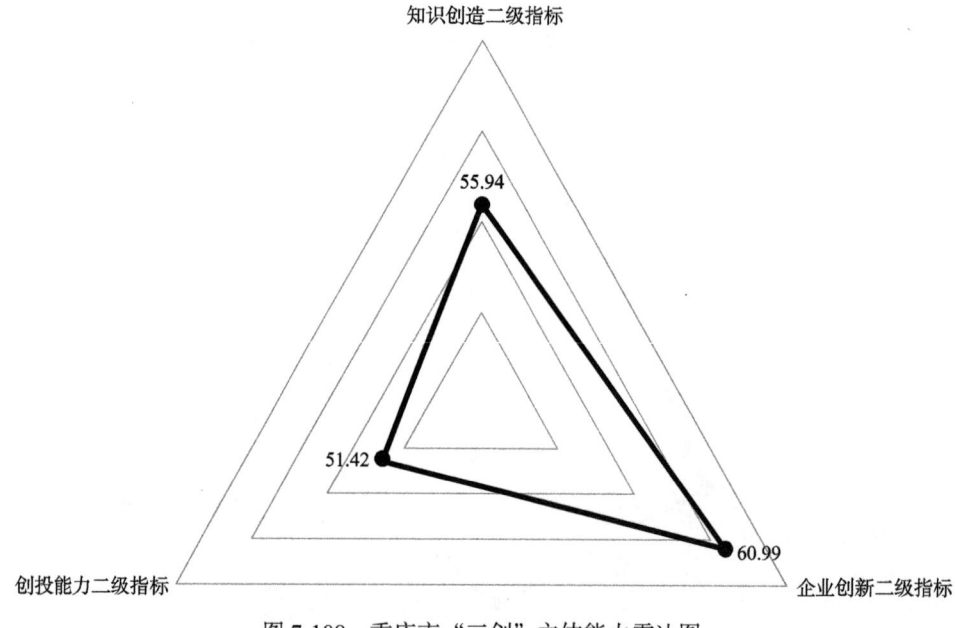

图 7-109　重庆市"三创"主体能力雷达图

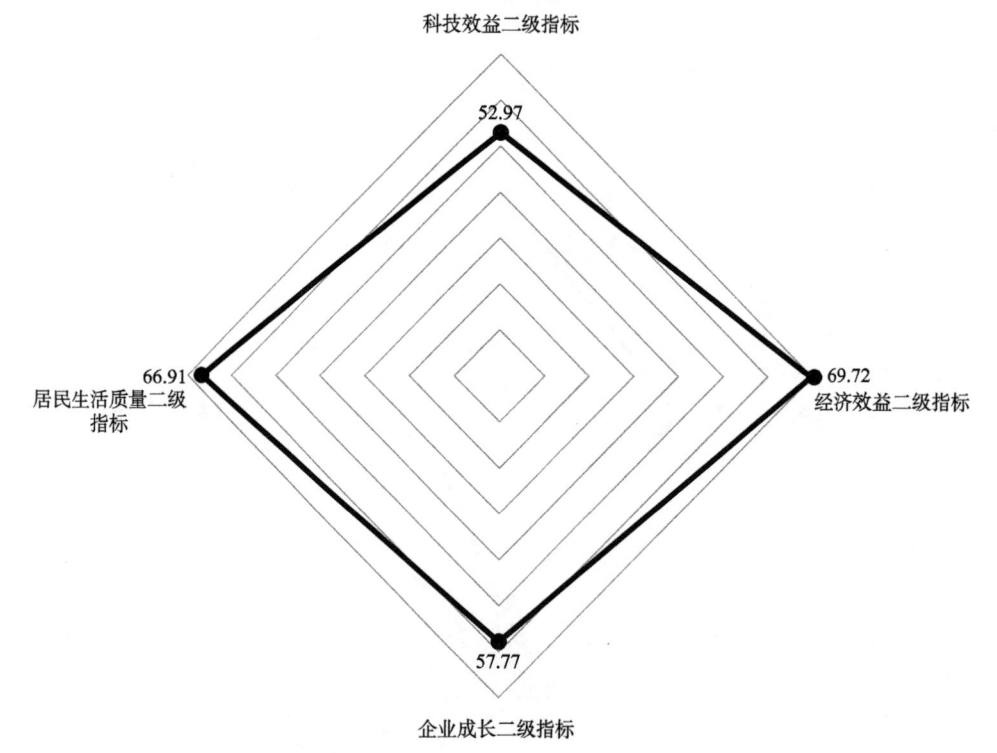

图 7-110　重庆市"三创"效益雷达图

7.23 四 川 省

2015年,四川省地区生产总值30 053.1亿元,同比增长5.31%;人口8 204万,人均地区生产总值36 775元;社会全要素生产率7.55%。高新技术产业主营业务收入5 171.71亿元,同比增长-5.74%,占地区生产总值比重17.21%。早期、创业、成长基金规模1 414.79亿元,接受投资862.11亿元。新增企业数27 954家,新增创业板、中小板、新三板上市企业88家。

2018年,重庆市"三创"能力综合排名位于全国第10位。分项指标中,外部环境排名位于第14位,市场环境与社会服务保障、基础设施与条件、政策制度环境与政府效率有待提高,地处西南地区,是承接华南华中、连接西南西北、沟通中亚南亚东南亚的重要交汇点和交通走廊,经济基础、绿色发展、对外开放等方面做得较好;资源投入排名第8位,中小学入学率持续提升,人力资源、教育投入、创投资源、科技投入都做得较好;主体能力排名第10位,四川拥有各类产业园区200多个,316家世界500强企业落户四川省,企业总体创新能力、知识创造、创投能力位居前列;"三创"效益排名第14位,经济总量位居全国第六、西部第一,企业成长较快,科技效益、经济效益较好,居民生活质量还需提高。

四川省"三创"能力各级指标具体数值及国内排名见表7-23。图7-111~图7-115为一、二级指标数据雷达示意图。

表7-23 四川省"三创"能力各级指标具体数值及国内排名

指标名称	指标值	排名
"三创"综合指数	64.35	10
1.外部环境	73.67	14
1.1 基础设施与条件	65.13	25
1.2 政策制度环境与政府效率	82.92	20
1.3 经济基础	71.38	12
1.4 市场环境与社会服务保障	77.22	22
1.5 绿色发展	84.77	12
1.6 对外开放	53.67	11
2.资源投入	65.52	8
2.1 人力资源	64.97	14

续表

指标名称	指标值	排名
2.2 创投资源	60.46	6
2.3 科技投入	66.46	9
2.4 教育投入	70.73	12
3.主体能力	57.94	10
3.1 知识创造	59.46	10
3.2 企业创新	60.39	12
3.3 创投能力	54.24	8
4."三创"效益	60.91	14
4.1 科技效益	56.86	12
4.2 经济效益	62.57	16
4.3 企业成长	60.64	9
4.4 居民生活质量	63.17	20

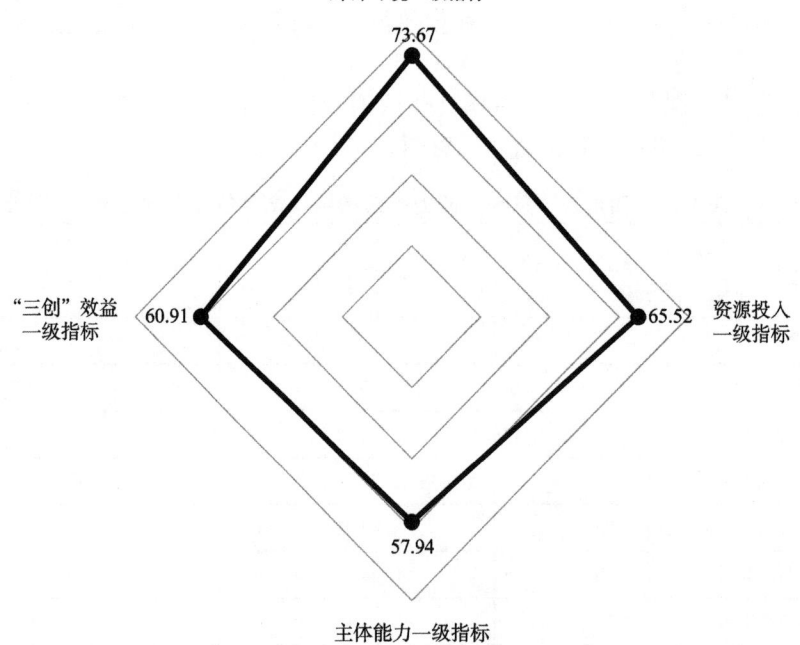

图 7-111 四川省"三创"能力雷达图

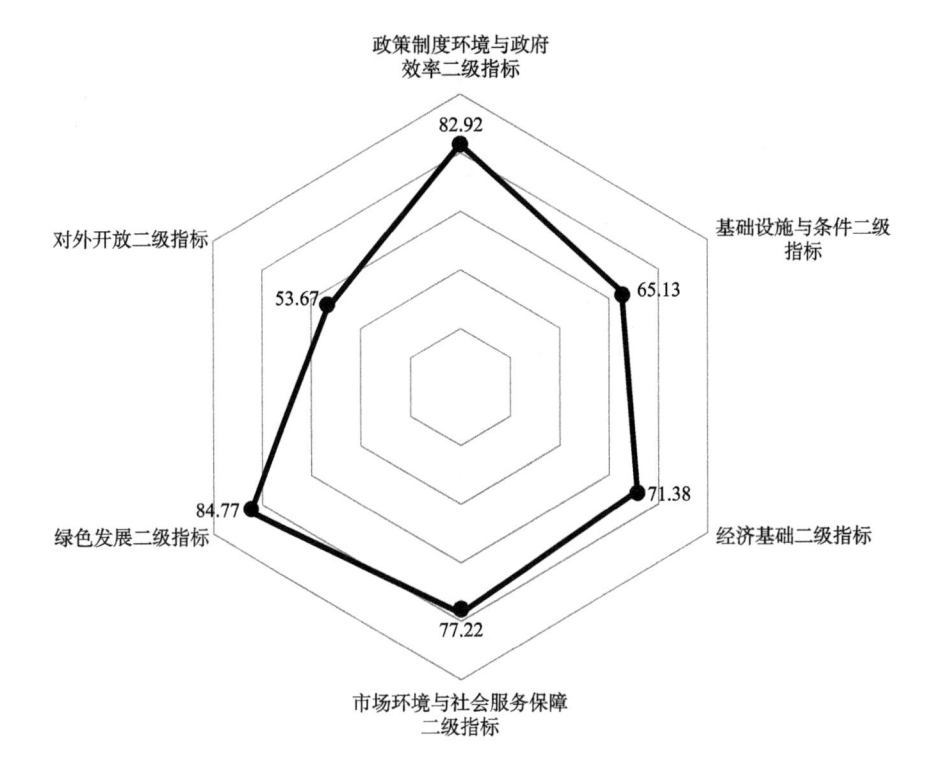

图 7-112　四川省"三创"外部环境雷达图

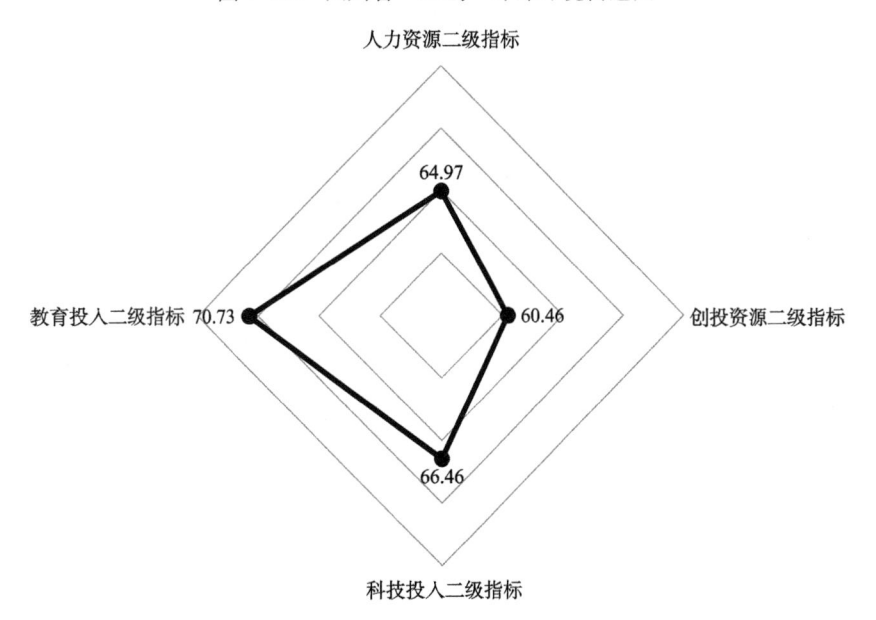

图 7-113　四川省"三创"资源投入雷达图

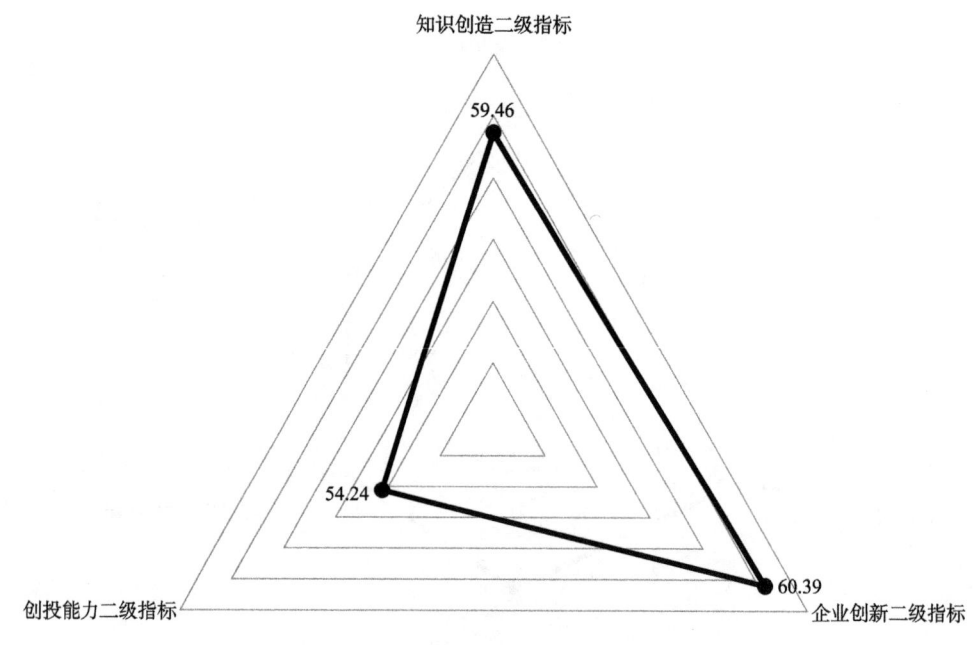

图 7-114　四川省"三创"主体能力雷达图

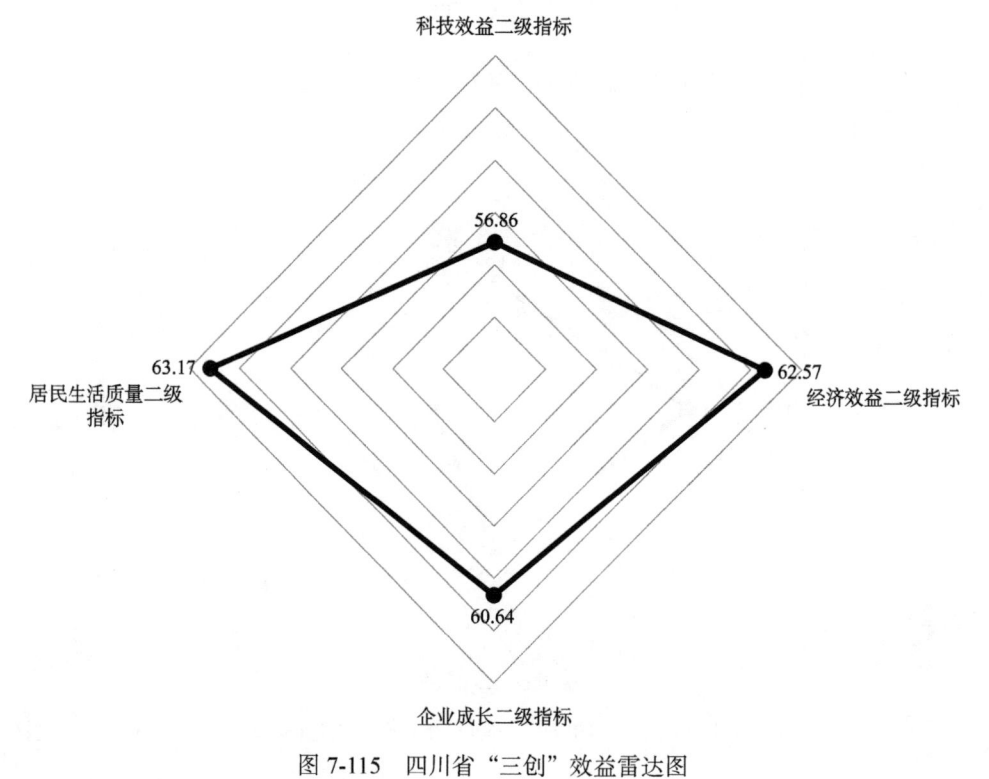

图 7-115　四川省"三创"效益雷达图

7.24 贵州省

2015 年，贵州省地区生产总值 10 502.56 亿元，同比增长 13.34%；人口 3 530 万，人均地区生产总值 29 847 元；社会全要素生产率 4.81%。高新技术产业主营业务收入 806.91 亿元，同比增长 42.48%，占地区生产总值比重 7.68%。早期、创业、成长基金规模 1 220.42 亿元，接受投资 132.46 亿元。新增企业数 55 522 家，新增创业板、中小板、新三板上市企业 10 家。

2018 年，贵州省"三创"能力综合排名位于全国第 22 位。分项指标中，外部环境排名位于第 19 位，政策制度环境与政府效率、经济基础较好，地处西南腹地，作为西南交通枢纽，对外开放程度高，注重绿色发展，基础设施与条件、市场环境与社会服务保障较为薄弱，有待提高；资源投入排名第 26 位，贵州省教育投入力度较大，出台教育精准脱贫规划方案，阻断贫困的代际传递，但由于经济水平相对薄弱，企业规模效应尚未显现，创投资源、人力资源和科技投入相对较为薄弱；主体能力排名第 29 位，创投能力较强，企业创新、知识创造能力还有一定的提升空间；"三创"效益排名第 28 位，企业创新能力强，经济效益、居民生活质量有较大提升空间。

贵州省"三创"能力各级指标具体数值及国内排名见表 7-24。图 7-116~图 7-120 为一、二级指标数据雷达示意图。

表 7-24 贵州省"三创"能力各级指标具体数值及国内排名

指标名称	指标值	排名
"三创"综合指数	59.82	22
1.外部环境	73.08	19
1.1 基础设施与条件	65.57	23
1.2 政策制度环境与政府效率	86.63	14
1.3 经济基础	68.52	14
1.4 市场环境与社会服务保障	75.39	28
1.5 绿色发展	83.61	15
1.6 对外开放	50.48	29
2.资源投入	57.58	26
2.1 人力资源	54.95	30
2.2 创投资源	50.25	29

续表

指标名称	指标值	排名
2.3 科技投入	52.51	28
2.4 教育投入	74.41	6
3.主体能力	53.07	29
3.1 知识创造	52.28	30
3.2 企业创新	55.54	23
3.3 创投能力	51.04	19
4."三创"效益	55.18	28
4.1 科技效益	51.07	26
4.2 经济效益	57.66	25
4.3 企业成长	55.00	22
4.4 居民生活质量	56.36	28

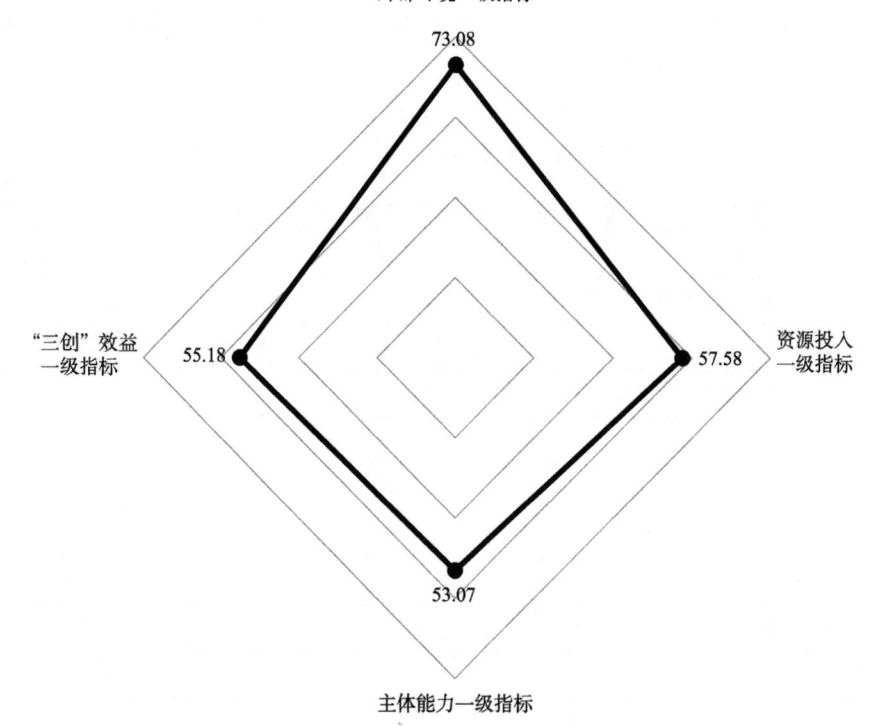

图 7-116 贵州省"三创"能力雷达图

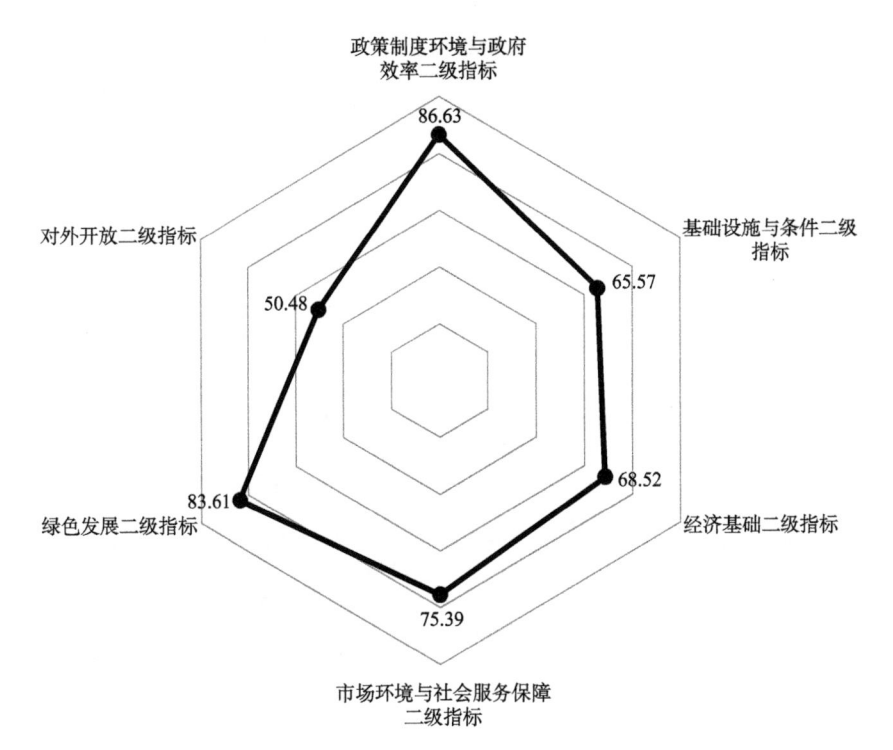

图 7-117 贵州省"三创"外部环境雷达图

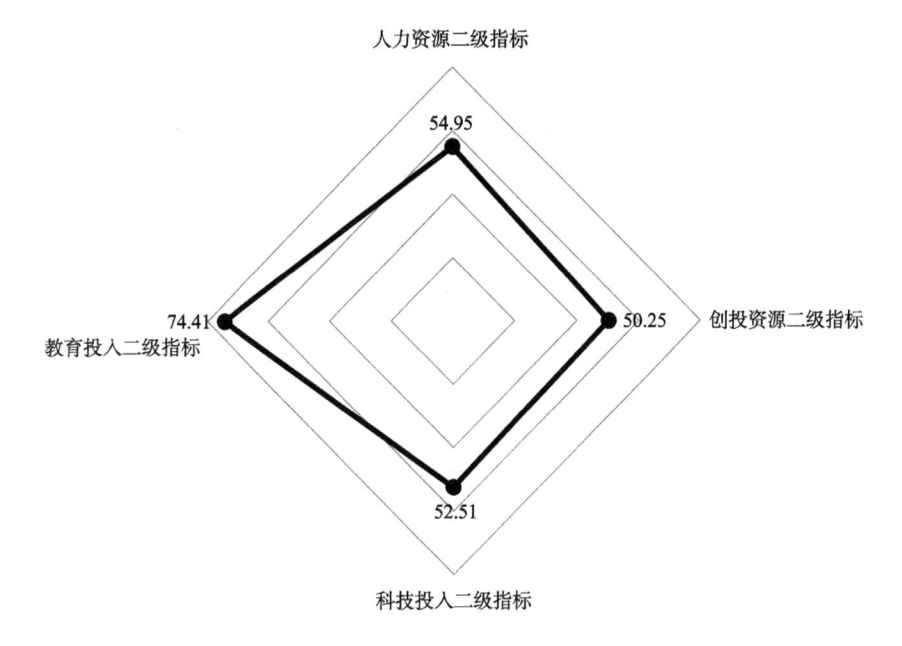

图 7-118 贵州省"三创"资源投入雷达图

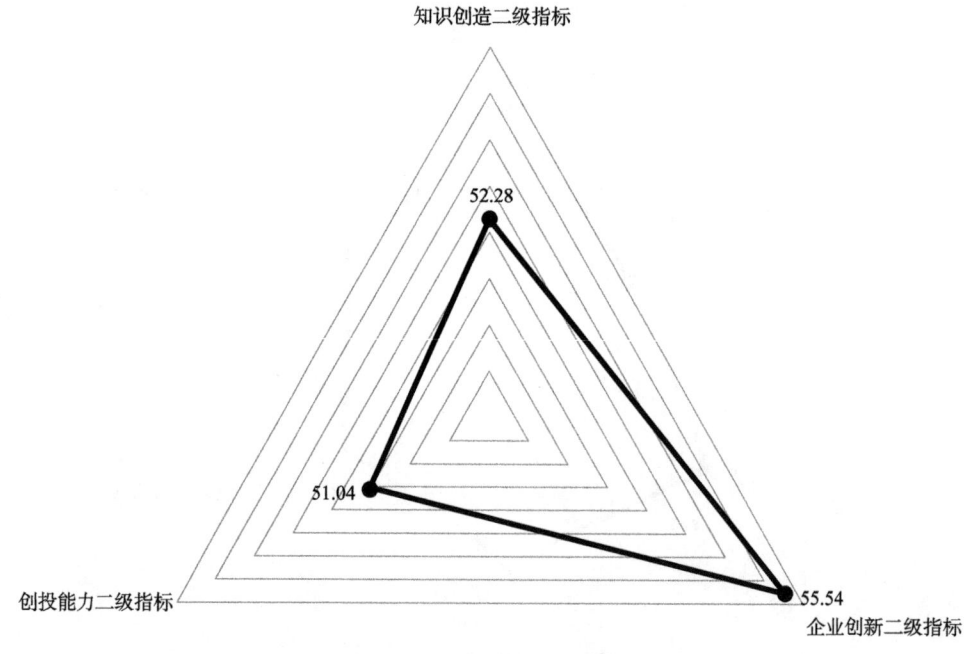

图 7-119 贵州省"三创"主体能力雷达图

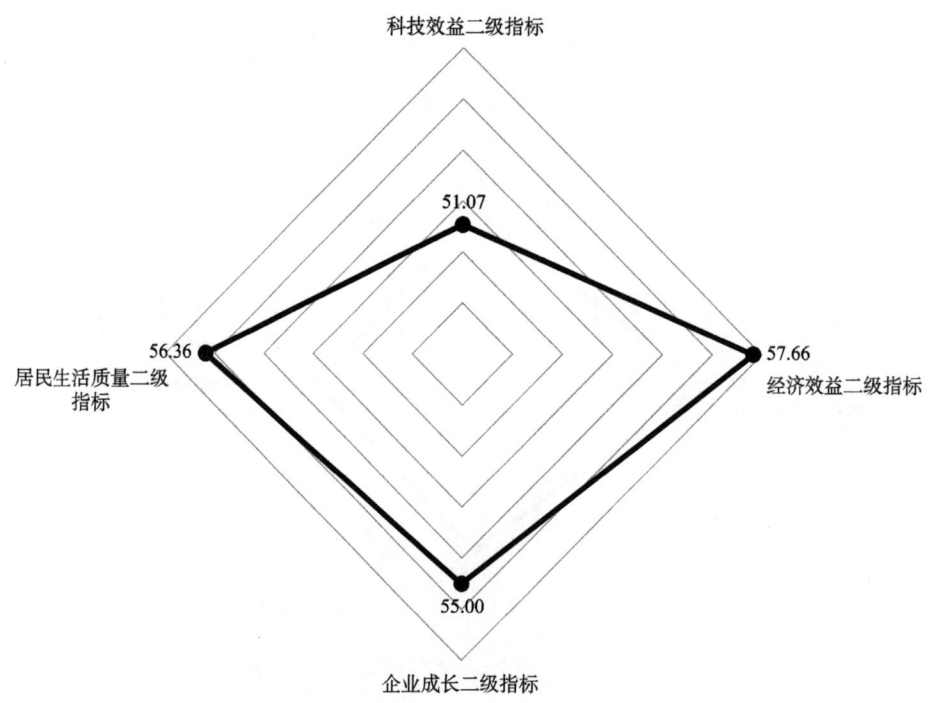

图 7-120 贵州省"三创"效益雷达图

7.25 云 南 省

2015 年，云南省地区生产总值 13 619.17 亿元，同比增长 6.27%；人口 4 742 万，人均地区生产总值 28 806 元；社会全要素生产率 4.74%。高新技术产业主营业务收入 349.96 亿元，同比增长 12.14%，占地区生产总值比重 2.57%。早期、创业、成长基金规模 108.64 亿元，接受投资 80.26 亿元。新增企业数 93 753 家，新增创业板、中小板、新三板上市企业 29 家。

2018 年，云南省"三创"能力综合排名位于全国第 25 位。分项指标中，外部环境排名位于第 24 位，地处中国西南边陲，西部与缅甸接壤，南部和老挝、越南毗邻，是中国通往东南亚、南亚的门户和窗口，对外开放程度高，经济基础相对较好，注重绿色发展，政策制度环境与政府效率较高，基础设施与条件、市场环境与社会服务保障较为薄弱；资源投入排名第 27 位，创投资源丰富，教育投入力度较大，人力资源和科技投入相对较为薄弱，整体科研水平相对较为薄弱，人才吸引能力不强；主体能力排名第 24 位，知识创造能力较强，企业创新、创投能力还有一定的提升空间；"三创"效益排名第 27 位，自然资源丰富，企业创新能力强，经济效益、居民生活质量有较大提升空间。

云南省"三创"能力各级指标具体数值及国内排名见表 7-25。图 7-121~图 7-125 为一、二级指标数据雷达示意图。

表 7-25 云南省"三创"能力各级指标具体数值及国内排名

指标名称	指标值	排名
"三创"综合指数	59.22	25
1.外部环境	70.44	24
1.1 基础设施与条件	62.57	30
1.2 政策制度环境与政府效率	82.08	21
1.3 经济基础	64.05	20
1.4 市场环境与社会服务保障	73.32	29
1.5 绿色发展	83.38	17
1.6 对外开放	52.19	19
2.资源投入	57.50	27
2.1 人力资源	58.97	25
2.2 创投资源	52.01	22

续表

指标名称	指标值	排名
2.3 科技投入	54.01	24
2.4 教育投入	66.15	20
3.主体能力	53.28	24
3.1 知识创造	54.36	24
3.2 企业创新	55.44	25
3.3 创投能力	50.21	29
4."三创"效益	55.48	27
4.1 科技效益	52.44	19
4.2 经济效益	56.50	28
4.3 企业成长	56.75	16
4.4 居民生活质量	55.47	30

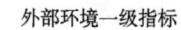

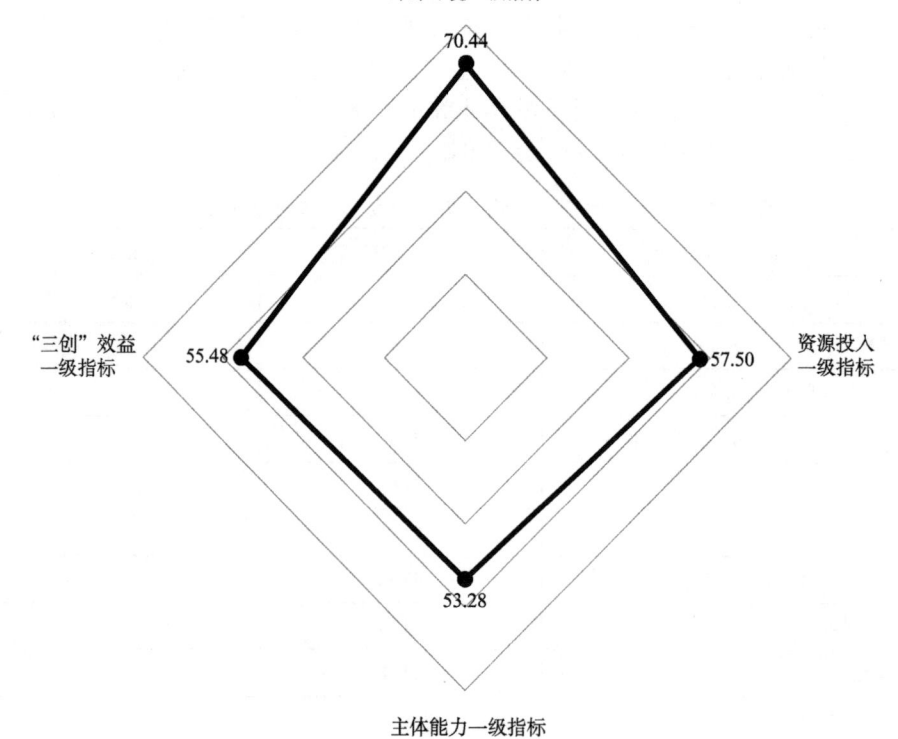

图 7-121 云南省"三创"能力雷达图

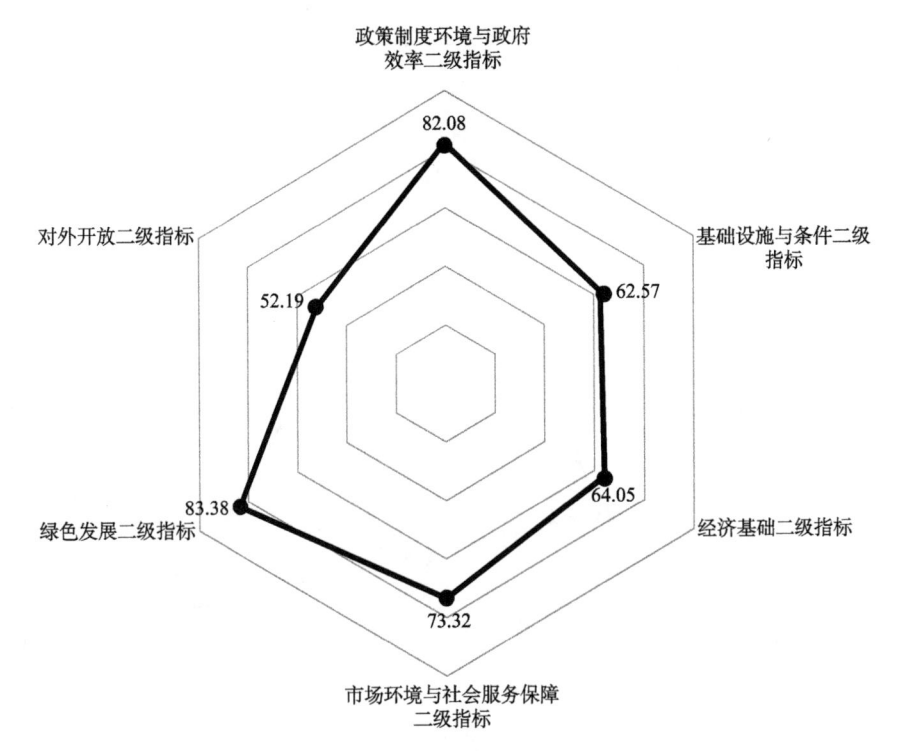

第 7 章　31 个省级区域"三创"能力报告　　173

图 7-122　云南省"三创"外部环境雷达图

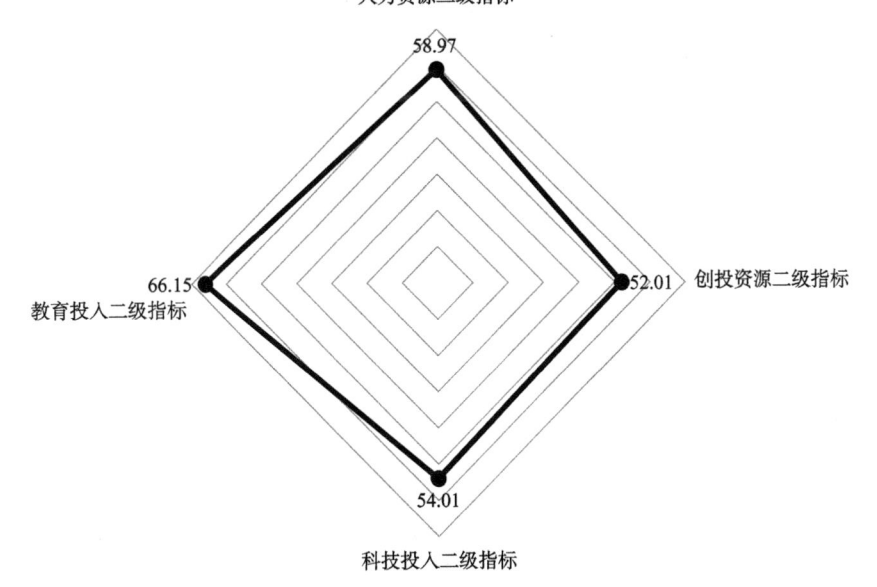

图 7-123　云南省"三创"资源投入雷达图

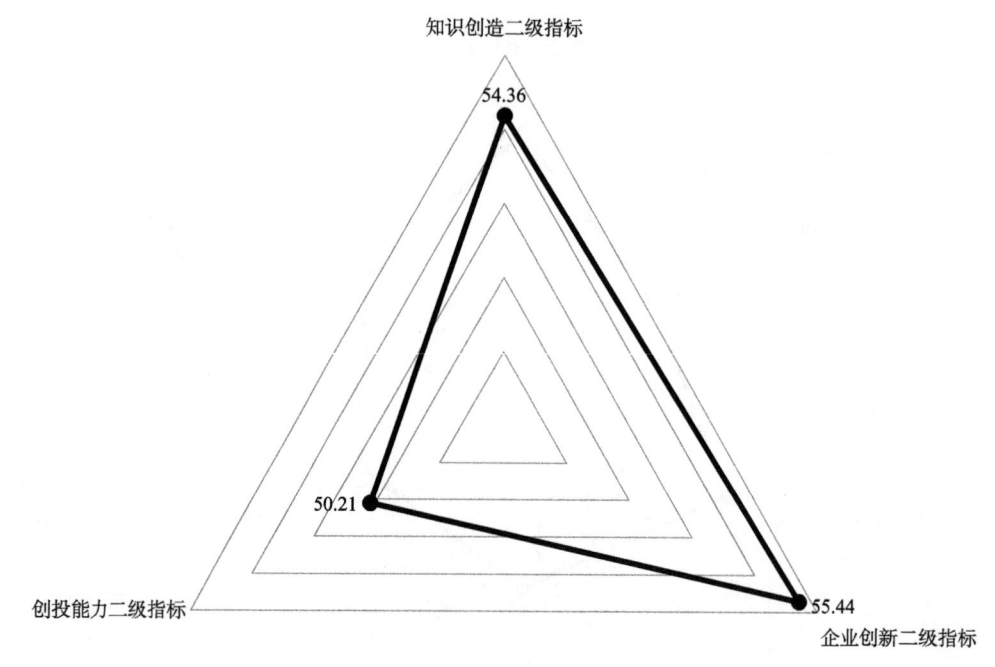

图 7-124　云南省"三创"主体能力雷达图

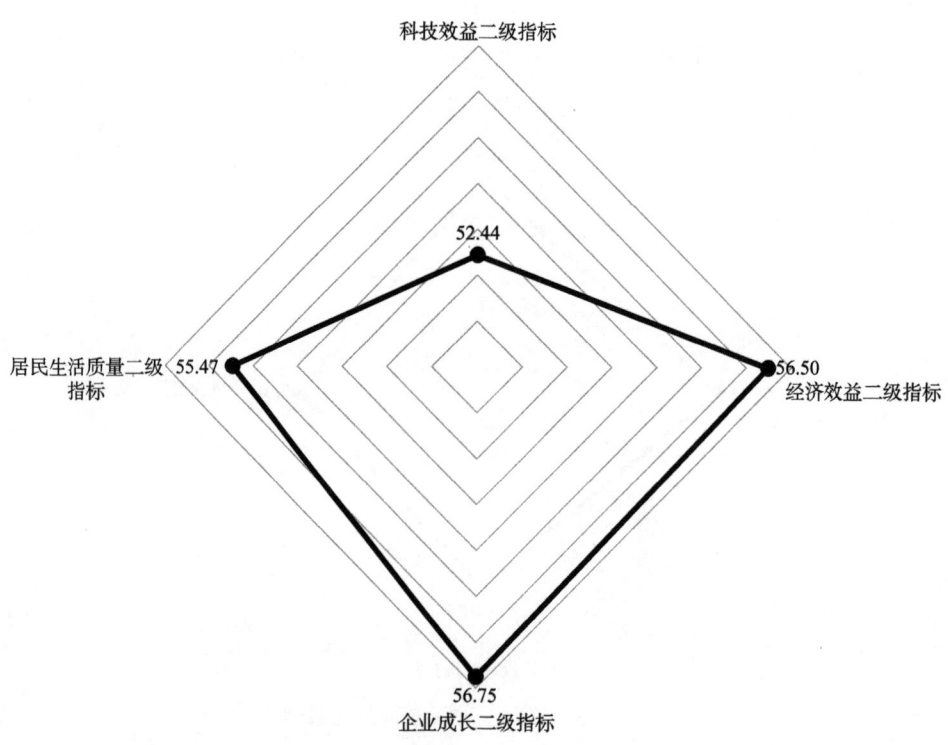

图 7-125　云南省"三创"效益雷达图

7.26 西藏自治区

2015 年，西藏自治区地区生产总值 1 026.39 亿元，同比增长 11.46%；人口 324 万，人均地区生产总值 31 999 元；社会全要素生产率 2.02%。高新技术产业主营业务收入 9.91 亿元，同比增长-37.73%，占地区生产总值比重 0.97%。早期、创业、成长基金规模 42.02 亿元，接受投资 2.91 亿元。新增企业数 369 家，新增创业板、中小板、新三板上市企业 4 家。

2018 年，西藏自治区"三创"能力综合排名位于全国第 31 位。分项指标中，外部环境排名位于第 31 位，注重绿色发展，地广人稀，基础设施与条件、市场环境与社会服务保障较为薄弱，地处西南边陲，对外开放程度较低，政策制度环境与政府效率、经济基础方面有待提高；资源投入排名第 28 位，创投资源丰富，教育投入力度较大，人才吸引力较低，人力资源和科技投入较为薄弱；主体能力排名第 18 位，企业创新能力强，规模效应不明显，知识创造、创投能力还有一定的提升空间；"三创"效益排名第 31 位，经济效益较好，科技效益、企业成长、居民生活质量有较大提升空间。

西藏自治区"三创"能力各级指标具体数值及国内排名见表 7-26。图 7-126~图 7-130 为一、二级指标数据雷达示意图。

表 7-26　西藏自治区"三创"能力各级指标具体数值及国内排名

指标名称	指标值	排名
"三创"综合指数	56.82	31
1.外部环境	62.37	31
1.1 基础设施与条件	61.99	31
1.2 政策制度环境与政府效率	50.00	31
1.3 经济基础	61.72	23
1.4 市场环境与社会服务保障	64.04	31
1.5 绿色发展	97.88	1
1.6 对外开放	50.11	30
2.资源投入	56.40	28
2.1 人力资源	53.50	31
2.2 创投资源	52.90	18

续表

指标名称	指标值	排名
2.3 科技投入	51.29	30
2.4 教育投入	69.18	16
3.主体能力	55.06	18
3.1 知识创造	52.73	27
3.2 企业创新	61.07	9
3.3 创投能力	50.40	24
4."三创"效益	52.27	31
4.1 科技效益	49.92	31
4.2 经济效益	57.72	24
4.3 企业成长	50.05	31
4.4 居民生活质量	50.96	31

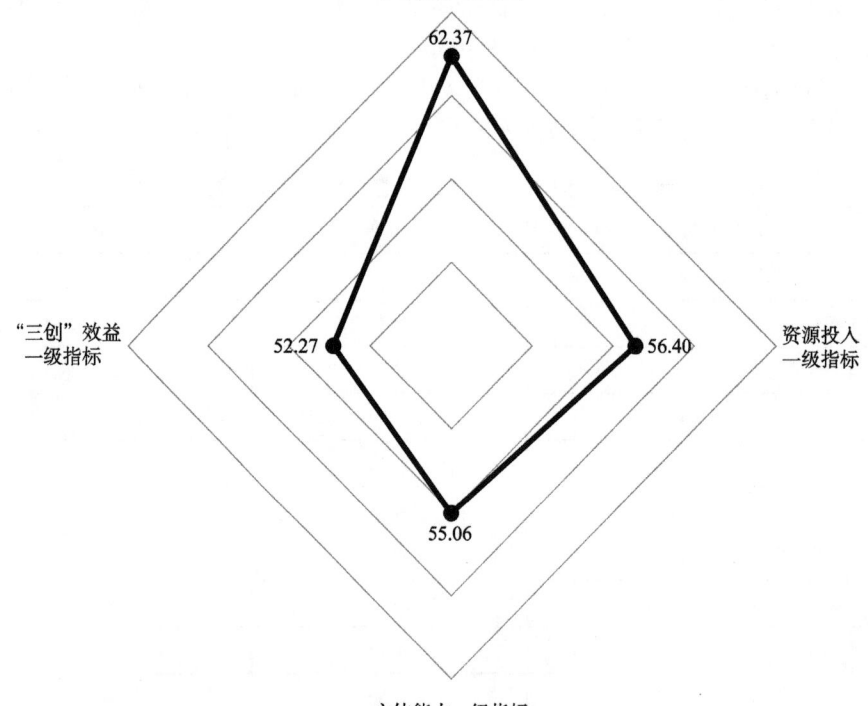

图 7-126 西藏自治区"三创"能力雷达图

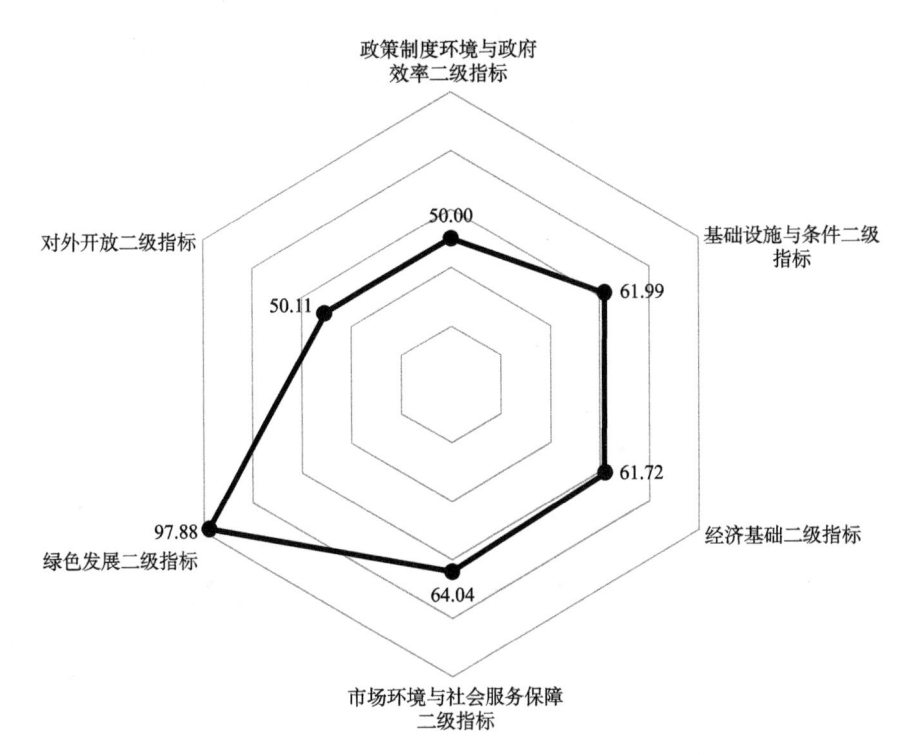

图 7-127　西藏自治区"三创"外部环境雷达图

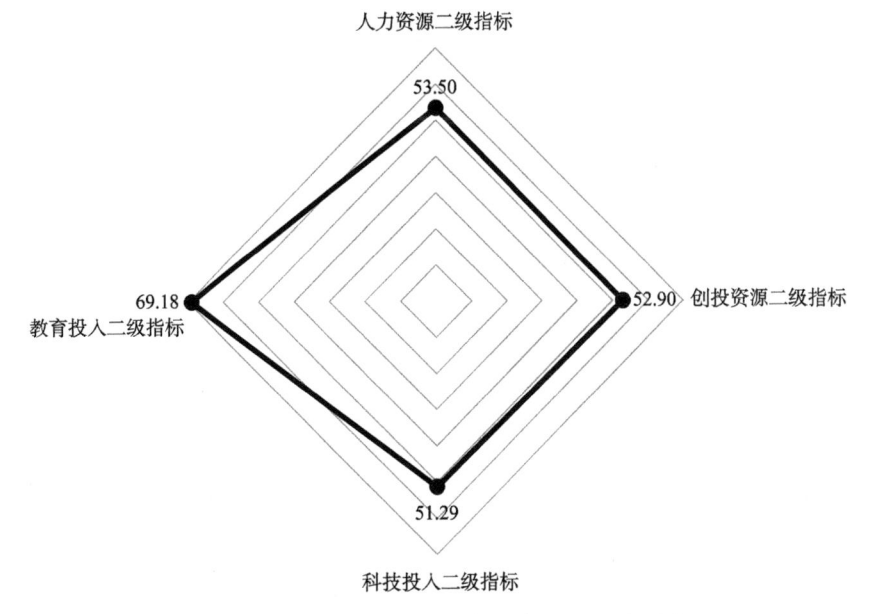

图 7-128　西藏自治区"三创"资源投入雷达图

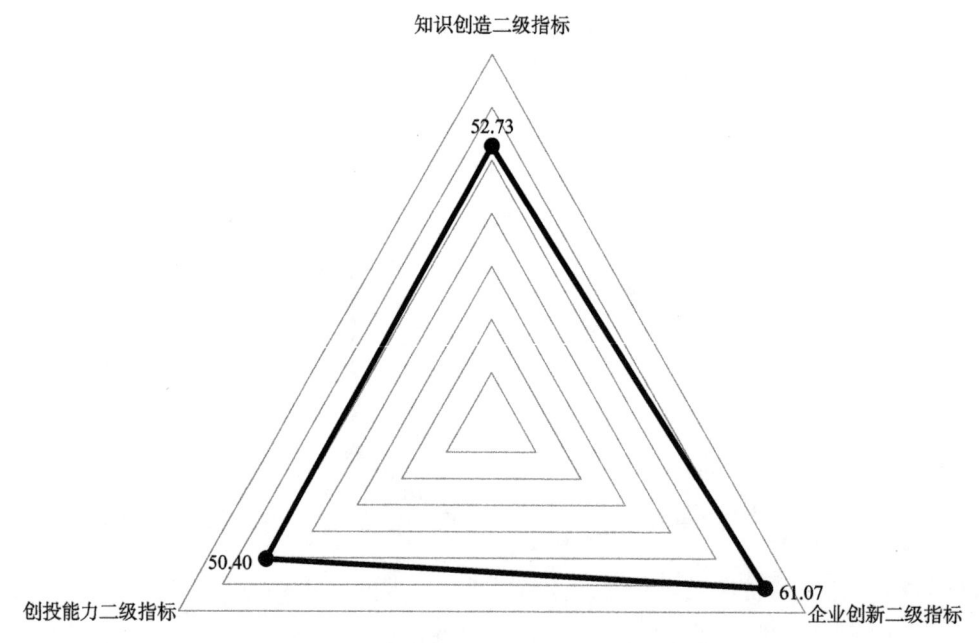

图 7-129　西藏自治区"三创"主体能力雷达图

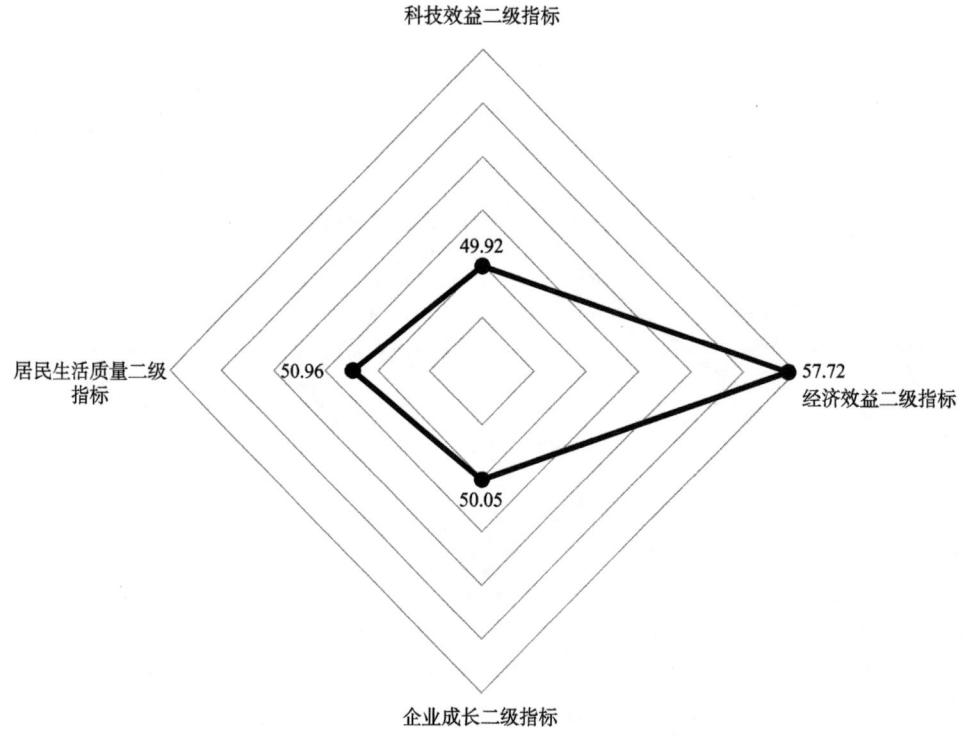

图 7-130　西藏自治区"三创"效益雷达图

7.27 陕 西 省

2015 年，陕西省地区生产总值 18 021.86 亿元，同比增长 1.87%；人口 3 793 万，人均地区生产总值 47 626 元；社会全要素生产率 6.58%。高新技术产业主营业务收入 1 902.89 亿元，同比增长 15.36%，占地区生产总值比重 10.56%。早期、创业、成长基金规模 1 332.79 亿元，接受投资 492.6 亿元。新增企业数 47 923 家，新增创业板、中小板、新三板上市企业 21 家。

2018 年，陕西省"三创"能力综合排名位于全国第 13 位。分项指标中，外部环境排名位于第 21 位，基础设施与条件、市场环境与社会服务保障好，注重绿色发展，地处西北内陆地区，对外开放程度较低，政策制度环境与政府效率、经济基础方面有待提高；资源投入排名第 10 位，高校、研究机构实力位居各省前列，人力资源和科技投入力度稳居前列，创投资源较为薄弱，创投资源投入意识相对较弱；主体能力排名第 12 位，知识创造与创投能力强，科研院所对企业支撑与拉动作用较强，科研项目中应用性研究项目充足、科技产品转化能力较强，但企业自主创新能力还有一定的提升空间；"三创"效益排名第 16 位，经济基础较强，科技效益与企业成长位居前列，居民生活质量水平高。

陕西省"三创"能力各级指标具体数值及国内排名见表 7-27。图 7-131~图 7-135 为一、二级指标数据雷达示意图。

表 7-27　陕西省"三创"能力各级指标具体数值及国内排名

指标名称	指标值	排名
"三创"综合指数	63.11	13
1.外部环境	72.75	21
1.1 基础设施与条件	69.14	10
1.2 政策制度环境与政府效率	84.17	19
1.3 经济基础	62.64	22
1.4 市场环境与社会服务保障	78.54	17
1.5 绿色发展	84.23	13
1.6 对外开放	52.07	20
2.资源投入	64.23	10
2.1 人力资源	70.69	6
2.2 创投资源	52.12	21

续表

指标名称	指标值	排名
2.3 科技投入	65.72	10
2.4 教育投入	69.51	15
3. 主体能力	56.85	12
3.1 知识创造	62.12	7
3.2 企业创新	57.64	18
3.3 创投能力	52.12	13
4. "三创"效益	58.96	16
4.1 科技效益	57.96	11
4.2 经济效益	59.11	22
4.3 企业成长	56.18	18
4.4 居民生活质量	63.46	18

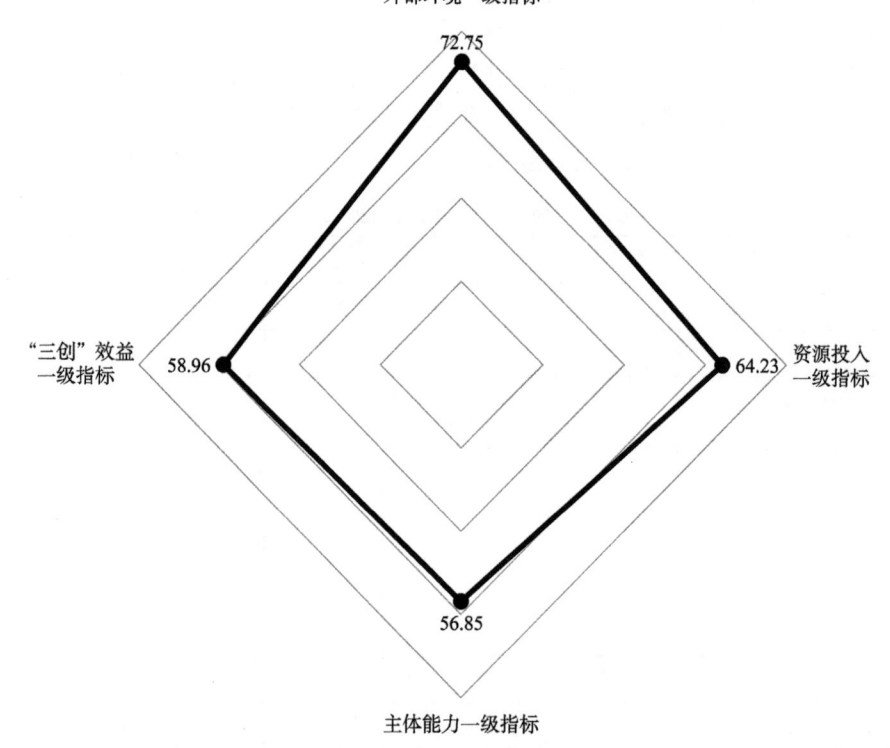

图 7-131　陕西省"三创"能力雷达图

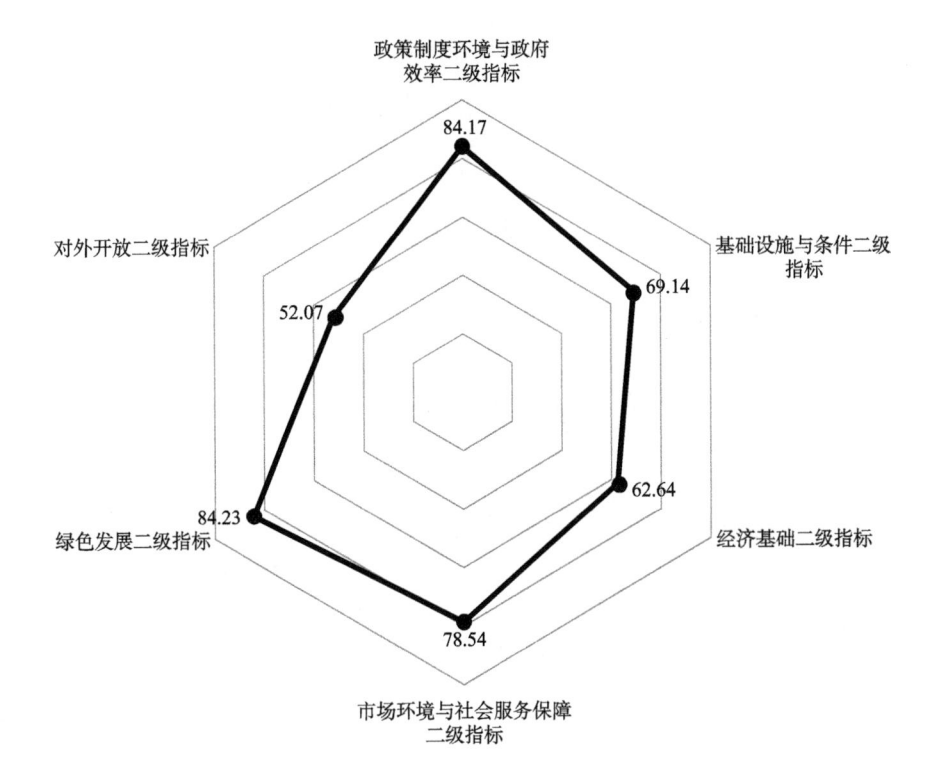

图 7-132　陕西省"三创"外部环境雷达图

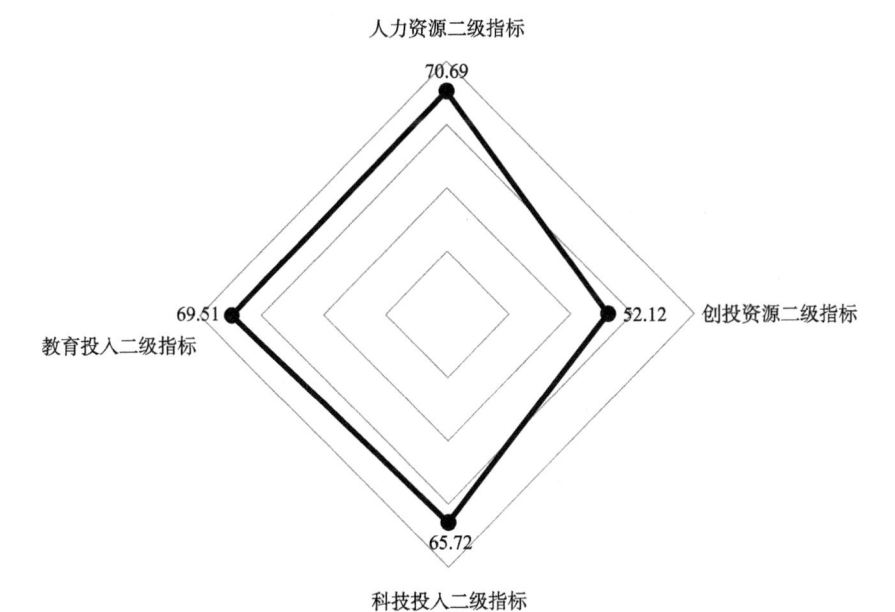

图 7-133　陕西省"三创"资源投入雷达图

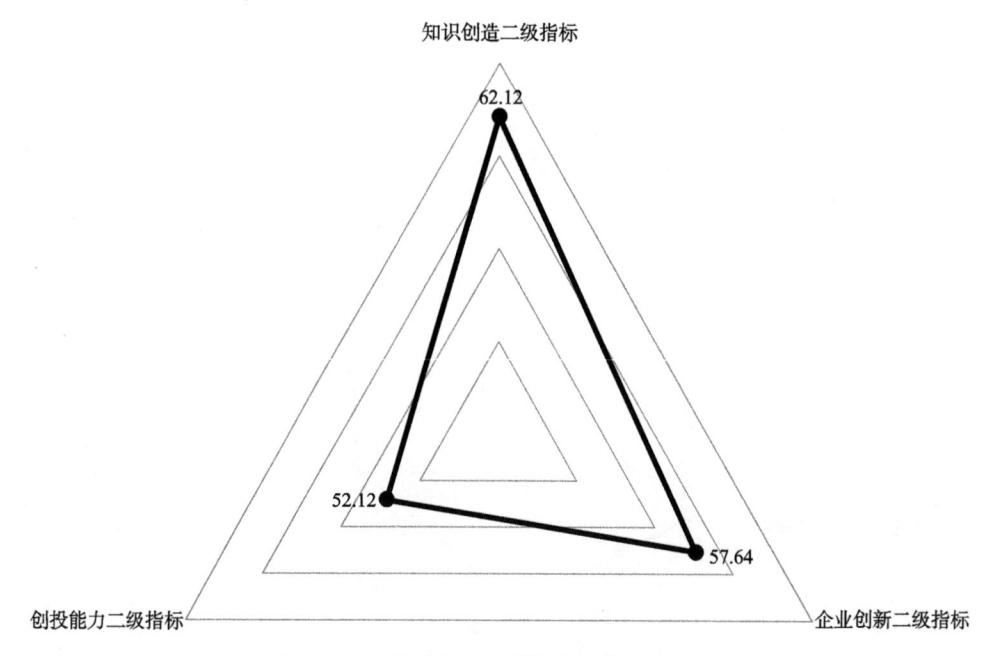

图 7-134 陕西省"三创"主体能力雷达图

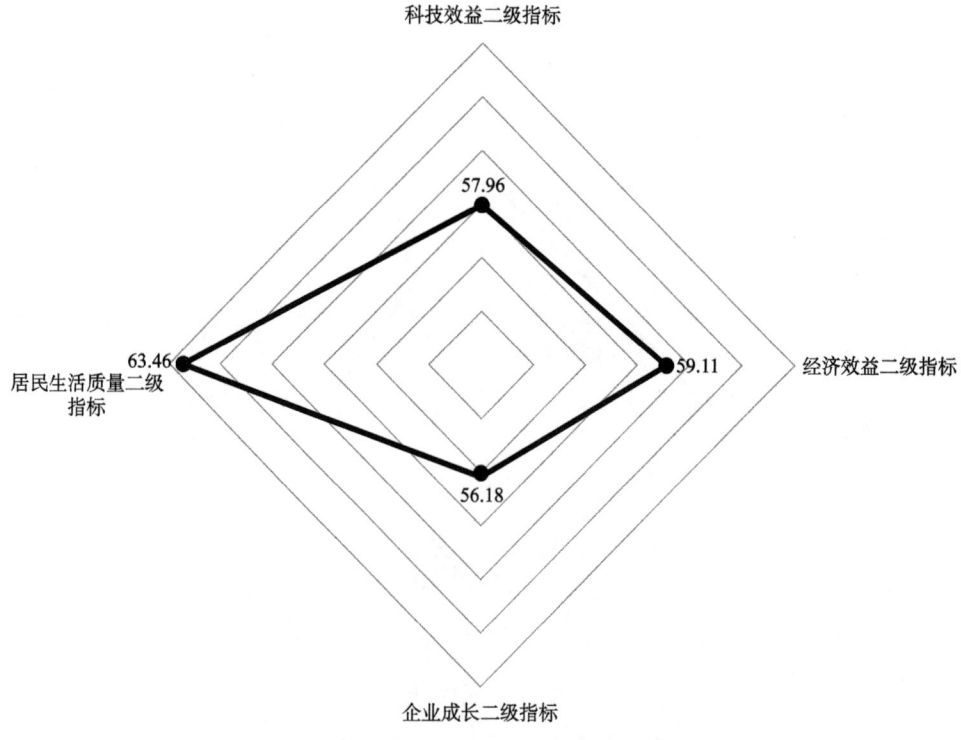

图 7-135 陕西省"三创"效益雷达图

7.28 甘 肃 省

2015年，甘肃省地区生产总值6 790.32亿元，同比增长-0.68%；人口2 600万，人均地区生产总值26 165元；社会全要素生产率4.88%。高新技术产业主营业务收入179.01亿元，同比增长10.22%，占地区生产总值比重2.64%。早期、创业、成长基金规模269.22亿元，接受投资16.31亿元。新增企业数22 334家，新增创业板、中小板、新三板上市企业12家。

2018年，甘肃省"三创"能力综合排名位于全国第26位。分项指标中，外部环境排名第28位，市场环境与社会服务保障好，注重绿色发展，生态文明战略已成为引领甘肃全省发展的重要理念与行动，地处西北地区，对外开放程度较低，政策制度环境与政府效率方面有待提高；资源投入排名第20位，创投资源数量充足，科技投入力度相对较大；主体能力排名第30位，知识创造与创投能力强，以石油化工、有色冶金、机械电子为主的工业企业体系创新还有一定的提升空间；"三创"效益排名第30位，科技效益与企业成长相对较强，居民生活质量水平还较低。

甘肃省"三创"能力各级指标具体数值及国内排名见表7-28。图7-136~图7-140为一、二级指标数据雷达示意图。

表7-28 甘肃省"三创"能力各级指标具体数值及国内排名

指标名称	指标值	排名
"三创"综合指数	58.77	26
1.外部环境	68.43	28
1.1 基础设施与条件	63.64	28
1.2 政策制度环境与政府效率	78.94	26
1.3 经济基础	53.71	31
1.4 市场环境与社会服务保障	77.25	21
1.5 绿色发展	83.51	16
1.6 对外开放	50.78	28
2.资源投入	59.13	20
2.1 人力资源	60.38	22
2.2 创投资源	53.32	16
2.3 科技投入	57.68	19

续表

指标名称	指标值	排名
2.4 教育投入	66.05	22
3. 主体能力	53.05	30
3.1 知识创造	55.02	22
3.2 企业创新	54.24	28
3.3 创投能力	50.34	25
4. "三创"效益	54.48	30
4.1 科技效益	51.79	23
4.2 经济效益	56.02	30
4.3 企业成长	53.13	26
4.4 居民生活质量	57.00	27

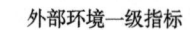

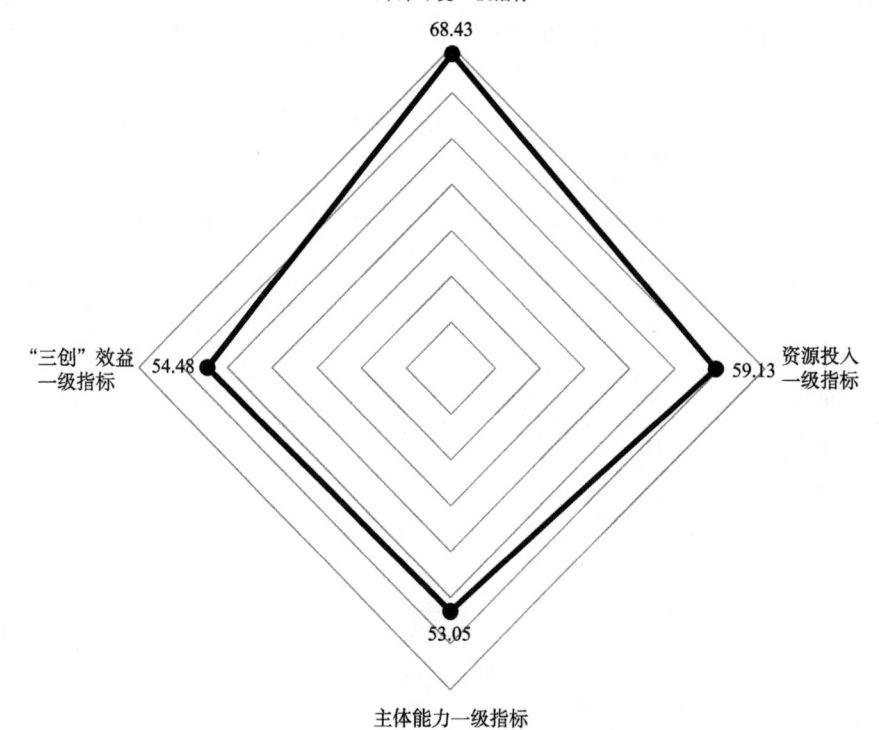

图 7-136　甘肃省"三创"能力雷达图

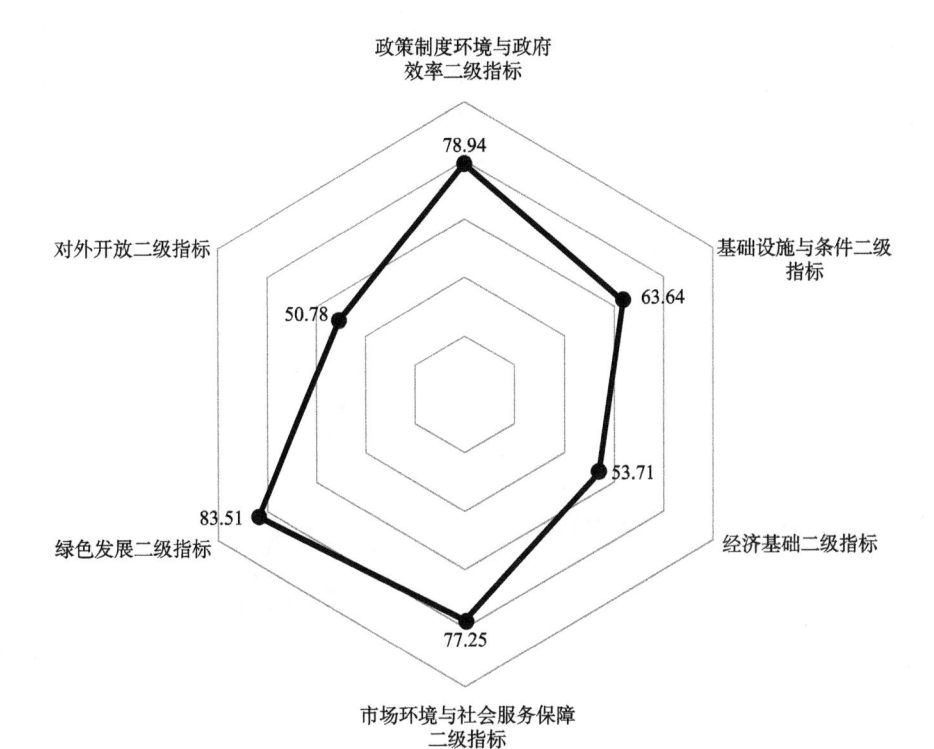

图 7-137　甘肃省"三创"外部环境雷达图

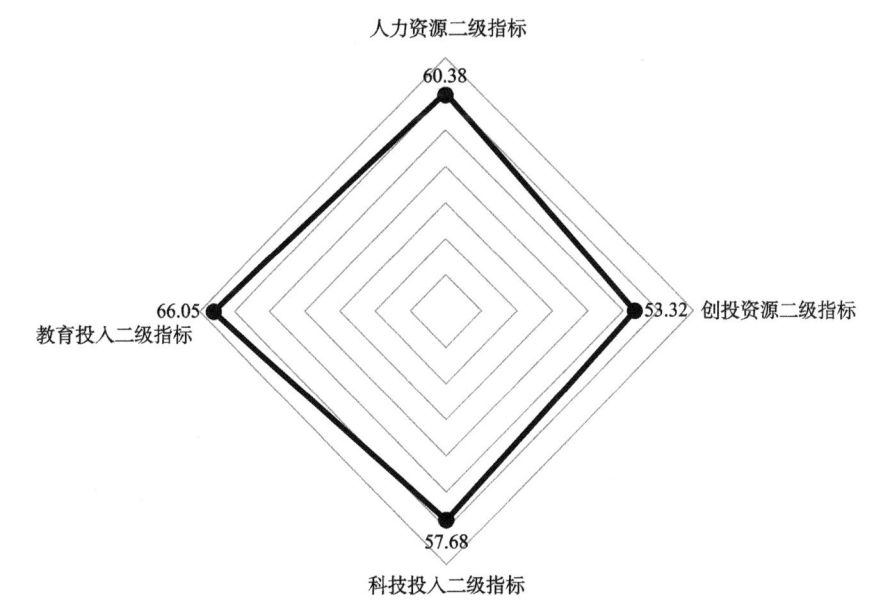

图 7-138　甘肃省"三创"资源投入雷达图

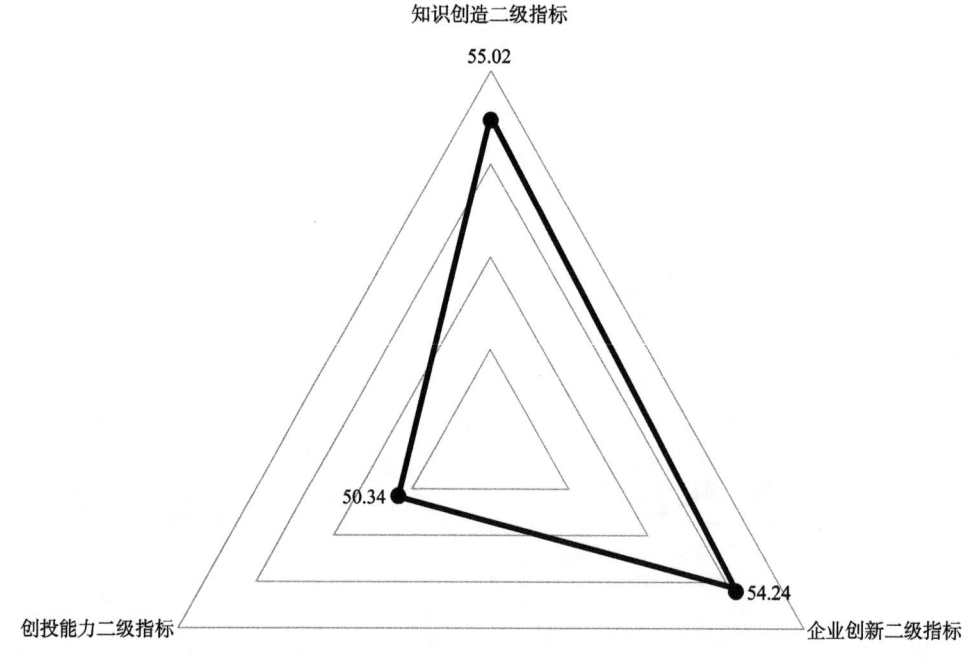

图 7-139 甘肃省"三创"主体能力雷达图

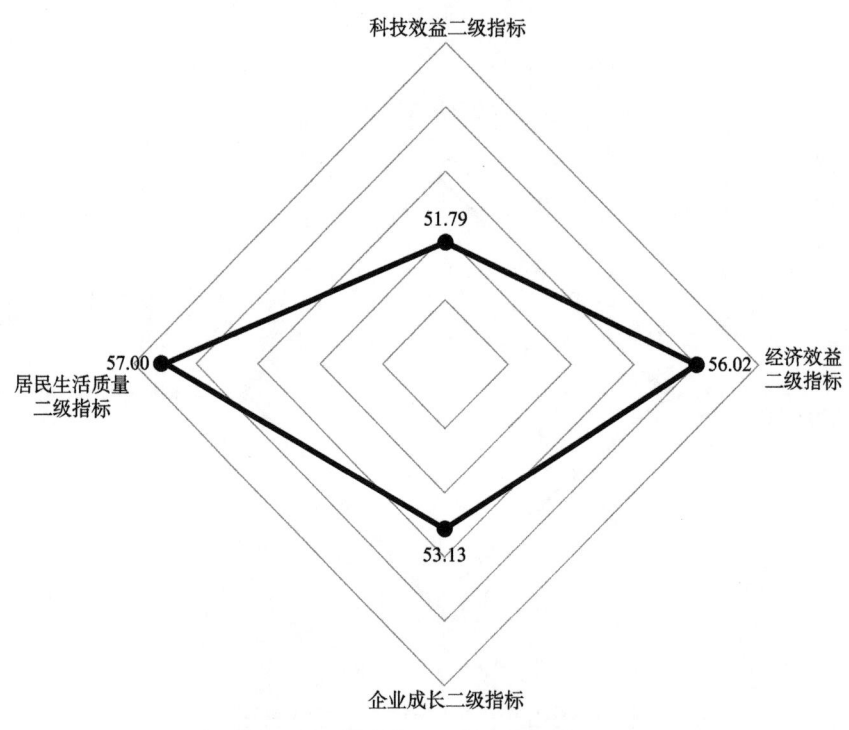

图 7-140 甘肃省"三创"效益雷达图

7.29 青海省

2015 年,青海省地区生产总值 2 417.05 亿元,同比增长 4.93%;人口 588 万,人均地区生产总值 41 252 元;社会全要素生产率 3.04%。高新技术产业主营业务收入 100.47 亿元,同比增长 75.79%,占地区生产总值比重 4.16%。早期、创业、成长基金规模 0 亿元,接受投资 2.43 亿元。新增企业数 6 580 家,新增创业板、中小板、新三板上市企业 1 家。

2018 年,青海省"三创"能力综合排名位于全国第 30 位。分项指标中,外部环境排名第 26 位,基础设施与条件、市场环境与社会服务保障好,注重绿色发展,多部门联合打出"组合拳",青海省环境治理工作持续推进,地处西北内陆,对外开放程度较低,政策制度环境与政府效率方面有待提高;资源投入排名第 31 位,创投资源数量充足,人力资源、科技投入、教育投入相对薄弱,人力资源整体质量比较低,人才匮乏,教育投资水平低,人才培养机构较少;主体能力排名第 26 位,企业创新能力强,知识创造与创投能力还有一定的提升空间;"三创"效益排名第 29 位,经济效益较好,居民生活质量水平较低、科技效益与企业成长较为缓慢,经济发展仍处在以劳动力、土地、矿产资源等初级要素为主要推动力的"要素推动阶段"。

青海省"三创"能力各级指标具体数值及国内排名见表 7-29。图 7-141~图 7-145 为一、二级指标数据雷达示意图。

表 7-29 青海省"三创"能力各级指标具体数值及国内排名

指标名称	指标值	排名
"三创"综合指数	58.13	30
1.外部环境	70.10	26
1.1 基础设施与条件	71.77	5
1.2 政策制度环境与政府效率	79.72	23
1.3 经济基础	57.87	29
1.4 市场环境与社会服务保障	77.55	20
1.5 绿色发展	78.09	24
1.6 对外开放	50.10	31
2.资源投入	53.47	31
2.1 人力资源	55.41	29

续表

指标名称	指标值	排名
2.2 创投资源	50.33	27
2.3 科技投入	52.22	29
2.4 教育投入	56.44	31
3.主体能力	53.15	26
3.1 知识创造	52.68	29
3.2 企业创新	56.49	21
3.3 创投能力	49.97	31
4."三创"效益	54.97	29
4.1 科技效益	50.32	27
4.2 经济效益	61.37	19
4.3 企业成长	51.96	29
4.4 居民生活质量	55.79	29

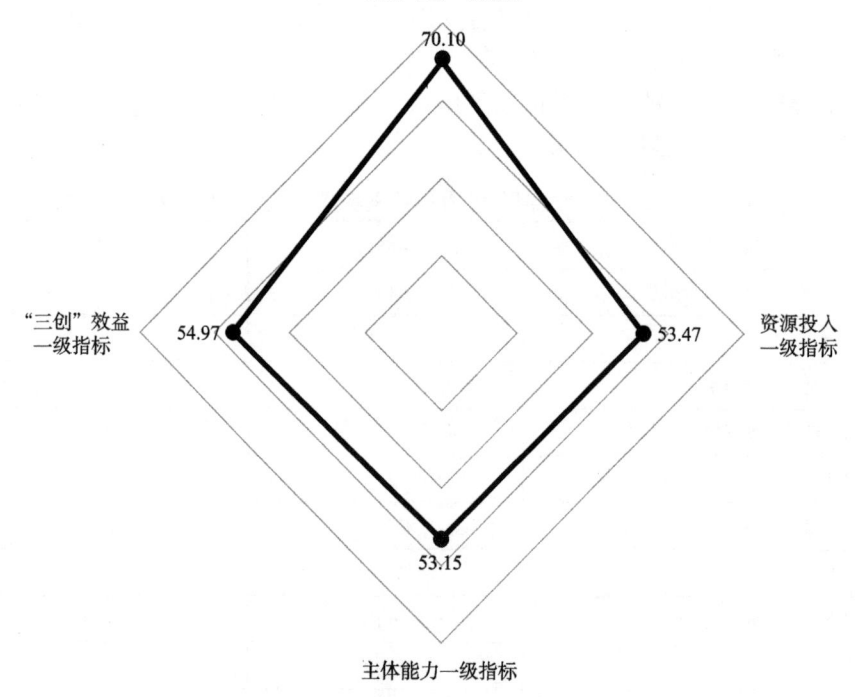

图 7-141 青海省"三创"能力雷达图

第 7 章 31 个省级区域"三创"能力报告

政策制度环境与政府
效率二级指标
79.72

基础设施与条件二级
指标
71.77

对外开放二级指标
50.10

经济基础二级指标
57.87

绿色发展二级指标
78.09

市场环境与社会服务保障
二级指标
77.55

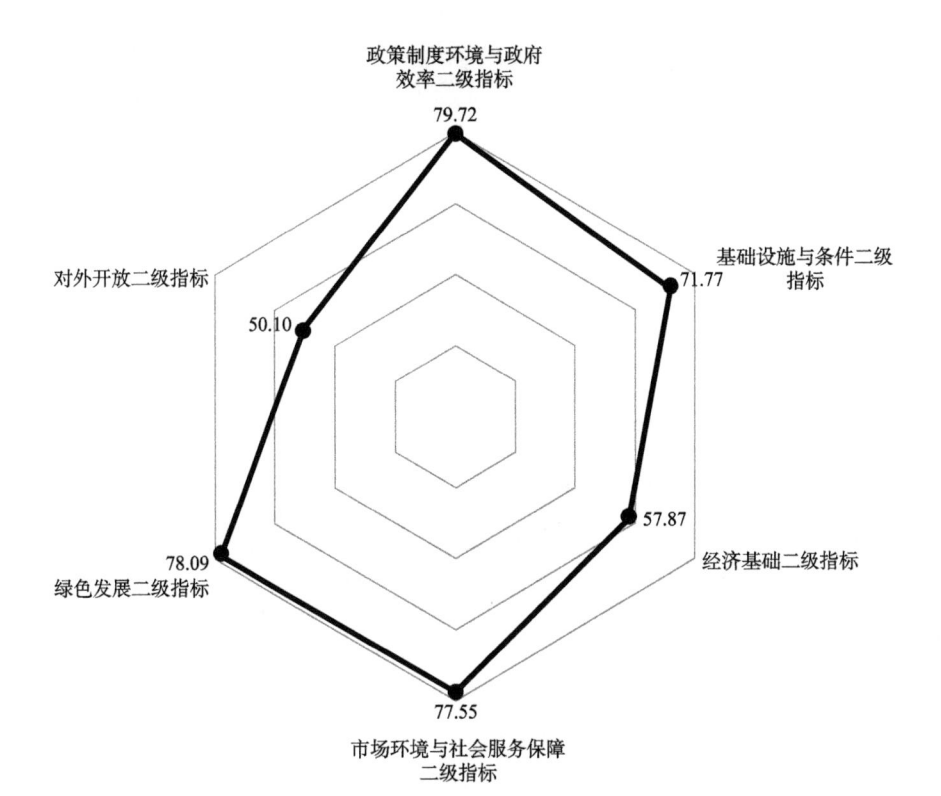

图 7-142 青海省"三创"外部环境雷达图

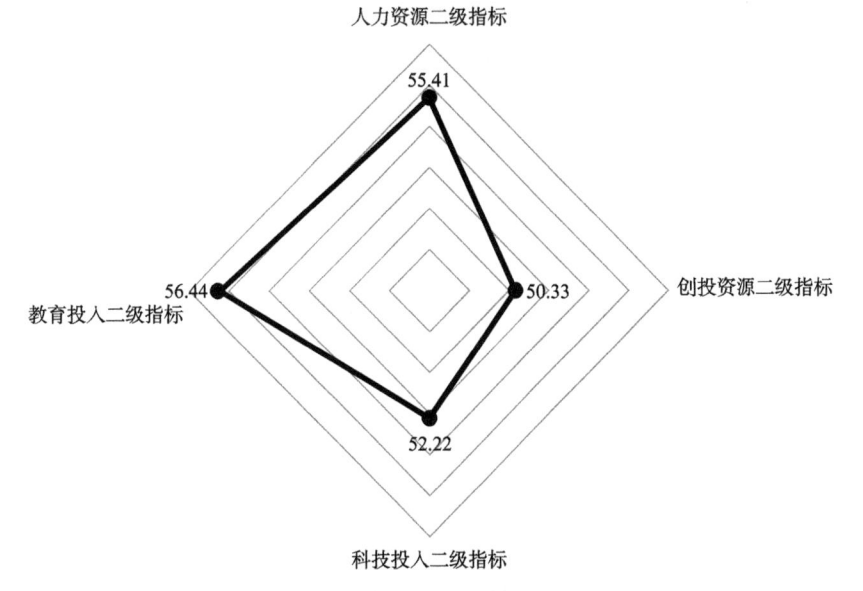

人力资源二级指标
55.41

教育投入二级指标
56.44

创投资源二级指标
50.33

科技投入二级指标
52.22

图 7-143 青海省"三创"资源投入雷达图

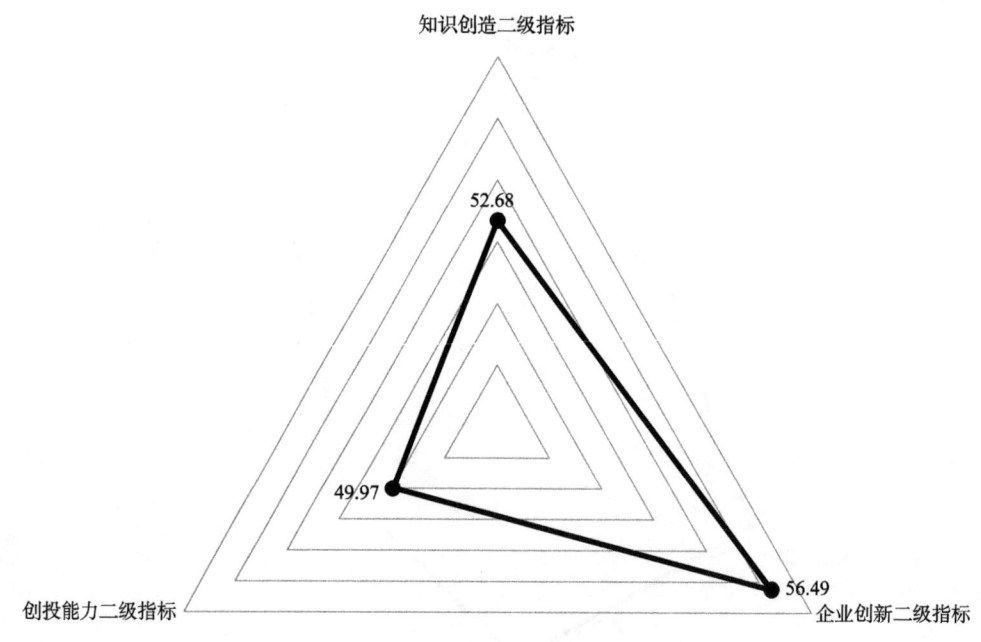

图 7-144　青海省"三创"主体能力雷达图

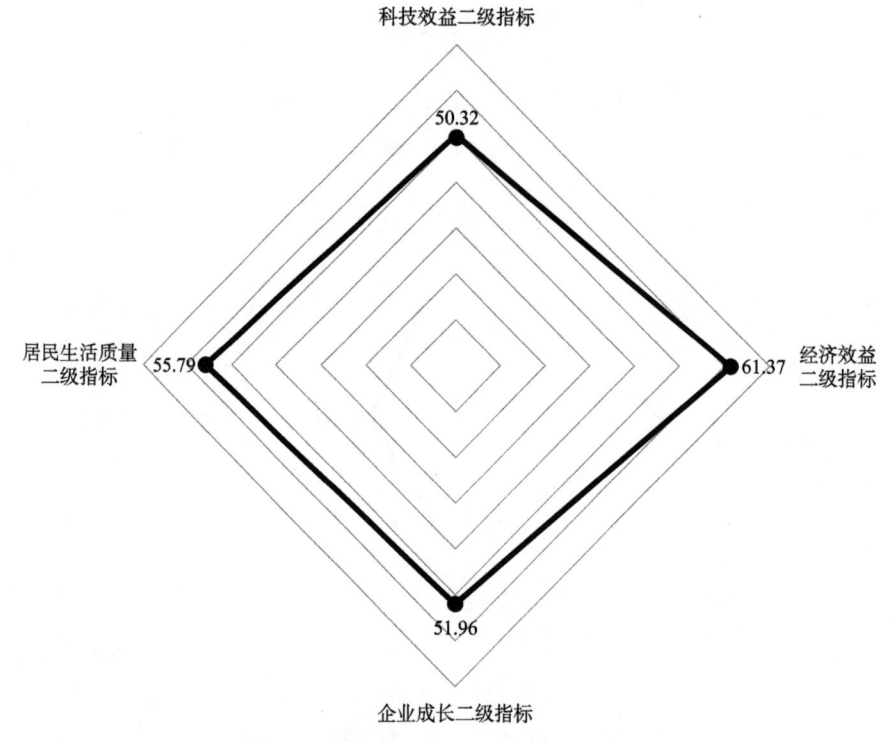

图 7-145　青海省"三创"效益雷达图

7.30 宁夏回族自治区

2015 年，宁夏回族自治区地区生产总值 2 911.77 亿元，同比增长 5.80%；人口 668 万，人均地区生产总值 43 805 元；社会全要素生产率 3.37%。高新技术产业主营业务收入 111.85 亿元，同比增长 198.98%，占地区生产总值比重 3.84%。早期、创业、成长基金规模 228.32 亿元，接受投资 65.40 亿元。新增企业数 11 072 家，新增创业板、中小板、新三板上市企业 8 家。

2018 年，宁夏回族自治区"三创"能力综合排名位于全国第 28 位。分项指标中，外部环境排名第 26 位，基础设施与条件、市场环境与社会服务保障好，政策制度环境与政府效率方面相对较好，地处西北内陆地区，对外开放程度相对较低，气候干燥、风大沙多，为环境保护工作带来了一定的难度；资源投入排名第 31 位，人力资源充足，高等院校、研究院等实力相对薄弱，创投资源数量、科技投入力度有待提升；主体能力排名第 26 位，知识创造相对较强，经济基础相对薄弱，创投能力、企业创新还有一定的提升空间；"三创"效益排名第 25 位，经济效益相对较强，企业成长、科技效益有待提高，居民生活质量水平相对良好。

宁夏回族自治区"三创"能力各级指标具体数值及国内排名见表 7-30。图 7-146~图 7-150 为一、二级指标数据雷达示意图。

表 7-30 宁夏回族自治区"三创"能力各级指标具体数值及国内排名

指标名称	指标值	排名
"三创"综合指数	58.70	28
1.外部环境	70.12	26
1.1 基础设施与条件	68.01	12
1.2 政策制度环境与政府效率	80.50	22
1.3 经济基础	59.21	27
1.4 市场环境与社会服务保障	82.56	12
1.5 绿色发展	68.96	32
1.6 对外开放	50.79	28
2.资源投入	54.49	31
2.1 人力资源	59.28	25
2.2 创投资源	50.00	32

续表

指标名称	指标值	排名
2.3 科技投入	52.86	28
2.4 教育投入	56.45	31
3.主体能力	53.21	26
3.1 知识创造	54.51	24
3.2 企业创新	55.14	28
3.3 创投能力	50.21	29
4."三创"效益	56.80	25
4.1 科技效益	50.19	30
4.2 经济效益	61.99	19
4.3 企业成长	53.16	26
4.4 居民生活质量	61.79	25

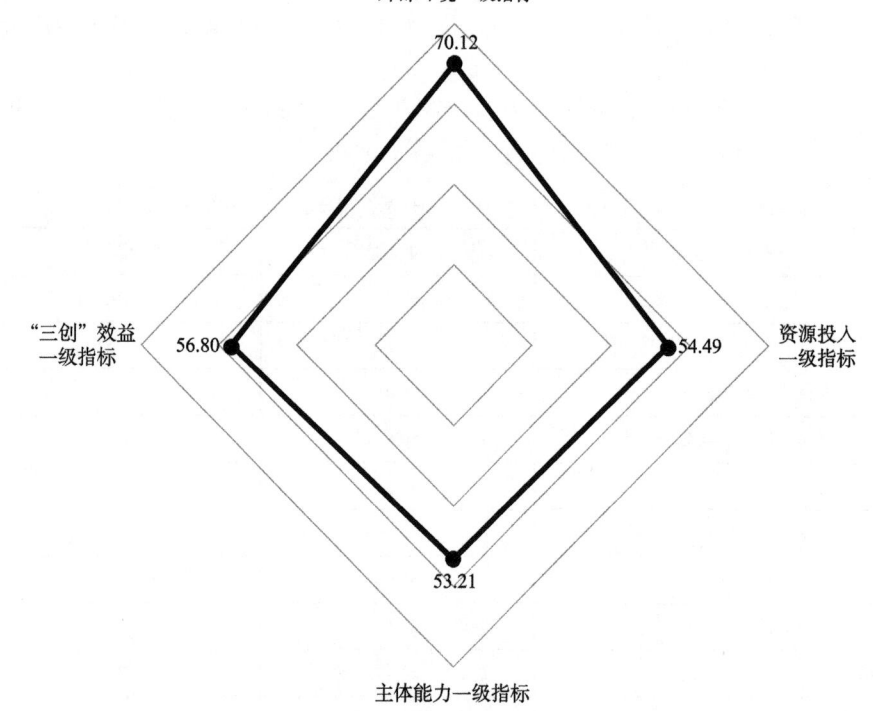

图 7-146　宁夏回族自治区"三创"能力雷达图

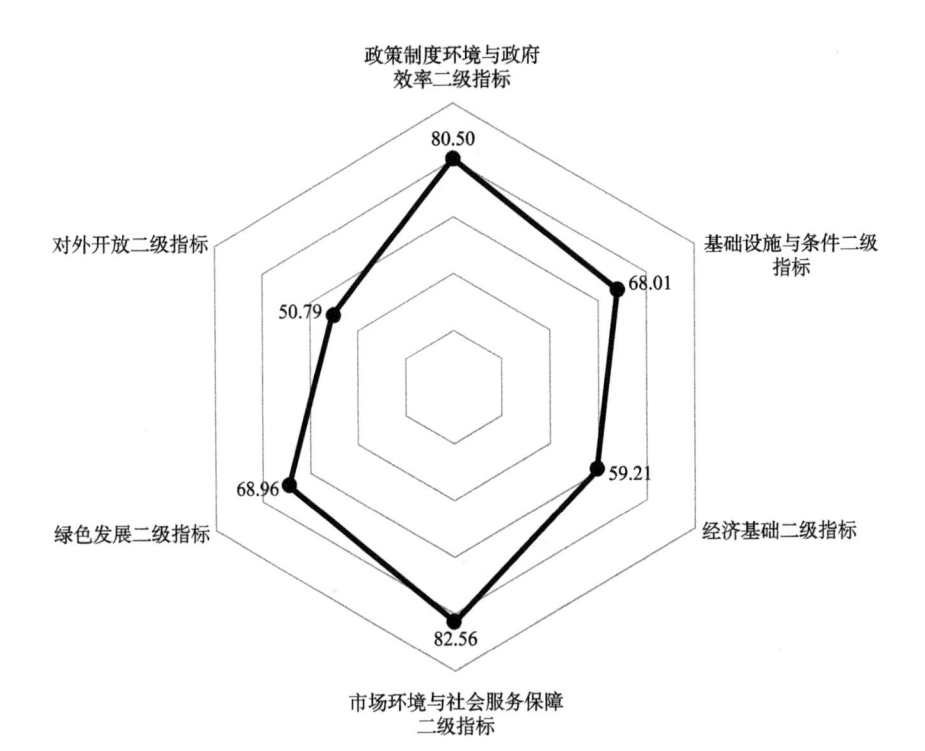

图 7-147　宁夏回族自治区"三创"外部环境雷达图

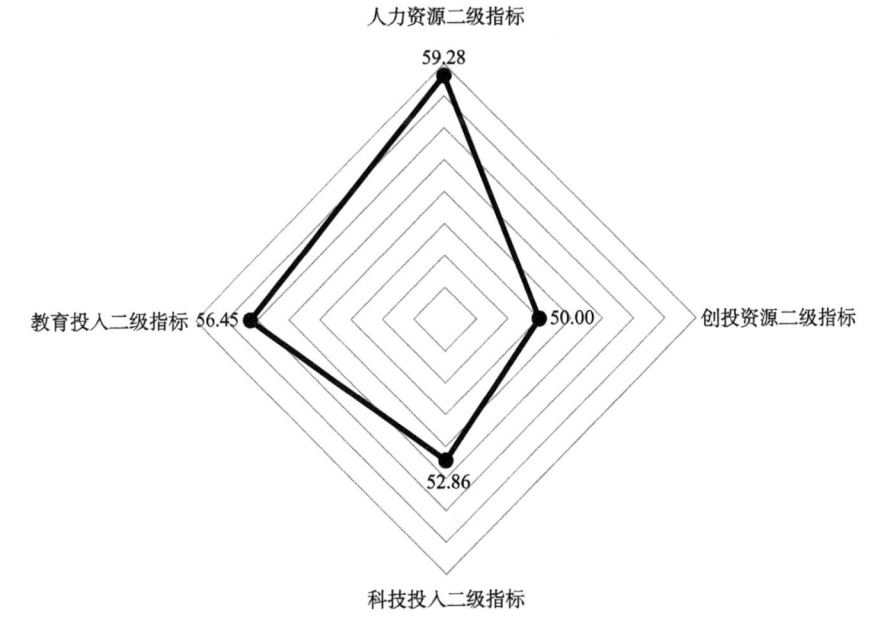

图 7-148　宁夏回族自治区"三创"资源投入雷达图

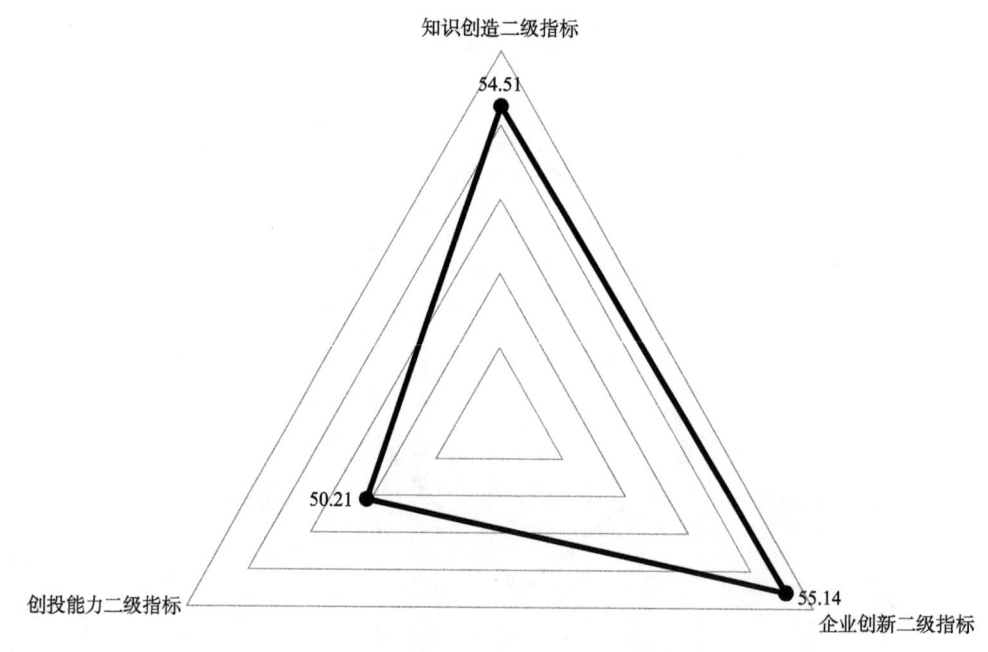

图 7-149　宁夏回族自治区"三创"主体能力雷达图

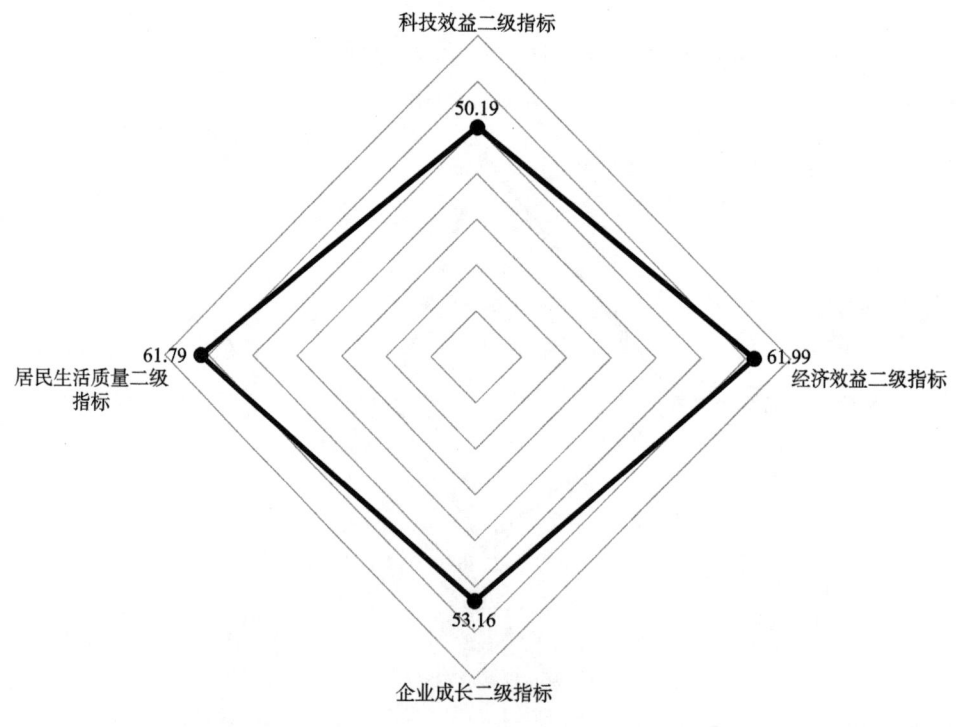

图 7-150　宁夏回族自治区"三创"效益雷达图

7.31 新疆维吾尔自治区

2015 年，新疆维吾尔自治区地区生产总值 9 324.80 亿元，同比增长 0.55%；人口 2 360 万，人均地区生产总值 40 036 元；社会全要素生产率 4.98%。高新技术产业主营业务收入 71.72 亿元，同比增长 166.84%，占地区生产总值比重 0.77%。早期、创业、成长基金规模 649.36 亿元，接受投资 98.05 亿元。新增企业数 19 370 家，新增创业板、中小板、新三板上市企业 26 家。

2018 年，新疆维吾尔自治区"三创"能力综合排名位于全国第 28 位。分项指标中，外部环境排名位于第 30 位，基础设施与条件、市场环境与社会服务保障好，注重绿色发展，位于西北边陲，地处亚欧大陆腹地，与俄罗斯、哈萨克斯坦等八国接壤，对外开放程度高，但政策制度环境与政府效率、经济基础方面增长潜力巨大；资源投入排名第 22 位，教育投入巨大、创投资源充足，人力资源相对匮乏，人才吸引力较低，科技投入力度相对较弱；主体能力排名第 27 位，创投能力强，知识创造与企业创新还有一定的提升空间；"三创"效益排名第 23 位，经济效益与企业成长位居前列，居民生活质量与科技效益相对较低。

新疆维吾尔自治区"三创"能力各级指标具体数值及国内排名见表 7-31。图 7-151~图 7-155 为一、二级指标数据雷达示意图。

表 7-31　新疆维吾尔自治区"三创"能力各级指标具体数值及国内排名

指标名称	指标值	排名
"三创"综合指数	58.69	28
1.外部环境	66.98	30
1.1 基础设施与条件	69.27	9
1.2 政策制度环境与政府效率	68.89	30
1.3 经济基础	57.08	30
1.4 市场环境与社会服务保障	76.76	24
1.5 绿色发展	74.25	29
1.6 对外开放	53.13	15
2.资源投入	58.37	22
2.1 人力资源	57.75	26
2.2 创投资源	52.33	19
2.3 科技投入	53.61	25

续表

指标名称	指标值	排名
2.4 教育投入	71.29	11
3.主体能力	53.13	27
3.1 知识创造	52.86	26
3.2 企业创新	55.54	24
3.3 创投能力	50.79	21
4."三创"效益	57.00	23
4.1 科技效益	50.18	30
4.2 经济效益	63.58	14
4.3 企业成长	54.18	23
4.4 居民生活质量	59.41	26

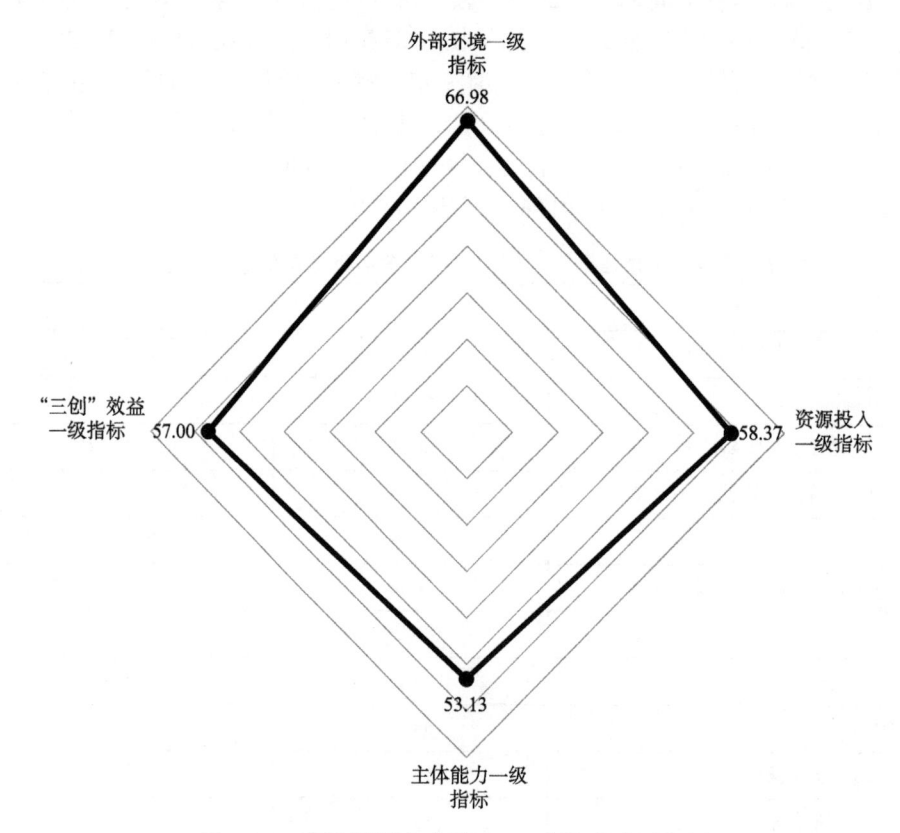

图 7-151 新疆维吾尔自治区"三创"能力雷达图

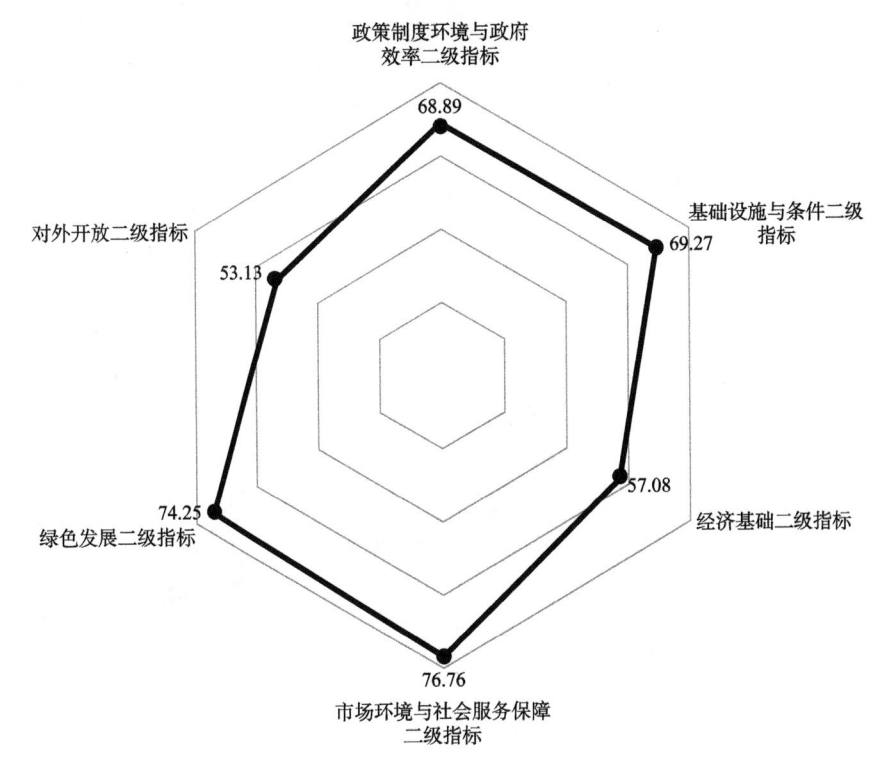

第 7 章 31 个省级区域"三创"能力报告

图 7-152 新疆维吾尔自治区"三创"外部环境雷达图

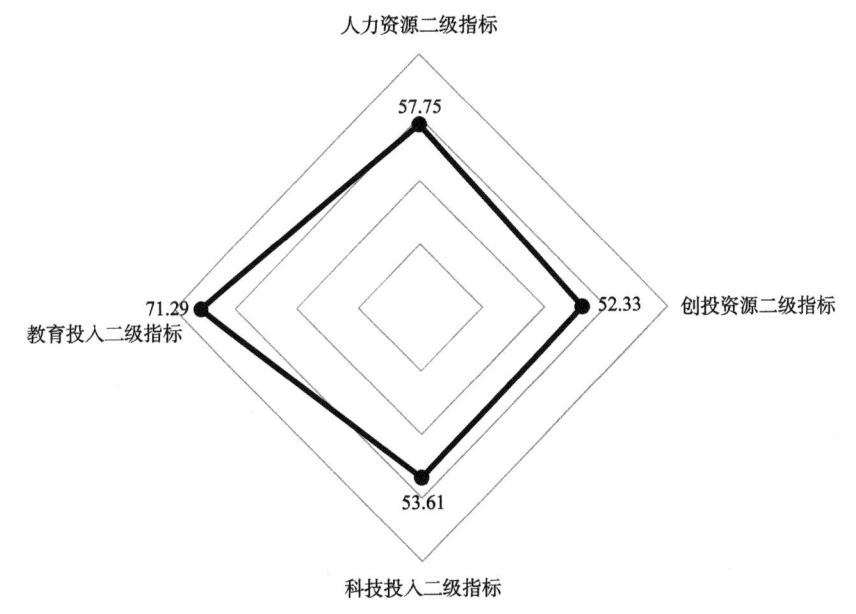

图 7-153 新疆维吾尔自治区"三创"资源投入雷达图

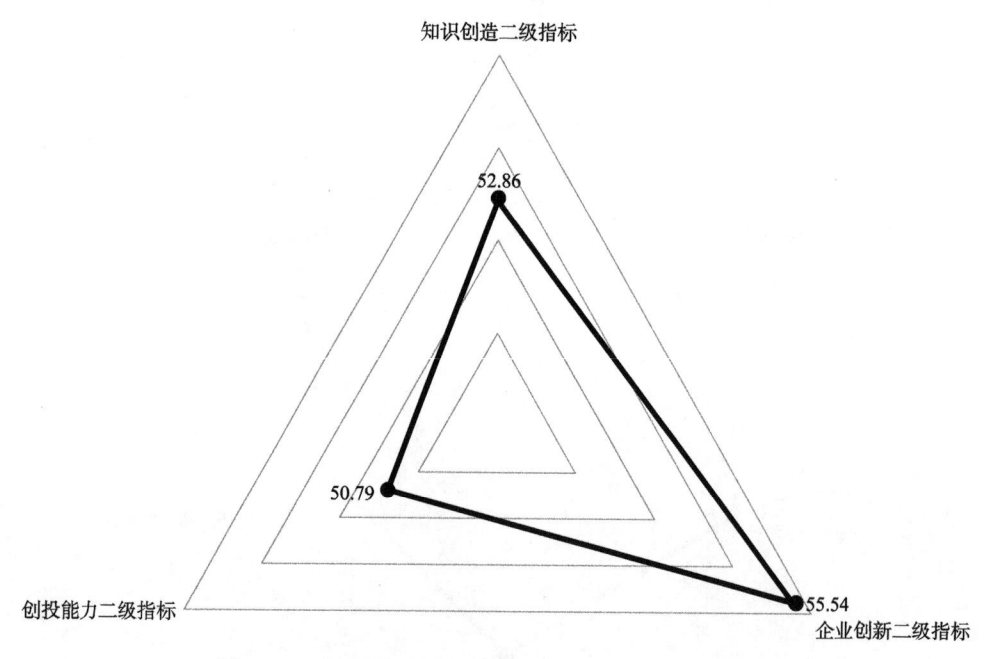

图 7-154 新疆维吾尔自治区"三创"主体能力雷达图

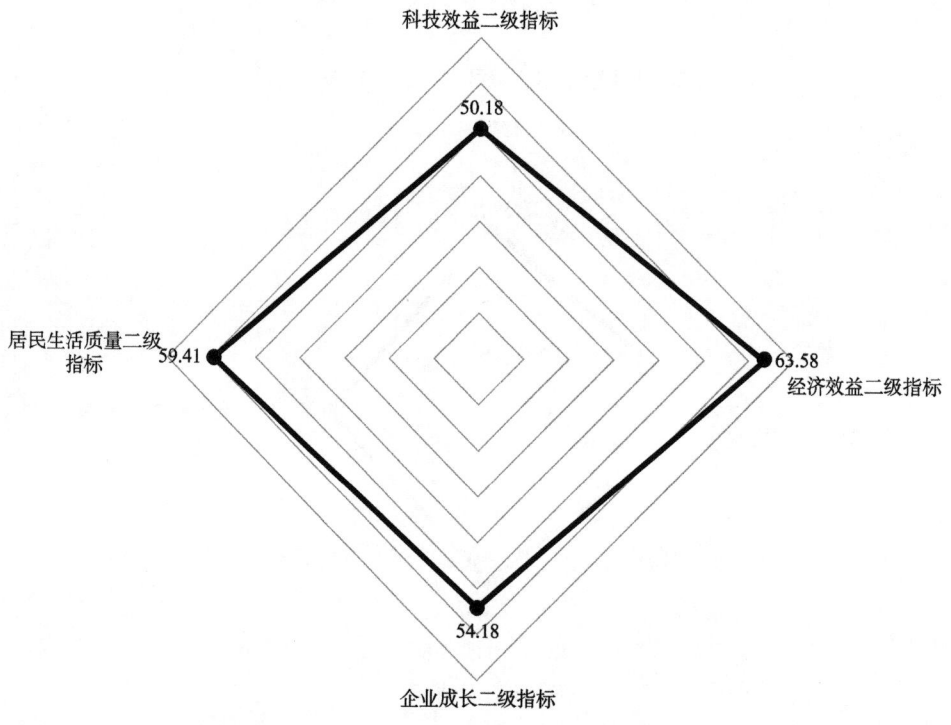

图 7-155 新疆维吾尔自治区"三创"效益雷达图

参 考 文 献

奥斯特罗姆 E，施罗德 L，温 S. 2000. 制度激励与可持续发展：基础设施政策透视[M]. 陈幽泓，等译. 上海：上海三联书店.
蒙德尔 P. 2000. 经济学解说[M]. 胡代光译. 北京：经济科学出版社.
陈倩屹. 2015. 法制环境与商业信用相关关系的实证研究[D]. 西安建筑科技大学硕士学位论文.
陈新岗. 2005. "公地悲剧"与"反公地悲剧"理论在中国的应用研究[J]. 山东社会科学，（3）：75-78.
方世南，张伟平. 2004. 生态环境问题的制度根源及其出路[J]. 自然辩证法研究，（5）：1-4，9.
冯俊华 2006. 企业管理概论[M]. 北京：化学工业出版社.
康子兴. 2012. 社会秩序的护卫者亚当·斯密论"正义"与"自然法理学"[J]. 社会，32（6）：1-24.
刘红娟，唐珊. 2013. 制度环境作用于区域经济增长——基于动态面板数据模型的实证分析[J]. 广东外语外贸大学学报，（6）：28-32.
卢现祥，李晓敏. 2011. 论制度与企业家活动[J]. 经济学家，（5）：42-49.
吕薇. 2018-04-27. 打造高质量发展的制度和政策环境[EB/OL]. http://www.rmlt.com.cn/2018/0427/517735.shtml.
马克思 K H. 1975. 资本论（第 1 卷）[M]. 北京：人民出版社.
马克思 K H，恩格斯 F. 1995. 马克思恩格斯选集（第四卷）[M]. 第 2 版. 北京：人民出版社.
谢华生. 2004. 环境影响评价理论和制度建设的研究[D]. 南开大学博士学位论文.
杨世迪. 2017. 中国生态文明建设的非正式制度研究[D]. 西北大学博士学位论文.
支振锋. 2017-12-13. 十九大引领依法治国新时代[N]. 人民网（人民日报海外版）. http://dangjian.people.com.cn/n1/2017/1213/c117092-29703031.html.
仲伟俊，罗定提，梅姝娥，等. 2001. 战略信息系统——信息系统技术对企业竞争力的影响分析[M]. 南京：东南大学出版社.
Barney J, Ketchen D J, Wright M. 2011. The future of resource-based theory: revitalization or decline[J]. Journal of Management, 37（5）：1299-1315.

Barney J. 1991. Firm resources and sustained competitive advantage[J]. Journal of Management, 17（1）: 99-120.

Bonjour E, Micaelli J P. 2010. Design core competence diagnosis: a case from the automotive industry[J]. Engineering Management, IEEE Transactions, 57（2）: 323-337.

Christensen C M, Kaufman S P. 2006. Assessing your organization's capabilities: resources, processes, and priorities[C]//Burgelman R A, Christensen C M, Wheelwright S C. Strategic Management of Technology and Innovation. New York: McGraw Hill: 153-163.

Cull R, Xu L C, Zhu T. 2009. Formal finance and trade credit during China's transition[J]. Journal of Financial Intermediation, 18（2）: 173-192.

Danilovic M, Leisner P. 2007. Analyzing Core Competence and Core Products for Developing Agile and Adaptable Corporation[C]. Proceedings of the 9th Dependency Structure Matrix（DSM）International Conference, Munich, Germany.

Davis G F, Cobb J A. 2010. Resource dependence theory: past and future[J]. Research in the Sociology of Organizations, 28（1）: 21-42.

Dimaggio P J, Powell W. 1983. The iron cage revisited: institutional isomorphism and collective rationality in organizational fields[J]. American Sociological Review,（48）: 147-160.

Drees J M, Heugens P. 2013. Synthesizing and extending resource dependence theory: a meta-analysis[J]. Journal of Management,（39）: 1666-1698.

Eikenberry A, Klover J. 2004. The marketization of the nonprofit sector: civil society at risk?[J]. Public Administration Review, 64（2）: 132-140.

Fagerberg J, Mowery D C, Nelson R R. 2006. The Oxford Handbook of Innovation[M]. Oxford: Oxford University Press.

Hein A M, Metsker Y, Sturm J C. 2014. Towards a capability framework for systems architecting and technology strategy[J]. Proceedings of the 16th International DSM Conference,（1）: 43, 45-54.

Hillman A J, Withers M C, Collins B J. 2009. Resource dependence theory: a review[J]. Journal of Management, 35（6）: 1404-1427.

Hoopes D G, Madsen T L. 2008. A capability-based view of competitive heterogeneity[J]. Industrial and Corporate Change, 17（3）: 393-427.

Hoskisson R E, Eden L, Lau C M, et al. 2000. Strategy in emerging economies[J]. Academy of Management Journal,（43）: 249-267.

Kor Y Y, Mahoney J T. 2005. Research notes and commentaries how dynamics, management, and governance of resource deployments influence firm-level performance[J]. Strategic Management Journal, 26（5）: 489-496.

Lavie D. 2006. The competitive advantage of interconnected firms: an extension of the

resource-based view[J]. Academy of Management Review, 31（3）: 638-658.
Ludwig G, Pemberton J. 2011. A managerial perspective of dynamic capabilities in emerging markets: the case of the russian steel industry[J]. Journal for East European Management Studies, 16（3）: 215-236.
Magdoff F. 2012. Harmony and ecological civilization: beyond the capitalist alienation of nature [J]. Monthly Review, （2）: 1-9.
Meyer J W, Rowan B. 1977. Institutionalized organizations: formal structure as myth and ceremony[J]. American Journal of Sociology, 83（2）: 340-363.
Morrison R. 2007. Building an ecological civilization[J]. Social Anarchism: A Journal of Theory & Practice, （38）: 1-18.
Morrison R. 1995. Ecological Democracy [M]. Boston: South End Press.
North, D. 1990. Institutions, Institutional Change and Economic Performance, Political Economy of Institutions and Decisions[M]. Cambridge: Cambridge University Press.
Pfeffer J, Salancik G R. 1978. The External Control of Organizations: A Resource Dependence Perspective[M]. New York: Harper and Row.
Prahalad C K, Hamel G. 1990. The core competence of the corporation[J]. Harvard Business Review, 68（3）: 79-91.
Roy W G. 1997. Socializing Capital: The Rise of the Large Industrial Corporation in America[M]. Princeton: Princeton University Press.
Schilling M A. 2013. Strategic Management of Technological Innovation[M]. New York: International Edition, McGraw-Hill Education.
Scott W R. 2011. Institutions and Organizations[M]. Thousand Oaks: Sage Publications.
Shapiro C, Varian H R. 1998. Information rules: a strategic guide to the network economy[J]. Cambridge: Harvard Business Review Press.
Sharif S P, Yeoh K K. 2014. Independent directors' resource provision capability in publicly-listed companies in malaysia[J]. Corporate Ownership and Control, 11（3）: 113-121.
Shuen A, Sieber S. 2009. Orchestrating the new dynamic capabilities[J]. IESE Insight Review, （3）: 58-65.
Sirmon D G, Hitt M A. 2003. Managing resources: linking unique resources, management, and wealth creation in family firms[J]. Entrepreneurship Theory and Practice, 27（4）: 339-358.
Sirmon D G, Hitt M A, Ireland R D. 2007. Managing firm resources in dynamic environments to create value: looking inside the black box[J]. Academy of Management Review, 32（1）: 273-292.
Sirmon D G, Hitt M A. 2009. Contingencies within dynamic managerial capabilities: interdependent effects of resource investment and deployment on firm performance[J]. Strategic

Management Journal, 30（13）：1375-1394.

Smith A. 1759. The Theory of Moral Sentiments and on the Origins of Languages[M]. London: Henry G. Bohn.

Teece D, Pisano G, Shuen A. 1997. Dynamic capabilities and strategic management[J]. Strategic Management Journal, 18（7）：509-533.

Wang C L, Ahmed P K. 2007. Dynamic capabilities: a review and research agenda[J]. International Journal of Management Reviews, 9（1）：31-51.

Wernerfelt B A. 1984. Resource-based view of the firm[J]. Strategic Management Journal, 5（2）：171-180.

Williamson O E. 2010. Transaction cost economics: the natural progression[J]. Journal of Retailing, 86（3）：215-226.

Yang C C. 2015. The integrated model of core competence and core capability[J]. Total Quality Management, （26）：173-189.

附 录

附表 "三创"评估指标体系及指标说明

编号	一级指标	二级指标	三级指标	单位	指标含义	资料来源
1101	外部环境	基础设施与条件	基础设施条件	指数	创新创业基础硬件条件，包括水电交通等	《中国分省企业经营环境指数报告》
1102			信息化程度	指数	通信、网络、媒体等信息化条件	中国信息化发展水平评估报告
1103			每万人医疗卫生机构个数	家	医疗条件	国家统计年鉴
1104			每万人拥有城市卫生技术人员数	人	卫生技术人员占常住人口之比	根据数据计算
1105			百万人高等学校数	所	教育条件	国家统计年鉴
1106			百万人高校专职教师数	人	高校专职教师人数与常住人口之比	根据数据计算
1107			人均图书藏书数	册	基础文化条件	根据数据计算
1201		政策制度环境与政府效率	政策制度公开公正程度	指数	政策制度的公开透明程度、行政执法公正度、企业公平度和地方保护主义情况	《中国分省企业经营环境指数报告》
1202			法制环境	指数	司法公正度、社会安全度和知识产权保护力度	《中国分省企业经营环境指数报告》
1203			政府行政效率	指数	与政府打交道的效率	《中国分省企业经营环境指数报告》
1301		经济基础	地区GDP总量	亿元	地区经济总量，衡量经济发展水平	国家统计年鉴
1302			常住人口总数	万人	地区年末常住人口	国家统计年鉴
1303			人均GDP	元	衡量经济发展水平	国家统计年鉴
1304			经济增长率	%	GDP增量与上年度GDP总量的比值，衡量经济发展潜力	根据数据计算
1401		市场环境与社会服务保障	行业市场需求状况	指数	衡量企业发展市场环境	《中国分省企业经营环境指数报告》
1402			企业面临的竞争压力	指数	衡量企业发展市场环境	《中国分省企业经营环境指数报告》
1403			金融服务与融资成本	指数	衡量企业发展市场环境	《中国分省企业经营环境指数报告》

续表

编号	一级指标	二级指标	三级指标	单位	指标含义	资料来源
1404	外部环境	市场环境与社会服务保障	企业税费负担	指数	衡量企业发展市场环境	《中国分省企业经营环境指数报告》
1405			市场化程度	指数	衡量企业发展市场环境	《中国分省市场化指数报告》
1406			社会服务水平	指数	衡量企业发展市场环境	《中国分省企业经营环境指数报告》
1407			第三产业产值占GDP比重	%	第三产业增加值与GDP总量的比值,衡量服务行业发展水平	根据数据计算
1501		绿色发展	地区污水排放总量	万吨	衡量地区环境消耗水平	国家统计年鉴
1502			单位GDP污水排放量	吨/万元	污水排放量与GDP的比值,衡量经济增长与环境消耗效率	根据数据计算
1503			人均污水排放量	吨	污水排放量与人口比值,衡量人均环境消耗水平	根据数据计算
1504			地区大气污染物排放量(二氧化硫)	吨	大气污染物排放量与GDP比值,衡量环保效率	国家统计年鉴
1505			单位GDP大气污染物排放量	吨/亿元	大气污染物排放量与GDP比值,衡量经济增长与环境消耗效率	根据数据计算
1506			万人大气污染物排放量	吨	大气污染放量与人口比值,衡量人均环境消耗水平	根据数据计算
1507			单位GDP电能消耗	千瓦时/万元	衡量经济发展效率	国家统计年鉴
1601		对外开放	进出口贸易额	万元	对外经济贸易总量,衡量对外开放程度	国家统计年鉴
1602			国外投资企业数	家	衡量对外开放程度	国家统计年鉴
1603			国外投资总额	万元	衡量对外开放程度	国家统计年鉴
1604			非金融类对外投资流量	万元	衡量对外投资能力	中国对外直接投资统计公报
1605			非金融类对外投资存量	万元	衡量对外投资能力	中国对外直接投资统计公报
2101	资源投入	人力资源	青壮年人口比例	%	14~64岁青壮年人口与人口总量的比值,衡量劳动力基础条件	根据数据计算
2102			大专以上人口比例	%	大专以上学历人数与人口总量比值,衡量人口素质	根据数据计算
2103			高校在校生数	人	衡量创新创业人力资源潜力	国家统计数据
2104			每十万人高校在校生数	人	高校在校生数与人口总量的比值,衡量创新创业人力资源潜力	根据数据计算
2105			万人科技服务从业人员数	人	科技服务人员数与人口总量的比值,衡量科技创新服务水平	国家统计数据
2106			万人金融从业人数	人	金融从业人员数与人口总量的比值,衡量金融人力资源基础	根据数据计算
2201		创投资源	LP(limited partner,有限合伙人)数量	个	衡量创投基础环境	清科数据库

续表

编号	一级指标	二级指标	三级指标	单位	指标含义	资料来源
2202	资源投入	创投资源	政府创业引导基金数	个	衡量创投基础环境	清科数据库
2203			政府创业引导基金规模	万元	衡量创投基础环境	清科数据库
2301		科技投入	R&D人员全时当量	人年	衡量科技人力投入情况	科技统计年鉴
2302			R&D经费总额	亿元	衡量科技经费投入情况	科技统计年鉴
2303			R&D经费占GDP比重	%	研发投入经费与GDP的比值，衡量科技经费投入水平	根据数据计算
2304			人均R&D经费	万元	研发经费与人员全时当量的比值，衡量科技经费投入水平	根据数据计算
2401		教育投入	财政教育经费支出	万元	衡量地区教育经费投入水平	国家统计年鉴
2402			财政教育经费支出占比	%	财政教育经费支出与财政收入的比值，衡量教育经费投入水平	根据数据计算
2403			人均财政教育经费	元	财政教育经费支出与人口总量的比值，衡量教育经费投入水平	根据数据计算
3101	主体能力	知识创造	专利授权数	件	衡量地区技术研发水平	科技统计年鉴
3102			发明专利授权数	件	衡量地区技术研发水平	科技统计年鉴
3103			发明专利占专利授权数比重	%	发明专利数与专利授权数的比值，衡量技术研发质量	根据数据计算
3104			每万人发明专利数	件	发明专利与人口总量的比值，衡量技术研发效率	根据数据计算
3105			国内论文数	篇	衡量地区学术科研水平	中国科技论文统计与分析
3106			国际论文数	篇	衡量地区学术科研水平	中国科技论文统计与分析
3107			每十万人国内论文数	篇	国内论文数与人口总量的比值，衡量地区学术科研水平	根据数据计算
3108			每十万人国际论文数	篇	国际论文数与人口总量的比值，衡量地区学术科研水平	根据数据计算
3201		企业创新	高技术企业数	家	衡量地区高新技术产业水平和创新创业基础	科技统计年鉴
3202			每万人高技术企业数	家	高技术企业数与人口总量的比值，衡量创新创业潜力	根据数据计算
3203			高技术企业数占规模以上工业企业比重	%	高技术企业与规模企业数量的比值，衡量高技术行业规模	根据数据计算
3204			高技术企业就业人数	人	衡量地区高技术产业吸纳就业能力	中国高技术产业统计年鉴
3205			高技术企业就业人员比例	%	高技术企业就业人数占全部就业人数比例	根据数据计算
3206			规模企业R&D人员全时当量	人年	衡量企业创新人员投入水平	国家统计年鉴
3207			规模企业R&D经费	亿元	衡量企业创新资金投入水平	国家统计年鉴

续表

编号	一级指标	二级指标	三级指标	单位	指标含义	资料来源
3208	主体能力	企业创新	规模企业人均R&D经费	元	研发经费与研发人员数的比值,衡量企业创新资金投入水平	根据数据计算
3209			规模企业R&D项目数	项	衡量企业创新资金投入水平	国家统计年鉴
3210			规模企业R&D人均项目数	项	项目数与研发人员数的比值,衡量企业创新资金投入水平	根据数据计算
3211			规模企业专利申请数	件	衡量企业研发效果	国家统计年鉴
3212			规模企业人均专利申请数	件	衡量企业研发效率	根据数据计算
3213			每万家规模企业有效发明专利数	件	衡量企业研发效率和质量	根据数据计算
3301		创投能力	早期、创业、成长基金数量	支	衡量创投金融服务能力	清科数据库
3302			早期、创业、成长基金规模	亿元	衡量创投金融服务能力	清科数据库
3303			种子、初创、扩张期接受投资数量	支	衡量创投金融服务能力	清科数据库
3304			种子、初创、扩张期接受投资规模	亿元	衡量创投金融服务能力	清科数据库
3305			科技孵化器当年获风险投资额	亿元	衡量创投金融服务能力	中国火炬统计年鉴
3306			早期、创业投资退出数量	例	衡量创投水平	清科数据库
3307			早期、创业投资退出IPO（initial public offerings,首次公开募股）数量所占比重	%	衡量创投能力和质量	清科数据库
3308			早期、创业投资退出回报金额	10^6美元	衡量创投水平和能力	清科数据库
3309			早期、创业投资退出内部收益率	%	衡量创投能力和质量	清科数据库
4101	"三创"效益	科技效益	科技孵化器当年毕业企业数	家	衡量研发效果	中国火炬统计年鉴
4102			科技成果转化度（技术市场成交额）	亿元	衡量地区技术市场活跃度	国家统计年鉴
4201		经济效益	规模以上工业企业新产品销售额	亿元	衡量地区工业企业创新效益	国家统计年鉴
4202			规模以上工业企业新产品销售额增长率	%	相比上年的增长情况,衡量创新发展能力	根据数据计算
4203			规模以上工业企业新产品销售额占销售收入比重	%	新产品销售额与工业销售总额的比值,衡量创新效果	根据数据计算
4204			高新技术产业主营业务收入	亿元	衡量创新效益	中国高技术产业统计年鉴
4205			高新技术产业主营业务收入增长率	%	相比上年增长情况	根据数据计算

续表

编号	一级指标	二级指标	三级指标	单位	指标含义	资料来源
4206		经济效益	高新技术产业主营业务收入占GDP比重	%	高技术产业主营业务收入与GDP的比值	根据数据计算
4207			全要素生产率	%	衡量地区生产效率	根据数据计算
4301			新增企业数	家	相比上年增加的数量，衡量创业水平	根据数据计算
4302			每十万人新增企业数	家	新增企业数与人口总量的比值	根据数据计算
4303			企业创新能力1 000强数量	家	衡量地区企业创新发展水平	企业创新能力1 000强报告
4304	"三创"效益	企业成长	企业创新能力1 000强企业数占注册企业数比重	%	1 000强数量与注册企业数的比值	根据数据计算
4305			独角兽企业数量	家	衡量企业发展水平	清科数据库
4306			新增创业板上市企业数	家	衡量企业发展水平	清科数据库
4307			新增中小板上市企业数	家	衡量企业发展水平	清科数据库
4308			新增新三板上市企业数	家	衡量企业发展水平	清科数据库
4401		居民生活质量	城镇居民可支配收入	元	衡量居民生活质量	国家统计年鉴
4402			居民消费水平	元	衡量居民生活质量	国家统计年鉴
4403			人均寿命	年	衡量居民生活质量	国家统计年鉴